Fahl/Winkler
Definitionen und Schemata Strafrecht

Definitionen und Schemata Strafrecht

von

Dr. Christian Fahl
o. Professor an der Universität Greifswald

und

Dr. Klaus Winkler
Rechtsanwalt in München
Lehrbeauftragter an der Universität Augsburg

10. Auflage 2024

Fahl/Winkler StrafR-Definitionen § ... Rn. ...

beck.de

ISBN 978 3 406 81941 4

Wilhelmstraße 9, 80801 München
Druck: Beltz Grafische Betriebe GmbH,
Am Fliegerhorst 8, 99947 Bad Langensalza

Satz: DTP-Vorlagen der Autoren
Umschlag: Druckerei C. H. Beck Nördlingen

chbeck.de/nachhaltig

Gedruckt auf säurefreiem, alterungsbeständigem Papier
(hergestellt aus chlorfrei gebleichtem Zellstoff)

Vorwort

Dieses kleine Kompendium soll auch in der zehnten Auflage Studierende aller Semester sowie Referendarinnen und Referendare beim Einprägen und Wiederholen strafrechtlicher Definitionen unterstützen. Nicht prüfungsrelevante oder nur ganz selten in der Ausbildung erforderliche Tatbestände und Definitionen wurden wie schon in den bisherigen Auflagen weggelassen. Das Ergebnis sind die in knapper Form dargestellten wichtigsten strafrechtlichen Vokabeln. Rechtsstand des Werkes ist Februar 2024. Über Ihre vielen Anregungen zur Aufnahme neuer Schemata und zur Korrektur und Anpassung von Inkonsistenzen im Werk möchten wir uns an dieser Stelle sehr herzlich bedanken!

Über konstruktive Kritik und Verbesserungsvorschläge freuen wir uns auch weiterhin jederzeit unter jurakompakt@beck.de.

Wir wünschen allen Leserinnen und Lesern nach wie vor viel Glück und Erfolg in den Prüfungen!

Greifswald/München, im Februar 2024

Christian Fahl
Klaus Winkler

Zum Gebrauch der Definitionen

Die Definition eines Tatbestands- oder Begriffsmerkmals ist nur ein (kleiner) Schritt der Subsumtion. Der erste ist die Nennung des jeweiligen Merkmals. Danach erfolgt die Definition des Merkmals, sofern nicht – wegen unproblematischer Deckungsgleichheit mit Sachverhaltsangaben – ohne eine solche sogleich subsumiert werden kann. Häufig schließt sich daran noch ein Meinungsstreit an, z.B. kann die Ingerenz als vorausgegangenes gefahrschaffendes Tun definiert werden (vgl. § 13) – umstritten ist aber, ob dieses auch „pflichtwidrig" gewesen sein muss. Das vorliegende Heftlein will in diesem Streit, der in allen gängigen Lehrbüchern nachgelesen werden kann, keine Stellung beziehen. Es kann daher auch die Anschaffung eines Lehrbuches nicht ersparen. Dort, wo andere Definitionen als die hier angebotenen existieren, laufen sie entweder bei Anwendung auf den Fall auf dasselbe hinaus, oder es muss in Klausuren und Hausarbeiten wiederum Streit geführt werden, welche die richtige ist.

Zum Gebrauch der Schemata

So wie vor einer unreflektierten Übernahme der Definitionen muss auch vor unkritischer Übernahme der hier vorgeschlagenen Schemata gewarnt werden: Die Schemata sollen Studierenden den Aufbau der Prüfung erleichtern und Antwort geben auf die Frage, an welcher Stelle im Deliktsaufbau eine im Definitionsteil angebotene Definition eine Rolle spielt. Manchmal kann man darüber streiten, wo ein Merkmal zu prüfen ist, ob z.B. „unbefugt" in den Tatbestand oder in die Rechtswidrigkeit gehört, was sich freilich schon in der jeweiligen Definition ausdrückt. In § 231 II ließe sich statt eines unverbindlichen Hinweises auf Rechtswidrigkeit und Schuld wie im hier vorgeschlagenen Schema mit guten Gründen auch ein „persönlicher Strafausschließungsgrund" sehen; bei nahezu allen hier als „objektive Bedingung der Strafbarkeit" eingeordneten Merkmalen lässt sich darüber streiten, ob es nicht doch Tatbestandsmerkmale sind, die daher dort zu prüfen sind, ganz abgesehen davon, ob man solche Bedingungen im Anschluss an Rechtswidrigkeit und Schuld oder wie hier als „Tatbestandsannex" prüft. Die

Mordmerkmale kann man statt als Tatbestandsmerkmale auch als besondere Schuldmerkmale begreifen und dort einordnen. Die Rücksichtslosigkeit bei § 315c, die hier als besonderes Schuldmerkmal verstanden wird, ließe sich auch in den objektiven oder subjektiven Tatbestand einordnen. Manchmal erfindet die Rechtsprechung auch neue Merkmale, über deren Berechtigung häufig ebenso gestritten werden kann wie über deren Einordnung, z.B. die bei §§ 239a, b bei Zwei-Personen-Verhältnissen in der Bemächtigungsalternative erforderliche „Stabilisierung", die andere im subjektiven Tatbestand (bei der Nötigungs- bzw. Erpressungsausnutzungsabsicht) prüfen. Nicht alle Prüfungsstationen, die im Schema auftauchen, müssen bei der Falllösung auch relevant werden: Kausalität, objektive Zurechnung, Kategorien wie Rechtswidrigkeit und Schuld, können entfallen, wenn es dazu nichts Fallspezifisches zu sagen gibt. Auch an die vorgeschlagene Prüfungsreihenfolge muss man sich nicht sklavisch halten, so kann man z.B. beim fahrlässigen Unterlassungsdelikt die Frage des Einstehenmüssens vorziehen, wenn klar keine Garantenstellung vorliegt, und den Aufbau so an die Probleme anpassen. Ob eine „Vorprüfung" generell verboten oder zumindest beim Versuch erlaubt ist, weil man sonst keinen Anknüpfungspunkt z.B. für die Frage der Strafbarkeit des Versuchs beim erfolgsqualifizierten Delikt hat, wie ein erfolgsqualifiziertes Delikt überhaupt aufzubauen ist, ob es dem Vorsatz- oder dem Fahrlässigkeitsaufbau folgt und wie das erst bei Vorsatz-Fahrlässigkeits-Kombinationen ist, darüber kann ebenfalls gestritten werden – aber nicht in einer Falllösung. Da gilt: Über Aufbaufragen wird nicht gestritten und der Aufbau wird auch nicht erklärt!

Inhaltsverzeichnis

Vorwort V

Zum Gebrauch der Definitionen VII

Zum Gebrauch der Schemata VII

Abkürzungsverzeichnis XI

Universelles Falllösungsschema 1

Allgemeiner Teil 7

Geltungsbereich, §§ 1–10 7
Sprachgebrauch, §§ 11–12 14
Die Tat. Grundlagen der Strafbarkeit, §§ 13–21 16
Versuch, §§ 22–24 22
Täterschaft und Teilnahme, §§ 25–31 27
Notwehr und Notstand, §§ 32–35 33
Rechtsfolgen der Tat 40
Rechtsfolgen der Tat, §§ 52–55 40
Verwarnung mit Strafvorbehalt; Absehen von Strafe, §§ 59–60 42
Strafantrag, Ermächtigung, Strafverlangen, §§ 77–77e 42

Besonderer Teil 45

Widerstand gegen die Staatsgewalt, §§ 110–122 45
Straftaten gegen die öffentliche Ordnung, §§ 123–145d 53
Geld- und Wertzeichenfälschung, §§ 146–152b 66
Falsche uneidliche Aussage und Meineid, §§ 153–163 71
Falsche Verdächtigung, §§ 164–165 74
Beleidigung, §§ 185–200 75
Verletzung des persönlichen Lebens- und Geheimbereichs, §§ 201–210 80
Straftaten gegen das Leben, §§ 211–222 89
Straftaten gegen die körperliche Unversehrtheit, §§ 223–231 96
Straftaten gegen die persönliche Freiheit, §§ 232–241a 105
Diebstahl und Unterschlagung, §§ 242–248c 114
Raub und Erpressung, §§ 249–256 123

Begünstigung und Hehlerei, §§ 257–262 132
Betrug und Untreue, §§ 263–266b 139
Urkundenfälschung, §§ 267–282 149
Insolvenzstraftaten, §§ 283–283d 160
Strafbarer Eigennutz, §§ 284–297 163
Straftaten gegen den Wettbewerb, §§ 298–302 171
Sachbeschädigung, §§ 303–305a 173
Gemeingefährliche Straftaten, §§ 306–323c 182
Straftaten gegen die Umwelt, §§ 324–330d 220
Straftaten im Amt, §§ 331–358 232

Abkürzungsverzeichnis

Abs.	Absatz
a.E.	am Ende
a.F.	alte Fassung
Alt.	Alternative(n)
a.M.	andere Meinung (oder Möglichkeit)
AO	Abgabenordnung
arg.	Argument(um)
AT	Allgemeiner Teil
Aufl.	Auflage
BAK	Blutalkoholkonzentration
BBodenSchG	Bundesbodenschutzgesetz
BGB	Bürgerliches Gesetzbuch
BImSchG	Bundesimmissionsschutzgesetz
BJagdG	Bundesjagdgesetz
BNatSchG	Bundesnaturschutzgesetz
BRAO	Bundesrechtsanwaltsordnung
BT	Besonderer Teil
bzgl.	bezüglich
bzw.	beziehungsweise
ca.	circa
dagg.	dagegen (Gegenargument)
ders.	derselbe
d.h.	das heißt
dies.	dieselbe(n)
e.M.	eine Meinung
etc.	et cetera
EV	Einigungsvertrag
evtl.	eventuell
f.	folgende(r)
ff.	folgende
gem.	gemäß
GG	Grundgesetz
ggf.	gegebenenfalls
grds.	grundsätzlich
GVG	Gerichtsverfassungsgesetz
h.L.	herrschende Lehre
h.M.	herrschende Meinung
Hs.	Halbsatz
i.d.R.	in der Regel
inkl.	inklusive
insb.	insbesondere

InsO	Insolvenzordnung
i.S.(d.)	im Sinne (der/des)
i.V.m.	in Verbindung mit
JGG	Jugendgerichtsgesetz
lit.	litera
LuftVG	Luftverkehrsgesetz
Nr.	Nummer
Rn.	Randnummer
S.	Satz/Seite
s.(o.)	siehe (oben)
sog.	sogenannte(r)
SoldG	Soldatengesetz
StGB	Strafgesetzbuch
StPO	Strafprozessordnung
str.	streitig/strittig
StVollzG	Strafvollzugsgesetz
s.u.	siehe unten
TKG	Telekommunikationsgesetz
u.a.	unter anderem
usw.	und so weiter
u.U.	unter Umständen
Var.	Variante
vgl.	vergleiche
VwVfG	Verwaltungsverfahrensgesetz
WHG	Wasserhaushaltsgesetz
z.B.	zum Beispiel
zit.	zitiert
ZPO	Zivilprozessordnung

§§ ohne Gesetzesangabe sind solche des Strafgesetzbuchs.

Universelles Falllösungsschema

A. Tatkomplex

- Gliederung: üblicherweise Großbuchstabe (Hauptsache: einheitlich!) 1
- Name: Er soll den Komplex faktisch identifizieren, nicht rechtlich (falsch: „Der Mord"; richtig: „Im Garten"). Die Zusätze „Erster Tatkomplex", „Komplex", „Handlungsabschnitt" usw. sind überflüssig. 2
- Kriterien: Tatort, Tatzeit, Tatumstände (Wie viele Geschichten werden in der Geschichte erzählt? – An § 53 orientieren!) 3
- Reihenfolge: i.d.R. chronologisch (wichtigste Ausnahme: Versuchs-, Vorbereitungs- und Teilnahmehandlungen zur jeweiligen Vollendungs- oder Haupttat) 4
- Ausnahme: Komplexeinteilung entfällt, wenn dadurch nur ein Komplex übrig bleibt oder in jedem Komplex nur ein Beteiligter zu prüfen ist, in diesem Fall: Gliederung (nur) nach Personen (ggf. mit „Unterkomplexen" zur besseren Unterscheidung, z.B. nach Diebstahlsgegenständen, Betrugshandlungen etc.) 5

I. Beteiligter

- Gliederung: üblicherweise römische Zahl (entfällt, wenn nur einer geprüft wird) 6
- Überschrift: „Strafbarkeit des …" (um gleiche Überschriften zu vermeiden ggf. zusätzlich: „als Täter" oder „als Teilnehmer" oder besser: „Selbstständige"/„Unselbstständige Strafbarkeit des …") 7
- Reihenfolge: einzeln und nacheinander (Ausnahme: bei exakt gleichen Sachverhaltsangaben kann zusammen geprüft werden); bei mehreren: mit dem beginnen, der „am nächsten dran" ist am Erfolg; Täter vor Teilnehmer (wichtig für spätere Zurechnung! – kann von Komplex zu Komplex wechseln); bei „Not": Aktion vor Reaktion (ggf. „Minikomplexe": „Der erste Schlag", „Der zweite Schlag" usw. bilden!) 8

1. (Delikts-)Tatbestand

- **Gliederung:** üblicherweise arabische Zahl (entfällt, wenn keine weitere folgt) 9

10 – Überschrift: „so kurz wie möglich und so genau wie nötig“ (z.B. nach Absatz, Satz und Alternative/Nummer, wenn nicht alle geprüft werden; wenn eine Norm mit mehreren Absätzen nur einen Tatbestand enthält, reicht die Angabe der Norm), z.B. „§ x“ (um gleiche zu vermeiden ggf. zusätzlich: „zum Nachteil des …“, „gegenüber“, „im Hinblick auf …“ oder „an“); AT-§§ nur i.V.m. BT-§§ (z.B. richtig: „§§ 212, 22“; falsch: „§ 22“); Wiederholung in Worten, z.B. „Anstiftung zum …“ oder „Diebstahl (§ 242 StGB)“, überflüssig (verbraucht unnötig Platz und Zeit!)

11 – Reihenfolge: „Dickschiffe vorn“ (zahlreiche Ausnahmen – bei getrennter Prüfung von Grundtatbestand und Qualifikation: Grundtatbestand zuerst; bei zusammengesetzten Delikten: Einzelteile zuerst; bei Abgrenzungen: abgelehntes Delikt zuerst)

a) Tatbestand(-smäßigkeit)

12 – **Gliederung:** üblicherweise Kleinbuchstabe (nach Deliktsebenen: **Tatbestand** also immer „a)“, es sei denn, dass kein „b)“ folgt oder sich die Prüfung in „a) objektiver Tatbestand, b) subjektiver Tatbestand, c) Ergebnis“ erschöpft; keine Ausführungen, die nicht unter irgend einen Gliederungspunkt fallen, also: nichts „vor aa)“ oder „vor a)“; keine Abgrenzung „vorab“, einleitende, Abschluss- oder Zwischenbemerkungen, vor allem: keine Aufbauerklärungen)

13 – Überschrift: in der Ausformulierung keine Abkürzungen (z.B. „Tbm.“, „Tb.“) verwenden

aa) Objektiver Tatbestand

14 – **Gliederung:** üblicherweise Doppel-Kleinbuchstabe (entfällt, wenn nicht mindestens „bb)“ folgt)

15 – Überschrift: in der Ausformulierung keine Abkürzungen (z.B. „obj. Tb.“) verwenden (kein „Telegrammstil“!)

16 – Stil: Gutachten („könnte … müsste“, „daher“, „folglich“; kein: „da“, „weil“), d.h. Ergebnis nie vor Begründung, sondern umgekehrt Begründung stets vor Ergebnis (eine Feststellung ohne nachfolgende Begründung ist aber erlaubt)

17 – Sortierung: Tatbestandsmerkmale (a, b, c, d, e) nach Täter (Tatsubjekt), Tatobjekt, Tatmittel, Tathand-

lung (hier: Handlungsqualität und Abgrenzung Tun/Unterlassen; falls keine Handlung: Prüfung beendet – falls kein Tun: neue Überschrift „§§ x, 13“ → *Vor § 13 Rn. 1*), Taterfolg, Kausalität usw. (→ *Vor § 1 Rn. 2*) geordnet behandeln (entsprechende „Zwischenüberschriften“ häufig unnötig; Gliederung durch Absätze ausreichend; Ergebnis der gedanklichen Prüfung schriftlich nur mitteilen, wo erwähnenswert, sonst weglassen)

- Subsumtion (häufig problemlos, dann genügt simple Feststellung, andernfalls): Merkmal nennen; definieren (falls konkret genug, Sachverhalt darunter subsumieren; sonst die Merkmale der Definition weiter behandeln wie Merkmale des Gesetzes, d.h. problematisches Merkmal nennen, definieren usw.); bei mehreren möglichen Definitionen: Meinungsstreit führen: Meinung 1 (nicht „h.M.“ und „M.M.“, sondern besser neutral: „eine Meinung“/„andere Meinung“); mindestens ein Argument gegen diese und für Meinung 2 (usw. falls mehrere Meinungen diskussionswürdig, abgelehnte zuerst); abschließende Conclusio: Merkmal a erfüllt/nicht erfüllt; nächstes Merkmal b, bis alle Merkmale abgearbeitet sind (nur wo Erörterung lohnt und wo Merkmal nicht schon vorab als gegeben festgestellt wurde) **18**
- Zwischenergebnis (falls nicht ohnehin offensichtlich): „objektiver Tatbestand erfüllt/nicht erfüllt“ – falls nicht erfüllt: neue Überschrift „§§ x, 22“ → *Vor § 22 Rn. 1*) **19**

bb) Subjektiver Tatbestand

aaa) Tatbestandsvorsatz

- Gliederung: keine Üblichkeiten; Hauptsache einheitlich **20**
- keine „Überbegründungen“, insb. nicht „Absicht“ begründen, wo „dolus eventualis“ reicht **21**
- Zwischenergebnis (falls nicht offensichtlich): Vorsatz gegeben/nicht gegeben (falls nicht: neue Überschrift → *Vor § 15 Rn. 1*) **22**

bbb) spezielle Absichten etc. (→ *Vor § 1 Rn. 2*) **23**

b) Rechtswidrigkeit

24 **aa) Rechtfertigungsgrund 1** (z.B. „§ 32“; besondere Reihenfolge beachten, insb. Notwehr vor Notstand, zivilrechtlicher Notstand vor strafrechtlichem Notstand)

25 aaa) objektiver Rechtfertigungstatbestand (Subsumtion unter dessen Merkmale wie oben bei Rn. 18 beschrieben)

26 bbb) subjektiver Rechtsfertigungstatbestand (Überschrift jedenfalls dann, wenn Vorliegen nicht lediglich konstatiert wird)

27 **bb) Rechtfertigungsgrund 2 etc.** (ohne abwegige; nur die durchgreifenden oder einschlägige, wo nur „wenig“ fehlt; Kategorien wie „Rechtswidrigkeit“ und „Schuld“ können ganz entfallen, wenn es dazu nur Allgemeines und nichts Fallspezifisches zu schreiben gibt; kein „Lehrbuchstil“)

28 **c) Schuld**
(falls überhaupt noch erwähnenswert, s.o. Rn. 27)

29 **aa) Schuldausschließungs-/Entschuldigungsgrund 1** (z.B. „§ 33“)

30 aaa) objektive Voraussetzungen (Subsumtion unter dessen Merkmale wie oben bei Rn. 18 beschrieben)

31 bbb) subjektive Voraussetzungen (zwar objektive stets vor subjektiven Voraussetzungen; eigene Überschrift aber nur dann nötig, wenn Vorliegen nicht lediglich konstatiert wird)

32 **bb) Schuldausschließungs-/Entschuldigungsgrund 2 etc.** (nur „nahe“ liegende; Reihenfolge nach Zweckmäßigkeit)

33 **cc) Besondere Schuldmerkmale** (falls vorhanden, z.B. Rücksichtslosigkeit bei § 315c)

34 **d) Strafzumessung**
(nur wenn „tatbestandsähnlich“ umschrieben, z.B.)

35 **aa) Regelbeispiel 1** (z.B. „§ 243 I Nr. 1“)

36 aaa) objektives Vorliegen der Regelbeispielsmerkmale (Subsumtion unter sämtliche Merkmale wie oben bei Rn. 18 beschrieben)

bbb) Vorsatz bzgl. der Regelbeispielsmerkmale (eigene Überschrift aber nur dann nötig, wenn noch Gliederungspunkte folgen oder Vorliegen nicht lediglich konstatiert wird) 37

bb) Regelbeispiel 2 etc. 38
(bei Regelbeispielen Kontraindizien beachten; abschließende Conclusio: besonders schwerer Fall gegeben/nicht gegeben – entsprechend bei minder schweren Fällen mit/ohne Regelbeispielcharakter, z.B. § 213)

e) Strafwürdigkeit/Strafbedürftigkeit 39
(nur wenn es dazu wirklich etwas zu sagen gibt; kein sinnloses „Abklappern" von Prüfungspunkten; Subsumtion unter die jeweiligen Voraussetzungen wie oben bei Rn. 18 beschrieben)

f) Strafverfolgungsvoraussetzungen und -hindernisse 40
(davon Strafantrag stets erwähnenswert, z.B. „Der gem. § 230 erforderliche Antrag ist gestellt/muss noch gestellt werden" – Beachte: Die „Strafbarkeit" bleibt davon unberührt!)

g) Ergebnis 41
(„hat sich/hat sich nicht gem. § x strafbar gemacht"; Formulierungen wie „kommt nicht in Betracht" sind unsinnig, wenn bereits in Betracht gekommen ist!)

2. Nächster (Delikts-)Tatbestand … 42
(alle in Betracht kommenden, d.h. alle durchgreifenden und von den nicht durchgreifenden solche, wo nur „wenig" fehlt oder Fehlen nicht offensichtlich ist)

3. Konkurrenzen 43
(nur falls mehrere Tatbestände bejaht wurden; entweder: Gesetzeseinheit in Form von Spezialität/Subsidiarität/Konsumtion, dabei stets angeben, welche, und, falls nötig, unter deren Voraussetzungen subsumieren, oder: „Tateinheit gem. § 52" – falls § 53: Aufbau der eigenen Lösung überprüfen!)

II. Nächster Beteiligter 44
(Abkürzung erlaubt und üblich, z.B. „… des B")

1. (Delikts-)Tatbestand

45 – Sortierung: Falls nicht schon gem. Rn. 7 aufgespalten, innerhalb der Prüfung erst selbstständige und dann unselbstständige Strafbarkeit (Trennung durch Zwischenüberschrift unnötig); niemals mehrere zusammen (falsch z.B. „§§ 177, 185, 242, 26"), sondern einzeln und nacheinander; Reihenfolge nach Zweckmäßigkeit

46 – Überschrift: bei mittelbarer Täterschaft: „§§ x, 25 I Alt. 2"; bei Mittäterschaft: „§§ x, 25 II"; bei Anstiftung: „§§ x, 26"; bei Beihilfe: „§§ x, 27" (in dieser Reihenfolge stets gedanklich prüfen, aber nur hinschreiben, wenn mitteilenswert, weil durchgreift oder wenig fehlt)

47 **2. Nächster (Delikts-)Tatbestand ...**

48 **3. Konkurrenzen**
(falls mehrere Tatbestände bejaht wurden, wie oben Rn. 43)

49 **III. Weiterer Beteiligter ...**

50 **IV. Konkurrenzen**

(zwischen selbstständiger und unselbstständiger Strafbarkeit, falls eine solche gegeben – Verschiebung auf unten C. nicht ausgeschlossen, doch sollte über Konkurrenzen grds. so bald wie möglich entschieden werden)

51 **B. Nächster Tatkomplex ...**

52 **C. Gesamtkonkurrenzen und -ergebnis**

53 **I. Beteiligter 1**
(Konkurrenzen, falls er sich in mehreren Komplexen strafbar gemacht hat; dann entweder: „mitbestrafte Vor-/Nachtat", Feststellung reicht normalerweise, oder: „Tatmehrheit gem. § 53" – ganz selten § 52, z.B. bei natürlicher Handlungseinheit; fortgesetzter Tat; in diesem Fall subsumieren und nötigenfalls Meinungsstreit führen wie oben Rn. 18 beschrieben; Schlussergebnis: „ist gem. §§ x, y, z ..., 52 zu bestrafen"/„nicht strafbar" – als Antwort auf die Fallfrage!)

54 **II. Beteiligter 2**
(entsprechend)

55 **III. Beteiligter 3**
(etc.)

Allgemeiner Teil

Das Strafgesetz
Geltungsbereich, §§ 1–10

Vor § 1 Allgemeine Aufbauschemata

Allgemeines Aufbauschema: Schnellübersicht 1

I. Tatbestand

II. Rechtswidrigkeit

III. Schuld

IV. Strafzumessung

(insb. Erfüllung von Regelbeispielen)

V. Strafwürdigkeit/Strafbedürftigkeit

VI. Strafverfolgungsvoraussetzungen und –hindernisse

(insb. Strafantrag)

Allgemeines Aufbauschema: Ausführliche Übersicht 2

Vorprüfung

Anwendbarkeit deutschen Strafrechts

I. Tatbestand

1. Objektiver Tatbestand
   a) Täter (Tatsubjekt)
   b) Tatobjekt
   c) Tatmittel
   d) Tatsituation
   e) Tathandlung
   f) Taterfolg (bei Erfolgsdelikten: Verletzung oder Gefährdung)
   g) Kausalität → *Vor § 1 Rn. 12*
   h) Objektive Zurechnung → *Vor § 1 Rn. 21*
2. Subjektiver Tatbestand
   a) Tatbestandsvorsatz
   b) Spezielle Absichten (z.B. Zueignungsabsicht bei § 242)
   c) Sonstige besondere subjektive Merkmale
      (z.B. Mordlust bei § 211; Gewinnsucht bei § 330 etc.)
3. Tatbestandsannex: Objektive Bedingung der Strafbarkeit

II. Rechtswidrigkeit

1. Rechtfertigungsgründe, z.B.
   a) Rechtfertigende Einwilligung (mutmaßliche, hypothetische) → Vor § 32 Rn. 1 f.
   b) Notwehr (§ 32 StGB → *Vor § 32 Rn. 4*, § 227 BGB)
   c) Notstand (zivilrechtlicher Aggressiv- und Defensivnotstand, §§ 228, 904 BGB; allgemeiner rechtfertigender Notstand, § 34 StGB, § 16 OWiG) → *Vor § 34 Rn. 1 ff.*
   d) Erlaubte Selbsthilfe, Besitzwehr (§§ 229, 562b, 859, 1029 BGB)
   e) Wahrnehmung berechtigter Interessen bei Beleidigung, § 193
   f) Erziehungsrecht von Eltern und Erziehern
   g) Festnahmerechte (§ 127 StPO → *Vor § 32 Rn. 3*, § 87 StVollzG)
   h) Amtsbefugnisse (z.B. gem. §§ 81 ff. StPO, §§ 758, 808, 909 ZPO)
   i) Rechtfertigende Pflichtenkollision
2. Besondere Rechtswidrigkeitsmerkmale (z.B. Verwerflichkeit in § 240)

III. Schuld

1. Schuldfähigkeit des Täters (§§ 19, 20, 21; actio libera in causa)
2. Persönliche Vorwerfbarkeit
   a) Schuldvorsatz (insb. beim Erlaubnistatbestandsirrtum)
   b) Unrechtsbewusstsein
      aa) Verbotsirrtum (§ 17)
      bb) Erlaubnisirrtum (§ 17 analog)
   c) Fehlen von Entschuldigungsgründen
      aa) Notwehrexzess (§ 33) → *Vor § 33 Rn. 1*
      bb) Entschuldigender Notstand (§ 35) → *Vor § 35 Rn. 1*
      cc) Übergesetzlicher entschuldigender Notstand → *Vor § 34 Rn. 3*
3. Besondere Schuldmerkmale (z.B. Rücksichtslosigkeit bei § 315c)

IV. Strafzumessung

(insb. Erfüllung von Regelbeispielen, z.B. § 243 → *Vor § 243 Rn. 1*)

V. Strafwürdigkeit/Strafbedürftigkeit

1. Persönliche Strafausschließungs- oder Strafaufhebungsgründe (z.B. §§ 24, 31, 142 IV, 161 II)
2. Absehen von Strafe

VI. Strafverfolgungsvoraussetzungen und -hindernisse

(insb. Strafantrag, §§ 77 ff.; z.B. in § 123 II, § 230, § 303c)

Vor § 1 Vorbemerkungen

Begriff	Definition	Rn.
Deliktsebenen	sind Tatbestandsmäßigkeit, Rechtswidrigkeit und Schuld.	**3**
Deliktsstadien	sind Vorbereitung, Versuch und Vollendung.	**4**
Schuldformen	sind Vorsatz und Fahrlässigkeit.	**5**
Handlung	Willensgesteuertes Verhalten	**6**
Verhalten	Handlung, Nichthandlung / Tun und Unterlassen	**7**
Tatbestandsmäßigkeit	Erfüllung des objektiven und subjektiven Tatbestands	**8**
Tatbestandsannex	Anhang zum objektiven Tatbestand	**9**
Objektive Bedingung der Strafbarkeit	Objektive Merkmale außerhalb des Tatbestandes, auf die sich der Vorsatz daher nicht beziehen muss	**10**
Objektiver Tatbestand	Summe aller objektiven Tatbestandsmerkmale	**11**
Kausal	ist jede Bedingung, die nicht hinweggedacht werden kann, ohne dass der Erfolg in seiner konkreten Gestalt entfiele (conditio sine qua non).	**12**
Äquivalenz(theorie)	Alle Bedingungen sind im Hinblick auf die Kausalität als gleichwertig anzusehen.	**13**
Adäquanz(theorie)	Kausal sind nur solche Bedingungen, die nicht völlig außerhalb der Lebenswahrscheinlichkeit liegen.	**14**
Relevanz(theorie)	Es kommen nur solche Bedingungen in Betracht, die im Hinblick auf den tatbestandlichen Erfolg relevant sind.	**15**
Alternative Kausalität	Von zwei Bedingungen, die alternativ, aber nicht kumulativ hinweggedacht werden können, sind beide kausal.	**16**
Kumulative Kausalität	Von zwei Bedingungen, die nur beide zusammen den Erfolg herbeiführen, jede einzelne für sich aber nicht, sind beide kausal.	**17**
Hypothetische Kausalität	Außer Betracht bleiben Ersatzursachen, die beim Hinwegdenken der Ursachen den Erfolg herbeigeführt haben würden.	**18**

19	Dazwischentreten eines Dritten	unterbricht, wenn nicht den Kausalzusammenhang, so doch möglicherweise den Zurechnungszusammenhang.
20	Rechtmäßiges Alternativverhalten	ist ein Verhalten, das den gleichen Erfolg auch auf legale Weise herbeigeführt hätte.
21	Objektiv zurechenbar	ist ein Erfolg, wenn der Täter eine rechtlich relevante Gefahr geschaffen hat, die sich im tatbestandsmäßigen Erfolg realisiert (Grundformel).
22	Schutzzweck der Norm	bezeichnet das Risiko, vor dem die Norm gerade schützen will.
23	Allgemeines Lebensrisiko	ist das Risiko, das jeder selbst trägt, vor dem die Norm nicht schützen will.
24	Schutzzweck-zusammenhang	Über die Kausalität hinaus erforderlicher Zusammenhang zwischen dem Schutzzweck der Norm und dem tatbestandlichen Erfolg
25	Pflichtwidrigkeits-zusammenhang	ist ein vor allem bei Fahrlässigkeitsdelikten erforderlicher Zusammenhang zwischen der Pflichtwidrigkeit und dem Erfolg.
26	Risikoverringerung	liegt vor, wenn ein vorhandenes Risiko lediglich abgeschwächt wird.
27	Eigenverantwortliche Selbstgefährdung	Wer eine eigenverantwortlich gewollte und verwirklichte Selbstgefährdung eines anderen (vorsätzlich oder fahrlässig) veranlasst, fördert oder ermöglicht, handelt straflos, wenn sich das mit der Selbstgefährdung eingegangene Risiko realisiert.
28	Subjektiver Tatbestand	Vorsatz und besondere subjektive Merkmale
29	Rechtfertigungsgründe	sind Erlaubnistatbestände, welche die aufgrund der Tatbestandsmäßigkeit regelmäßig indizierte Rechtswidrigkeit wieder entfallen lassen.
30	Einverständnis	Zustimmung des Berechtigten, die den Tatbestand ausschließt
31	Einwilligung	Rechtfertigende Zustimmung zu einem tatbestandsmäßigen Verhalten
32	Mutmaßliche Einwilligung	Rechtfertigungsgrund bei Handeln im Interesse oder bei mangelndem Interesse des Berech-

	tigten, wenn die aktuelle Einwilligung nicht oder nicht rechtzeitig erreichbar ist.	
Hypothetische Einwilligung	liegt vor, wenn der Einwilligende zwar nicht ordnungsgemäß aufgeklärt worden ist, er jedoch auch bei ordentlicher Aufklärung eingewilligt hätte.	**33**

§ 1 Keine Strafe ohne Gesetz

Ultima ratio	das letzte Mittel	**1**
Bestimmtheitsgebot	nullum crimen, nulla poena sine lege (kein Verbrechen, keine Strafe ohne Gesetz) enthält das Verbot der Rückwirkung (lex praevia), das Verbot der Analogie zu Ungunsten des Täters (lex stricta) und das Verbot (ungeschriebenen) strafrechtlichen Gewohnheitsrechts (lex scripta), jede Auslegung hat die Wortlautschranke zu beachten und das Gesetz darf nicht schwammig sein (lex certa)	**2**
In dubio pro reo	Im Zweifel für den Angeklagten	**3**
Wahlfeststellung	wird getroffen, wenn eine Sachverhaltsungewissheit besteht, so dass nicht entscheidbar ist, welcher von mehreren Sachverhalten zutrifft, die alle zur Strafbarkeit führen und rechtsethisch und psychologisch vergleichbar sind, während andere Möglichkeiten sicher ausscheiden.	**4**
Postpendenzfeststellung	wird getroffen, wenn eine einseitige Sachverhaltsungewissheit der Weise besteht, dass von zwei in Betracht kommenden rechtlich relevanten Sachverhalten der zeitlich frühere nur möglicherweise, der zeitlich spätere hingegen sicher gegeben ist.	**5**

§ 2 Zeitliche Geltung

Zeit der Tat	ist die Zeit, zu welcher der Täter oder Teilnehmer gehandelt hat oder im Falle des Unterlassens hätte handeln müssen (§ 8).	**1**

Rn.	Begriff	Definition
2	Beendigung	ist der nach der tatbestandlichen Vollendung gelegene Zeitpunkt, mit dem das Tatunrecht seinen materiellen Abschluss findet.
3	Mildestes Gesetz	ist diejenige Regelung, welche für den Einzelfall die für den Täter mildere Beurteilung zulässt (konkrete Betrachtung).

§ 3 Geltung für Inlandstaten

Rn.	Begriff	Definition
1	Inland	Das Staatsgebiet der (Länder der) Bundesrepublik Deutschland
2	Staatsgebiet	Das Landgebiet, die Eigengewässer, das Küstenmeer sowie der Luftraum darüber

§ 4 Geltung für Taten auf deutschen Schiffen u. Luftfahrzeugen

Rn.	Begriff	Definition
1	Schiff	Zur See- und Binnenschifffahrt bestimmtes Wasserfahrzeug
2	Luftfahrzeuge	sind Flugzeuge, Drehflügler, Luftschiffe, Segelflugzeuge, Motorsegler, Frei- und Fesselballone, Rettungsfallschirme, Flugmodelle, Luftsportgeräte sowie unbemannte Fluggeräte einschließlich ihrer Kontrollstation, die nicht zu Zwecken des Sports oder der Freizeitgestaltung betrieben werden (unbemannte Luftfahrtsysteme) und sonstige für die Benutzung des Luftraums bestimmte Geräte, sofern sie in Höhen von mehr als dreißig Metern über Grund oder Wasser betrieben werden können; Raumfahrzeuge, Raketen und ähnliche Flugkörper dagegen nur, solange sie sich im Luftraum befinden (§ 1 LuftVG).

§ 5 Auslandstaten mit besonderem Inlandsbezug

Rn.	Begriff	Definition
1	Ausland	Jedes Gebiet außerhalb des Inlands, auch das offene Meer und Gebiete ohne Staatshoheit
2	Inland	Das Staatsgebiet der (Länder der) Bundesrepublik Deutschland (→ § 3 Rn. 1)
3	Deutscher	Wer die deutsche Staatsangehörigkeit i.S. von Art. 116 I GG besitzt

Ausländer	Jeder, der nicht Deutscher ist, auch Staatenlose	**4**
Räumlicher Geltungsbereich dieses Gesetzes	Seit dem Beitritt der DDR (Art. 1 I EV) mit dem Begriff des Inlands deckungsgleich	**5**
Lebensgrundlage	Summe der Beziehungen, die den persönlichen und wirtschaftlichen Schwerpunkt im Verhältnis des Menschen zu seiner Umwelt ausmachen	**6**
Wohnsitz	Ort, an dem jemand ordnungsrechtlich gemeldet ist, bei Doppelwohnsitz oder wechselnden Aufenthalten der Ort, an dem jemand seinen persönlichen, familiären und wirtschaftlichen Mittelpunkt hat	**7**
Gewöhnlicher Aufenthalt	Ort der nicht nur vorübergehend genutzten tatsächlichen Unterkunft	**8**
Amtsträger	Wer nach deutschem Recht Beamter oder Richter ist, in einem sonstigen öffentlich-rechtlichen Amtsverhältnis steht oder sonst zur Wahrnehmung öffentlicher Aufgaben bestellt ist (§ 11 I Nr. 2)	**9**
Für den öffentlichen Dienst besonders Verpflichteter	Wer, ohne Amtsträger zu sein, bei einer Behörde oder für eine sonstige Stelle, die Aufgaben der öffentlichen Verwaltung wahrnimmt, oder bei einem Verband oder sonstigem Zusammenschluss, Betrieb oder Unternehmen, die für eine Behörde oder für eine sonstige Stelle Aufgaben der öffentlichen Verwaltung ausführen, beschäftigt oder für sie tätig und auf gewissenhafte Erfüllung seiner Obliegenheiten auf Grund eines Gesetzes förmlich verpflichtet ist (§ 11 I Nr. 4)	**10**
Soldat der Bundeswehr	Wer in einem Wehrdienstverhältnis steht (§ 1 I SoldG).	**11**
Europäischer Amtsträger	Wer Mitglied der Europäischen Kommission, der Europäischen Zentralbank, des Rechnungshofs oder eines Gerichts der Europäischen Union ist, Beamter oder sonstiger Bediensteter der Europäischen Union oder einer auf der Grundlage des Rechts der Europäischen Union geschaffenen Einrichtung ist oder mit der Wahrnehmung von Aufgaben der Europäischen Union oder von Aufgaben einer	**12**

		auf der Grundlage des Rechts der Europäischen Union geschaffenen Einrichtung beauftragt ist (§ 11 I Nr. 2a).
13	Schiedsrichter	Der für ein Schiedsgericht in bürgerlichen Rechtsstreitigkeiten bestellte Richter

§ 6 Auslandstaten gegen international geschützte Rechtsgüter

1	Tatort	Ort, an dem der Täter oder Teilnehmer gehandelt hat oder im Falle des Unterlassens hätte handeln müssen oder an dem der Tatbestandserfolg eingetreten ist oder hätte eintreten sollen (§ 9)
2	Ausland	Jedes Gebiet außerhalb des Inlands, auch das offene Meer und Gebiete ohne Staatshoheit (→ § 5 Rn. 1)

§ 8 Zeit der Tat

1	Täter	Wer die Tat selbst oder durch einen anderen begeht (§ 25 I)
2	Teilnehmer	Anstifter oder Gehilfe (§ 28 I)
3	Erfolg	Von der Tathandlung trennbares, zum gesetzlichen Tatbestand gehörendes Ergebnis derselben in der Außenwelt

§ 10 Sondervorschriften für Jugendliche und Heranwachsende

1	Jugendlicher	Wer zur Zeit der Tat vierzehn, aber noch nicht achtzehn Jahre alt ist (§ 1 II JGG)
2	Heranwachsender	Wer zur Zeit der Tat achtzehn, aber noch nicht einundzwanzig Jahre alt ist (§ 1 II JGG)

Sprachgebrauch, §§ 11–12

§ 11 Personen- und Sachbegriffe

1	In gerader Linie verwandt	sind Personen, deren eine von der anderen abstammt (§ 1589 S. 1 BGB).

Verschwägert	sind die Verwandten eines Ehegatten mit dem anderen (§ 1590 BGB).	**2**
Ehegatten	Personen, die miteinander in formell gültiger Ehe leben	**3**
Lebenspartner	Gleichgeschlechtliche Personen, die in einer auf Lebenszeit angelegten Geschlechts- und Lebensgemeinschaft leben	**4**
Verlöbnis	Ernstes Partnerschafts- oder Eheversprechen	**5**
Geschwister	Personen, die mindestens ein Elternteil gemeinsam haben	**6**
Beamter	Wer nach beamtenrechtlichen Vorschriften durch die zuständige Stelle in ein Beamtenverhältnis berufen ist	**7**
Sonstiges öffentlich-rechtliches Amtsverhältnis	ist eines, das einem öffentlich-rechtlichen Dienst- und Treueverhältnis vergleichbar ist, ohne ein Beamtenverhältnis zu sein.	**8**
Berufsrichter	In das Richteramt durch Aushändigung einer Ernennungsurkunde wirksam berufene Person	**9**
Ehrenamtliche Richter	Schöffen und andere Laienrichter	**10**
Behörde	Stelle, die Aufgaben der öffentlichen Verwaltung wahrnimmt (§ 1 IV VwVfG) – auch Gerichte	**11**
Schriften	Zusammenstellung von Zeichen, die durch Augen oder Tastsinn wahrnehmbar sind und Gedankeninhalte verkörpern	**12**
Tonträger	Sachen, die gespeicherte akustische Signale enthalten	**13**
Bildträger	Sachen, die gespeicherte Bildinformationen enthalten	**14**
Darstellungen	Auf einige Dauer fixierte Zeichen, welche einen wahrnehmbaren Vorgang oder Gedanken vermitteln	**15**
Datenspeicher	Speichermedium zur Aufbewahrung von Daten	**16**
Abbildungen	Durch Auge oder Tastsinn wahrnehmbare Wiedergaben der Außenwelt	**17**

§ 12 Verbrechen und Vergehen

1	Rechtswidrige Tat	Handlung, die den Tatbestand eines Strafgesetzes verwirklicht (§ 11 I Nr. 5)

Die Tat. Grundlagen der Strafbarkeit, §§ 13–21

Vor § 13 Begehen durch Unterlassen

1 **Aufbauschema: Vorsätzliches unechtes Unterlassungsdelikt**

I. Tatbestand

1. Objektiver Tatbestand
   a) Erfolg → *Rn. 2*
   b) Unterlassen → *Rn. 1*
   c) Quasikausalität → *Rn. 3*
   d) Objektive Zurechnung
   e) Einstehenmüssen (Garantenstellung → *Rn. 4*)
   f) Entsprechensklausel bei verhaltensgebundenen Delikten
2. Subjektiver Tatbestand

II. Rechtswidrigkeit

Insb. rechtfertigende Pflichtenkollision → *Rn. 10*

III. Schuld

Insb. Unzumutbarkeit normgemäßen Verhaltens

***Beachte** zum fahrlässigen Unterlassungsdelikt: Vor § 15*

§ 13 Begehen durch Unterlassen

1	Unterlassen	Nichtvornahme einer faktisch möglichen Handlung mit sinnvoller Erfolgsabwendungstendenz
2	Erfolg	Von der Tathandlung trennbares, zum gesetzlichen Tatbestand gehörendes Ergebnis derselben in der Außenwelt (→ § 8 Rn. 3)
3	Quasikausalität	ist gegeben, wenn die gebotene Handlung nicht hinzugedacht werden kann, ohne dass der Erfolg in seiner konkreten Gestalt mit an Sicherheit grenzender Wahrscheinlichkeit entfiele.
4	Garantenstellung	liegt vor, wenn jemand rechtlich dafür einzustehen hat, dass der Erfolg nicht eintritt.

Garantenpflicht	Aus einer Garantenstellung folgende Handlungspflicht	**5**
Beschützergaranten	Personen, denen Obhutspflichten für ein bestimmtes Rechtsgut obliegen, für dessen Bestand und Sicherheit sie zu sorgen haben	**6**
Überwachergaranten	Personen, denen aufgrund ihrer Verantwortlichkeit für bestimmte Gefahrenquellen Sicherungspflichten gegenüber jedermann obliegen	**7**
Ingerenz	Vorausgegangenes gefahrschaffendes Tun	**8**
Gefahrengemeinschaft	Eine solche, die nach der zweckgerichteten Art ihrer Entstehung und des dadurch begründeten Vertrauensverhältnisses gegenseitige Hilfe und Fürsorge einschließt	**9**
Pflichtenkollision	liegt vor, wenn zwei oder mehr rechtliche Handlungspflichten in der Weise zusammentreffen, dass der Pflichtige die eine nur auf Kosten der anderen erfüllen kann.	**10**

§ 14 Handeln für einen anderen

Juristische Person	Organisation mit eigener Rechtspersönlichkeit	**1**
Vertretungsberechtigtes Organ	Organ, durch das die juristische Person rechtswirksam handeln kann	**2**
Gesetzlicher Vertreter	Person, deren Vertretungsmacht auf gesetzlichen Bestimmungen beruht	**3**
Besondere persönliche Eigenschaften	sind die mit dem Menschen als solchem verbundenen Merkmale.	**4**
Besondere persönliche Verhältnisse	Äußere Beziehungen eines Menschen zu anderen Menschen, Institutionen oder Sachen	**5**
Unternehmen	ist jede auf Dauer angelegte, auf die Teilnahme am Wirtschaftsverkehr durch Austausch von Leistung und Gegenleistung gerichtete rechtlich-wirtschaftliche Einheit	**6**
Betrieb	ist eine nicht nur vorübergehende räumlich-organisatorische Einheit von Personen und Sachmitteln zur Verfolgung arbeitstechnischer Zwecke unter einheitlicher Leitung.	**7**

Vor § 15 Vorsätzliches und fahrlässiges Handeln

1 **Aufbauschema: Fahrlässiges Begehungsdelikt**

I. Tatbestand

1. Erfolg (bei Erfolgsdelikten)
2. Tathandlung
3. Kausalität
4. Generelle/objektive Sorgfaltspflichtverletzung → *Rn. 10*
   a) (Generelle) Vorhersehbarkeit → *Rn. 11*
   b) (Generelle) Vermeidbarkeit → *Rn. 12*
5. (Sonstige) Objektive Zurechnung des Erfolgseintritts, insb.
   a) Schutzzweckzusammenhang
   b) Pflichtwidrigkeitszusammenhang
   c) Eigenverantwortliche Selbstgefährdung etc.

II. Rechtswidrigkeit

III. Schuld

1. Allgemeine Schuldmerkmale
2. Besondere Schuldmerkmale
3. Fehlen von Entschuldigungsgründen
4. Individuelle/subjektive Sorgfaltspflichtverletzung
   a) (Individuelle) Vorhersehbarkeit
   b) (Individuelle) Vermeidbarkeit

2 **Aufbauschema: Fahrlässiges Unterlassungsdelikt**

I. Tatbestand

1. Erfolg (bei Erfolgsdelikten)
2. Unterlassen i.S.d. Nichtvornahme einer faktisch möglichen Handlung mit sinnvoller Erfolgsabwendungstendenz
3. Quasikausalität
4. Generelle/objektive Sorgfaltspflichtverletzung
   a) (Generelle) Vorhersehbarkeit → *Rn. 11*
   b) (Generelle) Vermeidbarkeit → *Rn. 12*
5. (Sonstige) Objektive Zurechnung des Erfolgseintritts, insb.
   a) Schutzzweckzusammenhang
   b) Pflichtwidrigkeitszusammenhang
   c) Eigenverantwortliche Selbstgefährdung etc.
6. Einstehenmüssen (Garantenstellung)
7. Entsprechensklausel (bei verhaltensgebundenen Delikten)

II. Rechtswidrigkeit

Insb. rechtfertigende Pflichtenkollision

III. Schuld
1. Allgemeine Schuldmerkmale
2. Besondere Schuldmerkmale
3. Fehlen von Entschuldigungsgründen
   Insb. Unzumutbarkeit normgemäßen Verhaltens
4. Individuelle/subjektive Sorgfaltspflichtverletzung
   a) (Individuelle) Vorhersehbarkeit
   b) (Individuelle) Vermeidbarkeit

§ 15 Vorsätzliches und fahrlässiges Handeln

Vorsatz	Wissen und Wollen bzgl. sämtlicher Tatbestandsmerkmale	1
Absicht	(dolus directus 1. Grades) ist zielgerichtetes Wollen in dem Sinn, dass es dem Täter gerade darauf ankommt, den Erfolg herbeizuführen.	2
Wissentlichkeit	(dolus directus 2. Grades) ist sicheres Wissen.	3
Eventualvorsatz	(dolus eventualis, bedingter Vorsatz) liegt vor, wenn der Täter den Erfolgseintritt mindestens für möglich hält (Wissenselement) und sich zumindest damit abfindet (Wollenselement).	4
Bewusst fahrlässig	handelt, wer die Gefahr erkennt, jedoch auf das Ausbleiben des Erfolges vertraut.	5
Unbewusst fahrlässig	handelt, wer die gebotene Sorgfalt außer Acht lässt und dabei nicht einmal die Gefahr erkennt.	6
Grob fahrlässig	handelt, wer in besonders großem Maße die gebotene Sorgfalt außer Acht lässt.	7
Leichtfertig	handelt, wer grob fahrlässig handelt und nicht beachtet, was sich jedermann aufdrängen muss.	8
Fahrlässigkeit	Generelle und individuelle Sorgfaltspflichtverletzung	9
Sorgfaltspflichtverletzung	Außerachtlassung der im Verkehr erforderlichen Sorgfalt bei Vorhersehbarkeit und Vermeidbarkeit des Erfolges	10
Vorhersehbarkeit	Vorhersehbar ist, was ein umsichtig handelnder Mensch aus dem Verkehrskreis des Täters unter den jeweils gegebenen Umständen aufgrund der allgemeinen Lebenserfahrung in Rechnung stellen würde.	11

12	Vermeidbarkeit	Vermeidbar ist ein Erfolg, wenn er bei Beachtung der gebotenen Sorgfalt hätte verhindert werden können.

§ 16 Irrtum über Tatumstände

1	Irrtum	Auseinanderfallen von Vorstellung und Wirklichkeit
2	Tatbestandsirrtum	Unkenntnis von Umständen, die zum gesetzlichen Tatbestand gehören (vgl. § 16 I)
3	Umgekehrter Tatbestandsirrtum	Irrige Annahme von Umständen, die zum gesetzlichen Tatbestand gehören
4	Erlaubnistatbestand	ist ein Rechtfertigungsgrund.
5	Erlaubnistatbestandsirrtum	Irrige Annahme von Umständen, die im Falle ihres wirklichen Vorliegens die Voraussetzungen eines anerkannten Rechtfertigungsgrundes ausfüllen würden
6	Deskriptive Tatbestandsmerkmale	sind solche, deren Vorliegen durch sinnliche Wahrnehmung festgestellt werden kann.
7	Normative Tatbestandsmerkmale	sind solche, deren Vorliegen nur durch ein (Wert-) Urteil festgestellt werden kann.
8	Error in persona (vel objecto)	Irrtum über die Person (oder das Handlungsobjekt)
9	Aberratio ictus	ist ein Fehlgehen der Tat in dem Sinne, dass der Täter auf ein individualisiertes Tatobjekt zielt, dieses jedoch verfehlt und ein anderes Objekt trifft, das er nicht anvisiert hatte.

§ 17 Verbotsirrtum

1	Verbotsirrtum	Unkenntnis eines Verbots
2	Umgekehrter Verbotsirrtum	Irrige Annahme eines Verbots
3	Indirekter Verbotsirrtum	Irrige Annahme einer Erlaubnis
4	Vermeidbar	ist der Verbotsirrtum dann, wenn der Täter bei gehöriger Gewissensanstrengung das Unrecht der Tat hätte einsehen können.

Unrechtsbewusstsein	Einsicht, Unrecht zu tun	5
Subsumtionsirrtum	Irrtum bei der Auslegung einer Rechtsnorm	6

Vor § 18 Schwerere Strafe bei besonderen Tatfolgen

Aufbauschema: Erfolgsqualifiziertes Delikt 1

Beachte: *Vor einer Erfolgsqualifikation sollte das Grunddelikt geprüft werden. Dann kann im Tatbestand 1. entweder ganz weggelassen oder insoweit in aller Kürze auf die vorangegangene Prüfung verwiesen werden.*

I. Tatbestand

1. Erfüllung des Grundtatbestandes
2. Eintritt der qualifizierenden schweren Folge
3. Kausalität zwischen Grunddelikt und schwerer Folge
4. Vorsatz oder Fahrlässigkeit bzgl. der Folge, letzterenfalls
   a) Generelle/objektive Sorgfaltspflichtverletzung bei objektiver Vorhersehbarkeit der schweren Folge (Vermeidbarkeit ergibt sich schon aus der Verwirklichung des Grunddelikts)
   b) Leichtfertigkeit (falls gefordert)
5. (Sonstige) Objektive Zurechnung
6. Unmittelbarkeitszusammenhang (zumindest bei Fahrlässigkeit)

II. Rechtswidrigkeit

III. Schuld

1. Allgemeine Schuldmerkmale
2. Besondere Schuldmerkmale
3. Fehlen von Entschuldigungsgründen
4. Bei fahrlässiger Verursachung der schweren Folge: Individuelle/subjektive Sorgfaltspflichtverletzung bei subjektiver Vorhersehbarkeit der schweren Folge

§ 18 Schwerere Strafe bei besonderen Tatfolgen

Erfolgsqualifiziertes Delikt	liegt vor, wenn das Gesetz an eine besondere Folge der Tat eine schwerere Strafe knüpft.	1
Fahrlässigkeit	Generelle und individuelle Sorgfaltspflichtverletzung (→ § 15 Rn. 9)	2
Unmittelbarkeitszusammenhang	Über Kausalität und objektive Zurechnung hinausgehender tatbestandsspezifischer Zusammenhang, wonach sich gerade die dem Grund-	3

	tatbestand anhaftende spezifische Gefahr in der schweren Folge niedergeschlagen haben muss.

§ 19 Schuldunfähigkeit des Kindes

1	Kind	Person unter 14 Jahren (§ 176 I)
2	Schuld	Persönliche Vorwerfbarkeit
3	Schuldunfähigkeit	Unfähigkeit, schuldhaft zu handeln

§ 20 Schuldunfähigkeit wegen seelischer Störungen

1	Krankhaft	Vom Normalzustand zum Schlechten hin abweichend
2	Seelisch	Geistige (psychische) Vorgänge betreffend
3	Einsichtsfähigkeit	Fähigkeit, das Unrecht der Tat einzusehen
4	Steuerungsfähigkeit	Fähigkeit, nach dieser Einsicht zu handeln
5	Actio libera in causa	Im Ursprung freie Handlung

§ 21 Verminderte Schuldfähigkeit

1	Erheblich vermindert	ist die Einsichts- oder Steuerungsfähigkeit dann, wenn sie im Vergleich mit dem Durchschnittsbürger in einem solchen Maß verringert war, dass die Rechtsordnung diesen Umstand bei der Durchsetzung ihrer Verhaltenserwartungen nicht übergehen darf.

Versuch, §§ 22–24

Vor § 22 Versuch

1 **Aufbauschema: Versuch**

Vorprüfung

- Keine Vollendung
- Strafbarkeit des Versuchs, § 23 I i.V.m. § 12

I. Tatbestand

1. Subjektiver Tatbestand (Tatentschluss)

a) Tatbestandsvorsatz
b) Spezielle Absichten (z.B. Zueignungsabsicht)
c) Sonstige besondere subjektive Merkmale (z.B. Mordlust etc.)
2. Objektiver Tatbestand (unmittelbares Ansetzen → *Rn. 4*)

II. Rechtswidrigkeit

III. Schuld

IV. Persönliche Strafausschließungs- und -aufhebungsgründe

1. Rücktritt, § 24 → *Vor § 24*
2. Absehen von Strafe, § 23 III

Aufbauschema: Versuchte Erfolgsqualifikation 2

Beachte: *Versuchte Erfolgsqualifikationen sind sowohl in der Konstellation denkbar, dass nur die schwere Folge „versucht" ist, als auch, dass Grunddelikt und schwere Folge nur versucht sind. In jedem Fall sollte (bzw. muss) vor der versuchten Erfolgsqualifikation das versuchte (bzw. vollendete) Grunddelikt geprüft werden. Dann kann im Tatbestand 1.a) entweder ganz weggelassen oder insoweit in aller Kürze auf die vorangegangene Prüfung verwiesen werden.*

Vorprüfung

- Kein Eintritt der qualifizierenden schweren Folge
- Strafbarkeit der versuchten Erfolgsqualifikation, § 23 I i.V.m. § 12

I. Tatbestand

1. Subjektiver Tatbestand (Tatentschluss)
   a) Vorsatz bzgl. des Grunddelikts (bzw. sogar Vollendung)
   b) Vorsatz bzgl. der schweren Folge
2. Objektiver Tatbestand
   Unmittelbares Ansetzen zur Verwirklichung der schweren Folge

II. Rechtswidrigkeit

III. Schuld

IV. Persönliche Strafausschließungs- und -aufhebungsgründe

1. Rücktritt, § 24 → *Vor § 24*
2. Absehen von Strafe, § 23 III

Aufbauschema: Erfolgsqualifizierter Versuch 3

Beachte: *Vor dem erfolgsqualifizierten Versuch (Grunddelikt nur versucht, schwere Folge dabei aber bereits verwirklicht) sollte das Grunddelikt geprüft werden. Dann können im Tatbestand 1. und 2. entweder ganz weggelassen oder insoweit in aller Kürze auf die vorangegangene Prüfung verwiesen werden.*

Vorprüfung

- Keine Vollendung (des Grunddelikts)
- Strafbarkeit des erfolgsqualifizierten Versuchs, § 23 I i.V.m. § 12

I. Tatbestand

1. Subjektiver Tatbestand (Tatentschluss) des Grunddelikts
2. Unmittelbares Ansetzen bzgl. des Grunddelikts
3. Eintritt der qualifizierenden schweren Folge
4. Kausalität zwischen Grunddeliktsversuch und schwerer Folge
5. Fahrlässigkeit bzgl. der schweren Folge
   a) Generelle/objektive Sorgfaltspflichtverletzung bei objektiver Vorhersehbarkeit der schweren Folge (Vermeidbarkeit ergibt sich schon aus dem Grunddeliktsversuch)
   b) Leichtfertigkeit (falls gefordert)
6. (Sonstige) Objektive Zurechnung
7. Unmittelbarkeitszusammenhang

II. Rechtswidrigkeit

III. Schuld

1. Allgemeine Schuldmerkmale
2. Individuelle/subjektive Sorgfaltspflichtverletzung bei subjektiver Vorhersehbarkeit der schweren Folge

IV. Persönliche Strafausschließungs- und -aufhebungsgründe

1. Rücktritt, § 24 → *Vor § 24*
2. Absehen von Strafe, § 23 III

§ 22 Begriffsbestimmung

1	Versuch	Vollständiges Vorliegen des subjektiven ohne Vorliegen des objektiven Tatbestands; Deliktsstadium zwischen Vorbereitung und Vollendung
2	Vorbereitung	ist alles, was die für später geplante Ausführung nur ermöglichen oder erleichtern soll.
3	Vollendung	tritt ein, sobald sämtliche Tatbestandsmerkmale erfüllt sind.
4	Unmittelbares Ansetzen	liegt vor, wenn objektiv bereits eine Rechtsgutsgefährdung eingetreten ist und der Täter subjektiv die Schwelle zum „Jetzt-geht-es-los“ überschritten hat.

Rechtsgutsgefährdung	ist gegeben, wenn die Handlung des Täters ohne weitere wesentliche Zwischenschritte („unmittelbar“) in die Tatbestandsverwirklichung einmünden soll.	5
Tatentschluss	Subjektiver Tatbestand des Versuchs	6

§ 23 Strafbarkeit des Versuchs

Verbrechen	Rechtswidrige Taten, die im Mindestmaß mit Freiheitsstrafe von einem Jahr oder mehr bedroht sind (§ 12 I)	1
Vergehen	Rechtswidrige Taten, die im Mindestmaß mit einer geringeren Freiheitsstrafe als einem Jahr oder mit Geldstrafe bedroht sind (§ 12 II)	2
Vollendung	tritt ein, sobald sämtliche Tatbestandsmerkmale erfüllt sind (→ § 22 Rn. 3).	3
Untauglicher Versuch	Versuch, der überhaupt nicht zur Vollendung führen kann	4
Wahndelikt	liegt vor, wenn der Täter nur irrig die Strafbarkeit annimmt.	5
Grober Unverstand	liegt vor, wenn der Täter von gemeinhin bekannten naturgesetzlichen Zusammenhängen völlig abwegige Vorstellungen hat, deren Unrichtigkeit nach durchschnittlichem Erfahrungswissen offenkundig ist.	6

Vor § 24 Rücktritt

Aufbauschema: Rücktritt 1

Beachte: *Dieses Aufbauschema ist ein spezielles Schema für den Prüfungspunkt Persönliche Strafaufhebungsgründe – Rücktritt – im Rahmen einer Versuchsprüfung.*

a) Kein fehlgeschlagener Versuch

b) Geeignete Rücktrittshandlung

§ 24 I 1 Alt. 1 aa) Unbeendeter Versuch → *Rn. 2*

bb) Aufgeben der weiteren Tatausführung → *Rn. 4*

§ 24 I 1 Alt. 2 aa) Beendeter Versuch → *Rn. 3*

bb) Verhinderung der Vollendung

§ 24 I 2 aa) Beendeter Versuch → *Rn. 3*
bb) Tat wird ohne Zutun des Täters nicht vollendet
cc) Ernsthaftes Bemühen um Vollendungsverhinderung → *Rn. 7*

§ 24 II 1 aa) Versuch, an dem mehrere beteiligt sind
bb) Kausale Erfolgsverhinderung

§ 24 II 2 Alt. 1 aa) Versuch, an dem mehrere beteiligt sind
bb) Vollendungsverhinderungsbemühungen des Täters nicht kausal für Nichtvollendung
cc) Ernsthaftes Bemühen um Vollendungsverhinderung → *Rn. 7*

§ 24 II 2 Alt. 2 aa) Versuch, an dem mehrere beteiligt sind
bb) Tat wird ohne Zutun des Täters vollendet
cc) Ernsthaftes Bemühen um Vollendungsverhinderung → *Rn. 7*

c) Freiwilligkeit → *Rn. 5*

§ 24 Rücktritt

1	Fehlgeschlagener Versuch	liegt vor, wenn die zur Tatausführung vorgenommenen Handlungen ihr Ziel nicht erreicht haben und der Täter erkennt, dass er mit den ihm zur Verfügung stehenden Mitteln den tatbestandlichen Erfolg nicht mehr oder zumindest nicht ohne zeitlich relevante Zäsur herbeiführen kann.
2	Unbeendet	ist der Versuch, solange der Täter glaubt, noch nicht alles zur Tatbestandsverwirklichung Erforderliche getan zu haben.
3	Beendet	ist der Versuch, sobald der Täter glaubt, alles zur Tatbestandsverwirklichung Erforderliche getan zu haben.
4	Aufgeben	Endgültiges Abstandnehmen
5	Freiwillig	Aus selbst gesetzten (autonomen) Motiven („Ich will nicht, selbst wenn ich könnte.“)
6	Unfreiwillig	Aus heteronomen (fremd veranlassten) Motiven („Ich kann nicht,selbst wenn ich wollte.“)
7	Ernsthaftes Bemühen	liegt vor, wenn der Täter alles tut, was aus seiner Sicht zur Erfolgsabwendung geeignet und nötig ist.

Täterschaft und Teilnahme, §§ 25–31

Vor § 25 Täterschaft

Aufbauschema: Mittelbare Täterschaft, § 25 I Alt. 2 1

A. Strafbarkeit des Tatnächsten (Vordermann)

B. Strafbarkeit eines weiteren Beteiligten als mittelbarer Täter

I. Tatbestand

1. Objektiver Tatbestand
   a) Nicht alle Tatbestandsmerkmale in eigener Person selbst (§ 25 I Alt. 1) verwirklicht, aber
   b) Täterqualität
      aa) Kein eigenhändiges Delikt
      bb) Sondereigenschaft bei Sonderdelikten vorhanden
   c) Tatbegehung „durch" einen anderen aufgrund
      aa) Strafbarkeitsdefizits des Tatmittlers, da dieser
         (1) tatbestandslos
         (2) vorsatzlos oder absichtslos
         (3) nicht rechtswidrig oder
         (4) schuldlos bzw. vermindert schuldfähig handelt, oder
      bb) Organisationsherrschaft
2. Subjektiver Tatbestand
   a) Vorsatz bzgl. sämtlicher Merkmale des objektiven Tatbestandes, insb. auch Bewusstsein der eigenen Tatherrschaft bzw. Täterwille
   b) Spezielle Absichten
   c) Sonstige besondere subjektive Merkmale
3. Möglichkeit der Tatbestandsverschiebung, § 28 II

II. Rechtswidrigkeit

III. Schuld

Aufbauschema: Mittäterschaft, § 25 II – gemeinsame Prüfung 2

Beachte: *Schema für gemeinsame Prüfung bei exakt gleichen Sachverhaltsangaben oder erforderlicher wechselseitiger Zurechnung, weil kein Täter alle Tatbestandsmerkmale in eigener Person erfüllt und ihm daher Tatbestandsteile zugerechnet werden müssen*

I. Tatbestand

1. Objektiver Tatbestand
   a) Beteiligter verwirklicht nicht alle Tatbestandsmerkmale selbst oder allein, aber

b) Täterqualität
aa) Eigenhändiges Delikt wird eigenhändig begangen
bb) Sondereigenschaft bei Sonderdelikten vorhanden
c) „Gemeinschaftliche" Tatbegehung
aa) Gemeinsamer Tatplan
bb) Gemeinsame (arbeitsteilige) Tatausführung
2. Subjektiver Tatbestand
(Täter 1)
a) Vorsatz bzgl. des eigenen Tatbeitrags
b) Bewusstsein der Tatherrschaft bzw. Täterwille
c) Spezielle Absichten und sonstige besondere subjektive Merkmale
(Täter 2)
a) Vorsatz bzgl. des eigenen Tatbeitrags
b) Bewusstsein der Tatherrschaft bzw. Täterwille
c) Spezielle Absichten und sonstige besondere subjektive Merkmale
(Täter 3) etc.
3. Möglichkeit der Tatbestandsverschiebung, § 28 II
II. Rechtswidrigkeit (für jeden Mittäter getrennt zu prüfen)
III. Schuld (für jeden Mittäter getrennt zu prüfen)

3 **Aufbauschema: Mittäterschaft, § 25 II – getrennte Prüfung**

Beachte: *Schema für getrennte Prüfung – ein Täter erfüllt alle Tatbestandsmerkmale selbst, einem weiteren Mittäter werden Tatbestandsteile zugerechnet*

A. Strafbarkeit des Tatnächsten, der alle Tatbestandsmerkmale in seiner Person erfüllt

B. Strafbarkeit eines weiteren Beteiligten als Mittäter

I. Tatbestand
1. Objektiver Tatbestand
a) Nicht alle Tatbestandsmerkmale in eigener Person selbst (§ 25 I Alt. 1) verwirklicht, aber
b) Täterqualität
aa) Eigenhändiges Delikt wird eigenhändig begangen
bb) Sondereigenschaft bei Sonderdelikten vorhanden
c) „Gemeinschaftliche" Tatbegehung
aa) Gemeinsamer Tatplan
bb) Gemeinsame (arbeitsteilige) Tatausführung
2. Subjektiver Tatbestand
a) Vorsatz bzgl. des eigenen Tatbeitrags
b) Bewusstsein der Tatherrschaft bzw. Täterwille

c) Spezielle Absichten und sonstige besondere subjektive Merkmale

3. Möglichkeit der Tatbestandsverschiebung, § 28 II

II. Rechtswidrigkeit

III. Schuld

§ 25 Täterschaft

Unmittelbarer Täter	ist, wer alle Merkmale eines Straftatbestandes selbst verwirklicht (vgl. § 25 I Alt. 1).	**1**
Mittelbarer Täter	ist, wer eine Tat durch einen anderen als menschliches Werkzeug begeht (vgl. § 25 I Alt. 2).	**2**
Tatmittler	ist das menschliche Werkzeug, durch das der Hintermann eine Tat begeht.	**3**
Mittäterschaft	Gemeinschaftliche Begehung einer Straftat durch bewusstes und gewolltes Zusammenwirken (vgl. § 25 II)	**4**
Sukzessive Mittäterschaft	Bildung eines gemeinsamen Tatplanes erst im Laufe der gemeinsamen Tatausführung	**5**
Täter hinter dem Täter	ist, wer die Tat durch ein voll verantwortlich handelndes Werkzeug kraft seiner Organisationsherrschaft (etwa in Unrechtsregimen oder anderen vergleichbaren Machtapparaten) begeht.	**6**
Exzess	Einseitige Überschreitung des gemeinsamen Tatplans	**7**
Nebentäterschaft	liegt vor, wenn mehrere dasselbe Rechtsgut verletzen, ohne Mittäter, mittelbare Täter, Anstifter oder Gehilfen zu sein.	**8**
Tatherrschaft	In-den-Händen-Halten des tatbestandsmäßigen Geschehens.	**9**

Vor § 26 Anstiftung

Aufbauschema **1**

A. Strafbarkeit des Haupttäters

B. Strafbarkeit des weiteren Beteiligten als Anstifter

I. Tatbestand

1. Objektiver Tatbestand

a) Vorsätzlich begangene, rechtswidrige Tat (sog. Haupttat)

b) Bestimmen → *Rn. 4*
2. Subjektiver Tatbestand
a) Vorsatz bzgl. (Vollendung der) Haupttat
b) Vorsatz bzgl. Bestimmen
3. Möglichkeit der Tatbestandsverschiebung, § 28 II

II. Rechtswidrigkeit

III. Schuld

IV. Strafzumessung

Möglichkeit der Strafmilderung, § 28 I

§ 26 Anstiftung

1	Teilnahme	Anstiftung und Beihilfe (§ 28 I)
2	Akzessorietät	bedeutet, dass keine Teilnahme ohne Haupttat möglich ist.
3	Limitierte Akzessorietät	bedeutet, dass eine Teilnahme keine schuldhaft begangene Haupttat voraussetzt.
4	Bestimmen	Hervorrufen des Tatentschlusses
5	Omnimodo facturus	ist der zur Tat bereits fest Entschlossene.

Vor § 27 Beihilfe

1 **Aufbauschema**

A. Strafbarkeit des Haupttäters

B. Strafbarkeit des weiteren Beteiligten als Gehilfe

I. Tatbestand

1. Objektiver Tatbestand
a) Vorsätzlich begangene, rechtswidrige Tat (sog. Haupttat) → *Rn. 1*
b) Hilfeleisten → *Rn. 2*
2. Subjektiver Tatbestand
a) Vorsatz bzgl. (Vollendung der) Haupttat
b) Vorsatz bzgl. Hilfeleisten
3. Möglichkeit der Tatbestandsverschiebung, § 28 II

II. Rechtswidrigkeit

III. Schuld

IV. Strafzumessung

Strafmilderung, § 27 II, § 28 I

§ 27 Beihilfe

Rechtswidrige Tat	Handlung, die den Tatbestand eines Strafgesetzes verwirklicht (§ 11 I Nr. 5)	**1**
Hilfe	ist jedes Ermöglichen oder Erleichtern der Haupttat.	**2**

§ 28 Besondere persönliche Merkmale

Gelockerte Akzessorietät	bedeutet, dass besondere persönliche („täterbezogene") Merkmale von der Akzessorietät ausgenommen sind.	**1**
Besondere persönliche Merkmale	Besondere persönliche Eigenschaften, Verhältnisse oder Umstände (§ 14 I)	**2**

Vor § 30 Versuch der Beteiligung

Aufbauschema: § 30 I **1**

Vorprüfung

- Keine Vollendung
- Strafbarkeit des Versuchs, § 30 I i.V.m. § 12 I (Verbrechen → *Rn. 1*)

I. Tatbestand

1. Subjektiver Tatbestand (Tatentschluss)
   a) Vorsatz bzgl. (der Vollendung) des Verbrechens
   b) Vorsatz bzgl. Bestimmen (→ *Rn. 2*) bzw. Kettenanstiftung (→ *Rn. 4*)
2. Objektiver Tatbestand (unmittelbares Ansetzen i.S.d. § 22)

II. Rechtswidrigkeit

III. Schuld

IV. Persönliche Strafausschließungs- und -aufhebungsgründe

1. Rücktritt, § 31
2. Absehen von Strafe, § 30 I 3 i.V.m. § 23 III

2 **Aufbauschema: Verbrechensverabredung, § 30 II**

I. Tatbestand

1. Objektiver Tatbestand
   a) Tathandlung:
      aa) Var. 1: Sichbereiterklären → *Rn. 5*
      bb) Var. 2: Annahme des Erbietens → *Rn. 6*
      cc) Var. 3: Verabredung → *Rn. 7*
   b) Verbrechen → *Rn. 1*
2. Subjektiver Tatbestand

II. Rechtswidrigkeit

III. Schuld

IV. Persönliche Strafausschließungs- und -aufhebungsgründe

Rücktritt, § 31

§ 30 Versuch der Beteiligung

1	Verbrechen	Rechtswidrige Taten, die im Mindestmaß mit Freiheitsstrafe von einem Jahr oder mehr bedroht sind (§ 12 I)
2	Bestimmen	Hervorrufen des Tatentschlusses (→ § 26 Rn. 4)
3	Versuchen	Eine Straftat versucht, wer nach seiner Vorstellung von der Tat zur Verwirklichung des Tatbestandes unmittelbar ansetzt (§ 22).
4	Kettenanstiftung	Anstiftung zur Anstiftung
5	Sichbereiterklären	Ernstgemeinte Kundgabe der vorbehaltlosen Bereitwilligkeit zur Begehung
6	Annahme des Erbietens	Einverständniserklärung damit, dass ein anderer, der sich zur Begehung des Verbrechens bereit erklärt hat, die Tat ausführt
7	Verabredung	Willenseinigung von mindestens zwei Personen zur gemeinsamen, mittäterschaftlichen Ausführung eines Verbrechens oder einer gemeinsamen Anstiftung

§ 31 Rücktritt vom Versuch der Beteiligung

1	Bestimmen	Hervorrufen des Tatentschlusses (→ § 26 Rn. 4)

Aufgeben	Endgültiges Abstandnehmen (→ § 24 Rn. 4)	2
Sichbereiterklären	Ernstgemeinte Kundgabe der vorbehaltlosen Bereitwilligkeit zur Begehung (→ § 30 Rn. 5)	3
Verabredung	Willenseinigung von mindestens zwei Personen zur gemeinsamen, mittäterschaftlichen Ausführung eines Verbrechens oder einer gemeinsamen Anstiftung (→ § 30 Rn. 7)	4
Verbrechen	Rechtswidrige Taten, die im Mindestmaß mit Freiheitsstrafe von einem Jahr oder mehr bedroht sind (§ 12 I)	5
Freiwillig	Aus selbst gesetzten (autonomen) Motiven (→ § 24 Rn. 5)	6
Ernsthaftes Bemühen	liegt vor, wenn der Täter alles tut, was aus seiner Sicht zur Erfolgsabwendung geeignet und nötig ist (→ § 24 Rn. 7).	7

Notwehr und Notstand, §§ 32–35

Vor § 32 Rechtfertigungsgründe

Aufbauschema: Rechtfertigende Einwilligung 1

I. Objektiver Rechtfertigungstatbestand

1. Disponibilität (= Verzichtbarkeit, Leben ist z.B. unverzichtbares Rechtsgut, vgl. § 216)
2. Dispositionsbefugnis (z.B. Eltern für Kind)
3. Einwilligungserklärung (ausdrücklich oder konkludent; vor der Tat erklärt und bei der Tat noch wirksam)
4. Einwilligungsfähigkeit des Einwilligenden
5. Keine Willensmängel
6. (Bei Körperverletzung) keine Sittenwidrigkeit, § 228

II. Subjektiver Rechtfertigungstatbestand

Handeln in Kenntnis und aufgrund der Einwilligung

Aufbauschema: Mutmaßliche Einwilligung 2

I. Subsidiarität der mutmaßlichen Einwilligung

1. Ausdrückliche Einwilligung nicht oder nicht schnell genug zu erlangen
2. Entgegenstehender Wille des Rechtsgutsinhabers weder bekannt noch erkennbar

II. Objektiver Rechtfertigungstatbestand
1. Disponibilität des verletzten Rechtsguts
2. Einwilligungsfähigkeit des Einwilligenden
3. Handeln im materiellen Interesse des Rechtsgutsinhabers oder Handeln im mangelnden Interesse des Rechtsgutsinhabers

III. Subjektiver Rechtfertigungstatbestand
Handeln (in Kenntnis bzw.) aufgrund der mutmaßlichen Einwilligung

3 **Aufbauschema: Festnahmerecht, § 127 StPO**

I. Objektiver Rechtfertigungstatbestand
1. Täter auf frischer Tat betroffen oder verfolgt
2. Fluchtverdacht oder Unmöglichkeit sofortiger Identitätsfeststellung
3. Festnahmehandlung

II. Subjektiver Rechtfertigungstatbestand
Festnahmeabsicht

4 **Aufbauschema: Notwehr, § 32**

I. Objektiver Rechtfertigungstatbestand
1. Notwehrlage
   a) Angriff → *Rn. 3*
   b) Gegenwärtigkeit → *Rn. 4*
   c) Rechtswidrigkeit → *Rn. 5*
2. Notwehrhandlung
   a) Verteidigung → *Rn. 6*
   b) Erforderlichkeit → *Rn. 7*
      aa) Geeignetheit zur Beendigung des Angriffs
      bb) Relativ mildestes Mittel
   c) Gebotenheit → *Rn. 8*
      aa) Ausschluss bzw. Einschränkung des Notwehrrechts, z.B.
         – Angriff von Schuldlosen
         – Krasses Missverhältnis
         – Notwehrprovokation
         – Enge persönliche Beziehungen
         – Sonstige Fallgruppen: Bagatellangriffe, Unfugabwehr, Folter, Chantage etc.
      bb) Stufenfolge
         (1) Ausweichen
         (2) Falls nicht möglich: Schutzwehr
         (3) Falls unmöglich oder unwirksam: maßvolle Trutzwehr

II. Subjektiver Rechtfertigungstatbestand
Verteidigungswille → *Rn. 9*

§ 32 Notwehr

Notwehrlage	Gegenwärtiger, rechtswidriger Angriff	1
Notwehrhandlung	Erforderliche Verteidigung	2
Angriff	Jede durch menschliches Verhalten drohende Verletzung rechtlich geschützter Interessen	3
Gegenwärtig	ist der Angriff, wenn die Verletzung unmittelbar bevorsteht, begonnen hat oder noch nicht abgeschlossen ist.	4
Rechtswidrig	ist ein Angriff, der nicht durch Rechtfertigungsgründe gedeckt ist.	5
Verteidigung	Abwehr des Angriffs	6
Erforderlich	ist das mildeste unter den sicher wirksamen (geeigneten) Mitteln.	7
Geboten	ist die Verteidigung nicht, wenn sie aus sozialethischen Gründen eingeschränkt werden muss.	8
Verteidigungswille	Handeln in Kenntnis und aufgrund der Notwehrlage	9
Antizipierte oder Präventivnotwehr	Vorzeitige Notwehrhandlung gegen einen noch nicht gegenwärtigen Angriff	10
Nothilfe	Abwendung eines Angriffs, den ein Dritter gegen einen anderen führt	11
Erlaubnistatbestandsirrtum	Irrige Annahme von Umständen, die im Falle ihres wirklichen Vorliegens die Voraussetzungen eines anerkannten Rechtfertigungsgrundes ausfüllen würden (→ § 16 Rn. 5)	12

Vor § 33 Überschreitung der Notwehr

Aufbauschema: Notwehrexzess 1

I. Objektive Voraussetzungen

1. Wirklich bestehende Notwehrlage: gegenwärtiger, rechtswidriger Angriff auf ein Rechtsgut
2. Überschreiten der Grenzen der Notwehr
   a) Eingriff in Rechtsgüter des Angreifers (nicht in Rechtsgüter Dritter)
   b) Notwehrhandlung aber nicht erforderlich oder nicht geboten

II. Subjektive Voraussetzung

Handeln aus Verwirrung, Furcht oder Schrecken (= asthenische Affekte)

§ 33 Überschreitung der Notwehr

1	Intensiver Notwehrexzess	Überschreitung der Grenze der Erforderlichkeit bei der Notwehr
2	Extensiver Notwehrexzess	Überschreitung der zeitlichen Grenzen (Gegenwärtigkeit) bei der Notwehr nach hinten (nachzeitiger) oder vorn (vorzeitiger extensiver Notwehrexzess)
3	Asthenische Affekte	Affekte der Schwäche (Verwirrung, Furcht, Schrecken)
4	Sthenische Affekte	Affekte der Stärke (Wut, Zorn, Kampfeslust)
5	Putativnotwehr	Notwehrhandlung bei nur eingebildeter Notwehrlage
6	Putativnotwehrexzess	Überschreitung der Grenzen der Notwehr bei nur eingebildeter Notwehrlage

Vor § 34 Rechtfertigender Notstand

1 **Aufbauschema: Defensivnotstand, § 228 BGB**

I. Objektiver Rechtfertigungstatbestand

1. Notstandslage
   a) Notstandsfähiges Rechtsgut
   b) Gefahr, die von fremder Sache ausgeht → *Rn. 6*
   c) Gegenwärtigkeit der Gefahr → *Rn. 7*
2. Notstandshandlung
   a) Rettung durch Beschädigung oder Zerstörung der Sache, von der die Gefahr ausgeht
   b) Erforderlichkeit der Rettung
      aa) Geeignetheit zur Gefahrenabwehr
      bb) Relativ mildestes Mittel
   c) Güter- und Interessenabwägung: Schaden nicht außer Verhältnis zur Gefahr

II. Subjektiver Rechtfertigungstatbestand

Rettungswille → *Rn. 3*

2 **Aufbauschema: Aggressivnotstand, § 904 BGB**

I. Objektiver Rechtfertigungstatbestand

1. Notstandslage
   a) Notstandsfähiges Rechtsgut
   b) Gefahr für das Rechtsgut → *Rn. 6*

c) Gegenwärtigkeit der Gefahr → *Rn. 7*

2. Notstandshandlung
   a) Rettung des Rechtsgutes durch Einwirkung auf fremde Sache
   b) Erforderlichkeit der Einwirkung (nicht anders abwendbar)
      aa) Geeignetheit zur Gefahrenabwehr
      bb) Relativ mildestes Mittel
   c) Güter- und Interessenabwägung: drohender Schaden gegenüber Schaden durch Einwirkung unverhältnismäßig

II. Subjektiver Rechtfertigungstatbestand

Rettungswille → *Rn. 3*

Aufbauschema: Übergesetzlicher Notstand 3

I. Objektiver Rechtfertigungstatbestand

1. Notstandslage → *Rn. 1*
2. Notstandshandlung → *Rn. 2*
   a) Handlung nicht gerechtfertigt (§ 34) und nicht entschuldigt (§ 35)
   b) Handlung ist bei ethischer Gesamtbetrachtung das geringere Übel
3. Unzumutbarkeit der Hinnahme der Gefahr

II. Subjektiver Rechtfertigungstatbestand

Handeln zur Abwendung einer schweren Gewissensnot

Aufbauschema: Rechtfertigender Notstand, § 34 4

I. Objektiver Rechtfertigungstatbestand

1. Notstandslage
   a) Notstandsfähiges Rechtsgut
   b) Gefahr für das Rechtsgut → *Rn. 6*
   c) Gegenwärtigkeit der Gefahr → *Rn. 7*
2. Notstandshandlung
   a) Rettung des Rechtsgutes (durch Opfern eines anderen)
   b) Erforderlichkeit der Rettung (nicht anders abwendbar)
      aa) Geeignetheit der Gefahrabwehr
      bb) Relativ mildestes Mittel
   c) Güter- und Interessenabwägung: Wesentliches Überwiegen des geretteten Gutes
   d) Angemessenheit, § 34 S. 2 → *Rn. 9*

II. Subjektiver Rechtfertigungstatbestand

Rettungswille → *Rn. 3*

§ 34 Rechtfertigender Notstand

1	Not(stands)lage	Gegenwärtige Gefahr für Rechtsgüter
2	Not(stands)handlung	Rettungshandlung
3	Rettungswille	Handeln in Kenntnis und aufgrund der Notlage
4	Freiheit	Fortbewegungsfreiheit
5	Anderes Rechtsgut	Jedes rechtlich geschützte Interesse
6	Gefahr	Wahrscheinlichkeit eines Schadenseintritts
7	Gegenwärtig	ist eine Gefahr, wenn ein Zustand gegeben ist, bei dessen Weiterentwicklung der Eintritt oder die Intensivierung eines Schadens ernstlich zu befürchten ist, sofern nicht alsbald Abwehrmaßnahmen ergriffen werden.
8	Nicht anders abwendbar	ist die Gefahr, wenn unter geeigneten Gegenmitteln das relativ mildeste verwendet wird.
9	Angemessen	Billigenswert
10	Notstandshilfe	Abwendung der Gefahr von einem anderen
11	Defensivnotstand	Beschädigung der Sache, von der die Gefahr ausgeht (§ 228 BGB)
12	Aggressivnotstand	Beschädigung einer unbeteiligten Sache (§ 904 BGB)
13	Staatsnotstand	Gefahr für Rechtsgüter des Staates

Vor § 35 Entschuldigender Notstand

1 **Aufbauschema**

I. Objektive Voraussetzung

1. Notstandslage
   a) Notstandsfähiges Rechtsgut in Form von Leib, Leben oder Freiheit
   b) Gefahr für das Rechtsgut → *Rn. 4*
   c) Gegenwärtigkeit der Gefahr → *Rn. 5*
   d) Nähebeziehung (Angehöriger oder nahestehende Person) → *Rn. 7 f.*
2. Notstandshandlung
   a) Rettung des Rechtsgutes (durch Opfern eines anderen)
   b) Erforderlichkeit der Rettung (nicht anders abwendbar)
      aa) Geeignetheit zur Gefahrabwehr
      bb) Relativ mildestes Mittel

3. Hinnahme der Gefahr nicht zumutbar
   a) Keine Selbstverursachung der Gefahr
   b) Kein besonderes Rechtsverhältnis mit erhöhter Gefahrtragungspflicht → *Rn. 10*

II. Subjektive Voraussetzung

Rettungswille → *Rn. 3*

§ 35 Entschuldigender Notstand

Begriff	Erläuterung	Rn.
Not(stands)lage	Gegenwärtige Gefahr für Rechtsgüter	**1**
Not(stands)handlung	Rettungshandlung	**2**
Rettungswille	Handeln in Kenntnis und aufgrund der Notlage (→ § 34 Rn. 3)	**3**
Gefahr	Wahrscheinlichkeit eines Schadenseintritts (→ § 34 Rn. 6)	**4**
Gegenwärtig	ist eine Gefahr, wenn ein Zustand gegeben ist, bei dessen Weiterentwicklung der Eintritt oder die Intensivierung eines Schadens ernstlich zu befürchten ist, sofern nicht alsbald Abwehrmaßnahmen ergriffen werden (→ § 34 Rn. 7).	**5**
Nicht anders abwendbar	ist die Gefahr, wenn unter geeigneten Gegenmitteln das relativ mildeste verwendet wird (→ § 34 Rn. 8).	**6**
Angehöriger	Z.B. Verwandte und Verschwägerte gerader Linie, Ehegatten, Verlobte, Geschwister (§ 11 I Nr. 1)	**7**
Nahestehende Person	Person, zu der eine auf Dauer angelegte persönliche Beziehung besteht, die über den üblichen Sozialkontakt des Alltagslebens hinausgeht	**8**
Nötigungsnotstand	ist für denjenigen gegeben, der gegen seinen Willen genötigt wird, eine strafbare Handlung zu begehen.	**9**
Besonderes Rechtsverhältnis	Besondere Gefahrtragungspflicht gegenüber der Allgemeinheit aufgrund beruflicher Tätigkeit, Übernahme einer Schutzaufgabe, Gesetzes oder Gewohnheitsrechts	**10**

Rechtsfolgen der Tat
Strafbemessung bei mehreren Gesetzesverletzungen, §§ 52–55

§ 52 Tateinheit

1	Idealkonkurrenz	Tateinheit
2	Ungleichartige Idealkonkurrenz	liegt vor, wenn eine Handlung mehrere Strafgesetze verletzt.
3	Gleichartige Idealkonkurrenz	liegt vor, wenn eine Handlung dasselbe Strafgesetz mehrfach verletzt.
4	Gesetzeskonkurrenz	Gesetzeseinheit
5	Gesetzeseinheit	Spezialität, Subsidiarität und Konsumtion
6	Handlung im natürlichen Sinn	liegt vor, wenn ein Willensentschluss eine Körperbewegung hervorruft.
7	Rechtliche Handlungseinheit	liegt vor, wenn mehrere Handlungen im natürlichen Sinne durch den Tatbestand des Gesetzes zu einer Bewertungseinheit verknüpft werden.
8	Tatbestandliche Handlungseinheit	liegt u.a. vor bei mehraktigen oder zusammengesetzten Delikten, die auf mehreren Einzelhandlungen im natürlichen Sinn aufbauen, bei schrittweise erfolgender (sukzessiver) oder wiederholter (iterativer) Tatbestandserfüllung (in engem räumlichen und zeitlichen Zusammenhang).
9	Natürliche Handlungseinheit	ist gegeben, wenn mehrere, im Wesentlichen gleichartige Verhaltensweisen aufgrund ihres räumlich-zeitlichen Zusammenhangs so eng miteinander verbunden sind, dass sie bei natürlicher Betrachtung als eine Einheit erscheinen.
10	Fortgesetzte Tat	(Inzwischen abgeschaffte) Figur zur Begründung der Tateinheit, bei der derselbe Täter dasselbe Rechtsgut durch im Wesentlichen gleichartige Begehungsweise, von einem Gesamtvorsatz getragen, mehrfach hintereinander verletzte.
11	Spezialität	liegt vor, wenn jeder Fall, der die speziellere Norm (lex specialis) erfüllt, auch die Voraussetzungen der weiteren (allgemeineren) Norm (lex generalis) erfüllt (logischer Einschluss).

Konsumtion	liegt vor, wenn der eine Tatbestand den anderen nicht notwendig und zwingenderweise (wie bei der Spezialität), sondern nur regelmäßiger- oder typischerweise mit einschließt (wertender Einschluss).	**12**
Subsidiarität	ist gegeben, wenn ein Gesetz zurücktritt, das aufgrund einer ausdrücklichen Vorschrift (Subsidiaritätsklausel) oder sonst erkennbar nur für den Fall gelten soll, dass kein anderes Gesetz eingreift.	**13**
Klammerwirkung	tritt ein, wenn zwei Delikte, die selbst nicht in Tateinheit zueinander stehen, jeweils in Tateinheit zu einem dritten stehen.	**14**
Dauerdelikt	ist ein Delikt, dessen Tatbestand nicht nur in der Begründung eines rechtswidrigen Zustandes, sondern auch in dessen Aufrechterhaltung besteht und das erst mit Aufhebung dieses Zustandes endet.	**15**
Absorption	bedeutet, dass sich die Strafe nach dem Gesetz bestimmt, das die schwerste Strafe androht (vgl. § 52 II 1).	**16**

§ 53 Tatmehrheit

Realkonkurrenz	Tatmehrheit	**1**
Tatmehrheit	liegt vor, wenn der Täter mehrere selbstständige Straftaten begangen hat.	**2**
Unechte Realkonkurrenz	Gesetzeskonkurrenz bei Handlungsmehrheit (mitbestrafte Vor- und Nachtat)	**3**
Gesamtstrafe	ist die bei Tatmehrheit durch Erhöhung der schwersten Einzelstrafe gebildete Strafe.	**4**
Einsatzstrafe	ist die verwirkte höchste Einzelstrafe.	**5**
Einzelstrafe	heißen die für die verschiedenen Taten festgesetzten Strafen, die Eingang in die Gesamtstrafe finden.	**6**
Mitbestrafte Nachtat	liegt vor, wenn sich die zweite Tat in der Auswertung oder Sicherung der ersten erschöpft, ohne dass der schon angerichtete Schaden wesentlich erweitert oder ein neues Rechtsgut verletzt wird.	**7**

8	Mitbestrafte Vortat	liegt vor, wenn sie in der Nachtat aufgeht, weil sie gewissermaßen nur deren Durchgangsstadium ist.

§ 54 Bildung der Gesamtstrafe

1	Asperation	Erhöhung der verwirkten höchsten Einzelstrafe (vgl. § 54 I 2)

Verwarnung mit Strafvorbehalt; Absehen von Strafe, §§ 59–60

§ 60 Absehen von Strafe

1	Verfehlt	ist die Verhängung der Strafe, wenn diese unter keinem ihrer Leitgesichtspunkte eine sinnvolle Funktion hätte.
2	Offensichtlich	ist, was sich dem verständigen Betrachter unmittelbar aufdrängt.

Strafantrag, Ermächtigung, Strafverlangen, §§ 77–77e

§ 77 Antragsberechtigte

1	Antrag	Erklärung des Strafantragsberechtigten, dass er ein strafrechtliches Einschreiten wegen einer bestimmten Straftat wünsche, deren Verfolgung das Gesetz von einem Strafantrag abhängig macht
2	Offizialdelikt	Straftat, die unabhängig vom Willen des Verletzten von Amts wegen verfolgt wird
3	Antragsdelikt	Straftaten, zu deren Strafverfolgung grds. ein Strafantrag erforderlich ist
4	Verletzter	ist, in wessen Rechtskreis eingegriffen wurde.
5	Angehöriger	Z.B. Verwandte und Verschwägerte gerader Linie, Ehegatten, Verlobte, Geschwister (§ 11 I Nr. 1)

Beteiligt	ist, wer Täter oder Teilnehmer ist (vgl. § 28 II).	**6**
Gesetzlicher Vertreter	Person, deren Vertretungsmacht auf gesetzlichen Bestimmungen beruht (→ § 14 Rn. 3)	**7**

§ 77b Antragsfrist

Antragsberechtigter	Person, die kraft Gesetzes antragsberechtigt ist	**1**
Kenntnis	Mehr als Verdacht und weniger als Gewissheit	**2**
Tat	Tatbestandsmäßige, rechtswidrige und schuldhafte Handlung	**3**

§ 77c Wechselseitig begangene Taten

Wechselseitig	sind solche Taten, die gegeneinander begangen werden, bei denen jeder im Verhältnis zum anderen Täter und Verletzter ist.	**1**
Letztes Wort	ist die nach § 258 II StPO zum Schluss der Hauptverhandlung einzuräumende Möglichkeit des Angeklagten zur Äußerung.	**2**
Rechtszug	(lateinisch: Instanz) ist der Verfahrensabschnitt eines Rechtsstreits vor einem bestimmten, meist im Über- oder Unterordnungsverhältnis zu einem anderen stehenden Gericht.	**3**

Besonderer Teil

Widerstand gegen die Staatsgewalt, §§ 110–122

§ 111 Öffentliche Aufforderung zu Straftaten

Rechtswidrige Tat	Handlung, die den Tatbestand eines Strafgesetzes verwirklicht (§ 11 I Nr. 5)	1
Auffordern	An die Motivation Dritter gerichtete Erklärung, die erkennbar ein bestimmtes Verhalten verlangt	2
Bestimmtheit	bedeutet, dass die Tat der Art nach gekennzeichnet sein muss, aber weniger konkretisiert sein kann als bei § 26 oder § 30.	3
Öffentlich	In einer Weise, dass ein größerer, individuell nicht feststehender oder jedenfalls durch persönliche Beziehungen nicht verbundener Personenkreis die Möglichkeit der Wahrnehmung hat	4
Versammlung	Zu einem bestimmten Zweck räumlich vereinigte Personenmehrheit	5
Verbreiten	Einem großen Personenkreis zugänglich machen	6

Vor § 113 Widerstand gegen Vollstreckungsbeamte

Aufbauschema: § 113 (i.V.m. § 115 I, II) 1

I. Tatbestand

1. Objektiver Tatbestand
   a) Tatobjekt
      aa) Amtsträger oder Soldat der Bundeswehr (→ *Rn. 1 f.*) oder
      bb) Gleichgestellte Person i.S.d. § 115 I, II → *§ 115 Rn. 2 ff.*
   b) Tatsituation: Bei Vornahme einer Vollstreckungshandlung → *Rn. 4 f.*
   c) Tathandlung: Widerstand leisten mit Gewalt oder durch Drohung mit Gewalt → *Rn. 6 ff.*
2. Subjektiver Tatbestand

3. Objektive Bedingung der Strafbarkeit: Rechtmäßigkeit der Vollstreckungshandlung, § 113 III 1 → *Rn. 18*
   a) Amtsträger sachlich und örtlich zuständig
   b) Wesentlichen Förmlichkeiten eingehalten
   c) Pflichtgemäße Ermessensausübung

II. Rechtswidrigkeit

III. Schuld

1. Allgemeine Schuldmerkmale
2. Schuldausschluss bei irriger Annahme der Rechtswidrigkeit der Vollstreckungshandlung, § 113 IV 2, wenn
   a) Irrtum unvermeidbar und
   b) Abwehr durch Rechtsbehelfe unzumutbar

IV. Strafzumessung

Besonders schwere Fälle, § 113 II 2 (Regelbeispiele)

1. Objektive Voraussetzungen
   Nr. 1:
   a) Alt. 1: Waffe → *Rn. 11*
      Alt. 2: gefährliches Werkzeug → *Rn. 12*
   b) Beisichführen → *Rn. 13*
   Nr. 2:
   a) Gewalttätigkeit → *Rn. 14*
   b) (Konkrete) Gefahr des Todes oder schwerer Gesundheitsschädigung für den Angegriffenen → *Rn. 15 ff.*
   Nr. 3:
   a) mit einem anderen Beteiligten → *Rn. 10*
   b) gemeinschaftlich → *Rn. 9*
2. Subjektive Voraussetzung: Vorsatz
3. Kein Entfallen der Indizwirkung

§ 113 Widerstand gegen Vollstreckungsbeamte

1	Amtsträger	Wer nach deutschem Recht Beamter oder Richter ist, in einem sonstigen öffentlich-rechtlichen Amtsverhältnis steht oder sonst zur Wahrnehmung öffentlicher Aufgaben bestellt ist (§ 11 I Nr. 2)
2	Soldat der Bundeswehr	Wer in einem Wehrdienstverhältnis steht (§ 1 I SoldG)
3	Zur Vollstreckung berufen	ist, wer im Einzelfall die Befugnis hat, den Staatswillen zu verwirklichen und durchzusetzen.

Vollstreckungs-handlung	Tätigkeit, bei der der konkretisierte staatliche Wille durch eine dazu berufene Person – notfalls mit staatlichem Zwang – verwirklicht werden soll	**4**
Bei Vornahme	bedeutet, dass die Vollstreckungshandlung unmittelbar bevorstehen oder begonnen haben muss und noch nicht beendet sein darf.	**5**
Widerstand leisten	Aktive Tätigkeit gegenüber dem Vollstreckungsbeamten, mit der die Durchführung einer Vollstreckungsmaßnahme verhindert oder erschwert werden soll	**6**
Gewalt	Körperlich wirkender Zwang (→ § 240 Rn. 2)	**7**
Drohung	Inaussichtstellung eines zukünftigen Übels, auf das der Drohende Einfluss zu haben vorgibt (→ § 240 Rn. 3)	**8**
Gemeinschaftlich	begangen ist die Tat, wenn mindestens zwei Personen bei ihrer Ausführung zusammenwirken (→ § 224 Rn. 9)	**9**
Beteiligter	Täter oder Teilnehmer (§ 28 II)	**10**
Waffe	(im technischen Sinne) ist jeder Gegenstand, der seiner Bauart nach dazu bestimmt ist, erhebliche Verletzungen beizubringen (→ § 224 Rn. 4).	**11**
Gefährliches Werkzeug	Körperlicher Gegenstand, der nach seiner objektiven Beschaffenheit oder Art seiner Verwendung im konkreten Einzelfall nach Vorstellung des Täters geeignet ist, erhebliche Verletzungen herbeizuführen (→ § 244 Rn. 2)	**12**
Beisichführen	Zu irgendeinem Zeitpunkt der Tat Zugriff darauf haben (→ § 244 Rn. 4)	**13**
Gewalttätigkeit	Physische Aggression unmittelbar gegen den Körper	**14**
Gefahr	Wahrscheinlichkeit eines Schadenseintritts (→ § 34 Rn. 6)	**15**
Konkret	ist die Gefahr, wenn eine kritische Situation erreicht ist, in der das Ausbleiben der Verletzung nur noch vom Zufall abhängt (→ § 221 Rn. 7)	**16**

17	Schwere Gesundheitsschädigung	Langwierige ernste Krankheit oder erhebliche Beeinträchtigung der Arbeitsfähigkeit für längere Zeit (→ § 221 Rn. 8)
18	Rechtmäßig	ist die Diensthandlung nach dem strafrechtlichen Rechtswidrigkeitsbegriff, wenn der Amtsträger sachlich und örtlich zuständig ist, die wesentlichen Förmlichkeiten eingehalten wurden und eine pflichtgemäße Ermessensausübung vorliegt.

Vor § 114 Tätlicher Angriff auf Vollstreckungsbeamte

1 **Aufbauschema: § 114 (i.V.m. § 115 I, II)**

I. Tatbestand

1. Objektiver Tatbestand
   a) Tatobjekt
      aa) Amtsträger oder Soldat der Bundeswehr → *Rn. 1 f.* oder
      bb) Gleichgestellte Person i.S.d. § 115 I, II → *§ 115 Rn. 2 ff.*
   b) Tatsituation: Bei einer Diensthandlung → *Rn. 4 f.*
   c) Tathandlung: Tätlicher Angriff → *Rn. 6*
2. Subjektiver Tatbestand
3. Falls Vollstreckungshandlung: Objektive Bedingung der Strafbarkeit: Rechtmäßigkeit der Vollstreckungshandlung, § 114 III i.V.m. § 113 III 1 → *Rn. 7 f.*
   a) Amtsträger sachlich und örtlich zuständig
   b) Wesentlichen Förmlichkeiten eingehalten
   c) Pflichtgemäße Ermessensausübung

II. Rechtswidrigkeit

III. Schuld

1. Allgemeine Schuldmerkmale
2. Falls Vollstreckungshandlung: Schuldausschluss bei irriger Annahme der Rechtswidrigkeit der Vollstreckungshandlung, § 114 III i.V.m. § 113 IV 2, wenn
   a) Irrtum unvermeidbar und
   b) Abwehr durch Rechtsbehelfe unzumutbar

IV. Strafzumessung

Besonders schwere Fälle, § 114 II i.V.m. § 113 II (Regelbeispiele), s.o.

§ 114 Tätlicher Angriff auf Vollstreckungsbeamte

Amtsträger	Wer nach deutschem Recht Beamter oder Richter ist, in einem sonstigen öffentlich-rechtlichen Amtsverhältnis steht oder sonst zur Wahrnehmung öffentlicher Aufgaben bestellt ist (§ 11 I Nr. 2)	1
Soldat der Bundeswehr	Wer in einem Wehrdienstverhältnis steht (§ 1 I SoldG)	2
Zur Vollstreckung berufen	ist, wer im Einzelfall die Befugnis hat, den Staatswillen zu verwirklichen und durchzusetzen.	3
Diensthandlung	ist eine Handlung, die zu den dienstlichen Obliegenheiten der Amtsperson gehört und von ihr in dienstlicher Eigenschaft vorgenommen wird (→ § 332 Rn. 7)	4
Bei	Unmittelbar vor oder während	5
Tätlicher Angriff	Jede in feindseliger Absicht unmittelbar auf den Körper des anderen zielende Einwirkung ohne Rücksicht auf ihren Erfolg	6
Vollstreckungs-handlung	Tätigkeit, bei der der konkretisierte staatliche Wille durch eine dazu berufene Person – notfalls mit staatlichem Zwang – verwirklicht werden soll (→ § 113 Rn. 4)	7
Rechtmäßig	ist die Diensthandlung nach dem strafrechtlichen Rechtswidrigkeitsbegriff, wenn der Amtsträger sachlich und örtlich zuständig ist, die wesentlichen Förmlichkeiten eingehalten wurden und eine pflichtgemäße Ermessensausübung vorliegt (→ § 113 Rn. 18).	8

Vor § 115 Widerstand gegen oder tätlicher Angriff auf Personen, die Vollstreckungsbeamten gleichstehen

Aufbauschema: § 115 III 1 i.V.m. § 113 1

I. Tatbestand

1. Objektiver Tatbestand
   a) Tatsituation: Unglücksfall (→ *Rn. 5*), gemeine Gefahr (→ *Rn. 6*), gemeine Not (→ *Rn. 7*)

b) Tatobjekt: Hilfeleistender von Feuerwehr, Katastrophenschutz, Rettungsdienst usw.
c) Tathandlung: Behindern durch Gewalt oder durch Drohung mit Gewalt → *Rn. 8 ff.*

2. Subjektiver Tatbestand

II. Rechtswidrigkeit

III. Schuld

IV. Strafzumessung

Besonders schwere Fälle, § 113 II (Regelbeispiele), s.o.

2 **Aufbauschema: § 115 III 2 i.V.m. § 114**

I. Tatbestand

1. Objektiver Tatbestand
   a) Tatsituation: Unglücksfall (→ *Rn. 5*), gemeine Gefahr (→ *Rn. 6*), gemeine Not (→ *Rn. 7*)
   b) Tatobjekt: Hilfeleistender von Feuerwehr, Katastrophenschutz, Rettungsdienst usw.
   c) Tathandlung: Tätlicher Angriff → *Rn. 11*
2. Subjektiver Tatbestand

II. Rechtswidrigkeit

III. Schuld

IV. Strafzumessung

Besonders schwere Fälle, § 114 II i.V.m. § 113 II (Regelbeispiele), s.o.

§ 115 Widerstand gegen oder tätlicher Angriff auf Personen, die Vollstreckungsbeamten gleichstehen

1	Vollstreckungshandlung	Tätigkeit, bei der der konkretisierte staatliche Wille durch eine dazu berufene Person – notfalls mit staatlichem Zwang – verwirklicht werden soll (→ § 113 Rn. 4)
2	Personen, die die Rechte und Pflichten eines Polizeibeamten haben, ohne Amtsträger zu sein	z.B. bestätigte Jagdaufseher, § 25 II BJagdG
3	Ermittlungspersonen der Staatsanwaltschaft, ohne Amtsträger zu sein	z.B. bestätigte Jagdaufseher, sofern sie Berufsjäger oder forstlich ausgebildet sind, § 25 II BJagdG; s. auch § 152 GVG

Zur Unterstützung zugezogen	z.B. Zeugen nach §§ 105 f. StPO, medizinisches Personal nach § 81a StPO oder im Rahmen einer Ersatzvornahme Beauftragte	**4**
Unglücksfall	Plötzlich eintretendes, unerwartetes Ereignis mit erheblicher Schadensneigung (→ § 323c Rn. 1)	**5**
Gemeine Gefahr	Gefährdung einer unüberschaubaren Zahl von Menschen oder bedeutender Sachwerte (→ § 323c Rn. 2)	**6**
Gemeine Not	Die Allgemeinheit betreffende Notlage (→ § 323c Rn. 3)	**7**
Behindern	Spürbare, nicht unerhebliche Störung der Rettungstätigkeit	**8**
Gewalt	Körperlich wirkender Zwang (→ § 240 Rn. 2)	**9**
Drohung	Inaussichtstellung eines zukünftigen Übels, auf das der Drohende Einfluss zu haben vorgibt (→ § 240 Rn. 3)	**10**
Tätlicher Angriff	Jede in feindseliger Absicht unmittelbar auf den Körper des anderen zielende Einwirkung ohne Rücksicht auf ihren Erfolg (→ § 114 Rn. 6)	**11**

§ 120 Gefangenenbefreiung

Gefangener	Wer auf behördliche Anordnung zum Zwecke der Ahndung einer Verfehlung in einer deutschen Anstalt verwahrt wird	**1**
Befreien	Jede Form der Aufhebung einer behördlich angeordneten Verwahrung	**2**
Verleiten	Bestimmendes Einwirken auf den Willen des anderen mit beliebigen Mitteln	**3**
Fördern	Ermöglichen der Befreiung oder Erleichtern ihrer Durchführung	**4**
Amtsträger	Wer nach deutschem Recht Beamter oder Richter ist, in einem sonstigen öffentlich-rechtlichen Amtsverhältnis steht oder sonst zur Wahrnehmung öffentlicher Aufgaben bestellt ist (§ 11 Nr. 2)	**5**
Für den öffentlichen Dienst besonders Verpflichteter	Wer, ohne Amtsträger zu sein, bei einer Behörde oder für eine sonstige Stelle, die Aufgaben der öffentlichen Verwaltung wahr-	**6**

	nimmt, oder bei einem Verband oder sonstigem Zusammenschluss, Betrieb oder Unternehmen, die für eine Behörde oder für eine sonstige Stelle Aufgaben der öffentlichen Verwaltung ausführen, beschäftigt oder für sie tätig und auf gewissenhafte Erfüllung seiner Obliegenheiten auf Grund eines Gesetzes förmlich verpflichtet ist (§ 11 I Nr. 4)

§ 121 Gefangenenmeuterei

1	Gefangener	Wer auf behördliche Anordnung zum Zwecke der Ahndung einer Verfehlung in einer deutschen Anstalt verwahrt wird (→ § 120 Rn. 1)
2	Zusammenrotten	Zusammentreten zu einem gemeinschaftlichen, bedrohlichen oder gewalttätigen Handeln
3	Mit vereinten Kräften	Das Droh- und Aggressionspotential zusammengefasst einsetzend
4	Anstaltsbeamter	Im Dienst der betroffenen Anstalt stehender Amtsträger
5	Amtsträger	Wer nach deutschem Recht Beamter oder Richter ist, in einem sonstigen öffentlich-rechtlichen Amtsverhältnis steht oder sonst zur Wahrnehmung öffentlicher Aufgaben bestellt ist (§ 11 Nr. 2)
6	Tätlicher Angriff	Jede in feindseliger Absicht unmittelbar auf den Körper des anderen zielende Einwirkung ohne Rücksicht auf ihren Erfolg (→ § 114 Rn. 6)
7	Gewaltsam	ist jede nicht ordnungsgemäße Beseitigung oder Überwindung der Abschlusseinrichtung.
8	Ausbrechen	Überwinden oder Beseitigen einer physischen Abschlusseinrichtung gegen das Entweichen
9	Abschlusseinrichtung	ist alles, was an der Erlangung der Freiheit hindert, unabhängig von der Widmung.
10	Verhelfen	Fördern des Entweichens eines anderen
11	Waffe	(im technischen Sinne) ist jeder Gegenstand, der seiner Bauart nach dazu bestimmt ist, erhebliche Verletzungen herbeizuführen (→ § 224 Rn. 4)

Gefährliches Werkzeug	Körperlicher Gegenstand, der nach seiner objektiven Beschaffenheit oder Art seiner Verwendung im konkreten Einzelfall nach Vorstellung des Täters geeignet ist, erhebliche Verletzungen herbeizuführen (→ § 244 Rn. 2)	**12**
Schusswaffe	Waffe im technischen Sinne, bei der ein Projektil durch einen Lauf getrieben wird	**13**
Beisichführen	Zu irgendeinem Zeitpunkt der Tat Zugriff darauf haben (→ § 244 Rn. 4)	**14**
Gewalttätigkeit	Physische Aggression unmittelbar gegen den Körper (→ § 113 Rn. 14)	**15**
Gefahr	Wahrscheinlichkeit eines Schadenseintritts (→ § 34 Rn. 6)	**16**
Konkret	ist die Gefahr, wenn eine kritische Situation erreicht ist, in der das Ausbleiben der Verletzung nur noch vom Zufall abhängt (→ § 221 Rn. 7)	**17**
Schwere Gesundheitsschädigung	Langwierige ernste Krankheit oder erhebliche Beeinträchtigung der Arbeitsfähigkeit für längere Zeit (→ § 221 Rn. 8)	**18**

Straftaten gegen die öffentliche Ordnung, §§ 123–145d

Vor § 123 Hausfriedensbruch

Aufbauschema **1**

I. Tatbestand
1. Objektiver Tatbestand
   a) Tatobjekt i.S.d. § 123 (Wohnung etc.) → *Rn. 1 ff.*
   b) Tathandlung
      aa) Alt. 1: Eindringen → *Rn. 6*
      bb) Alt. 2: Sich nicht entfernen → *Rn. 7*
2. Subjektiver Tatbestand

II. Rechtswidrigkeit („widerrechtlich" bzw. „ohne Befugnis")

III. Schuld

IV. Strafverfolgungsvoraussetzung
Strafantrag, § 123 II

§ 123 Hausfriedensbruch

Rn.	Begriff	Definition
1	Wohnung	Räumlichkeit, die bestimmungsgemäß – auch nur vorübergehend – zur Unterkunft von Menschen dient
2	Geschäftsraum	Räumlichkeit, die für gewisse Zeit oder dauernd gewerblichen, künstlerischen, wissenschaftlichen oder ähnlichen Zwecken, nicht notwendig erwerbswirtschaftlicher Art, dient
3	Befriedetes Besitztum	Grundstück, das äußerlich erkennbar durch zusammenhängende, nicht unbedingt lückenlose Schutzwehren gegen das willkürliche Betreten durch andere gesichert ist
4	Zum öffentlichen Dienst	bestimmt sind Räume, in denen bestimmungsgemäß auf öffentlich-rechtlichen Vorschriften beruhende Tätigkeiten ausgeübt werden.
5	Zum öffentlichen Verkehr	bestimmt sind Räume, die dem allgemein zugänglichen, von der öffentlichen Hand oder privaten Unternehmen angebotenen Personen- und Gütertransportverkehr dienen.
6	Eindringen	Betreten gegen oder ohne den Willen des Berechtigten mit mindestens einem Körperteil
7	Sich nicht entfernen	Verweilen trotz konkludenter oder ausdrücklicher Aufforderung des Hausrechtsinhabers, den Ort zu verlassen

§ 124 Schwerer Hausfriedensbruch

Rn.	Begriff	Definition
1	Menschenmenge	Räumlich zusammengeschlossene, zahlenmäßig nicht ohne weiteres überschaubare Personenmehrheit
2	Zusammenrotten	Zusammentreten zu einem gemeinschaftlichen, bedrohlichen oder gewalttätigen Handeln (→ § 121 Rn. 2)
3	Öffentlich	In einer Weise, dass ein größerer, individuell nicht feststehender oder jedenfalls durch persönliche Beziehungen nicht verbundener Personenkreis die Möglichkeit der Teilnahme hat

Teilnehmen	Derart in räumlichem Zusammenhang mit der Menge stehen, dass man für einen objektiven Beobachter als ihr Bestandteil erscheint	**4**
Eindringen	Betreten gegen oder ohne den Willen des Berechtigten mit mindestens einem Körperteil (→ § 123 Rn. 6)	**5**
Gewattätigkeiten	Physische Aggression unmittelbar gegen den Körper (→ § 113 Rn. 14)	**6**
Absicht	Zielgerichtetes Wollen in dem Sinne, dass es dem Täter gerade darauf ankommt, den Erfolg herbeizuführen (→ § 15 Rn. 2)	**7**

§ 125 Landfriedensbruch

Gewalttätigkeit	Physische Aggression unmittelbar gegen den Körper (→ § 113 Rn. 14)	**1**
Bedrohung	Inaussichtstellen eines zukünftigen Übels, auf das der Drohende Einfluss zu haben vorgibt (→ § 241 Rn. 1)	**2**
Menschenmenge	Räumlich zusammengeschlossene, zahlenmäßig nicht ohne weiteres überschaubare Personenmehrheit (→ § 124 Rn. 3)	**3**
Öffentliche Sicherheit	umfasst den Schutz zentraler Rechtsgüter wie Leben, Gesundheit, Freiheit, Ehre, Eigentum und Vermögen des Einzelnen sowie die Unversehrtheit der Rechtsordnung und der staatlichen Einrichtungen.	**4**
Mit vereinten Kräften	Das Droh- und Aggressionspotential zusammengefasst einsetzend (→ § 121 Rn. 3)	**5**
Einwirken	Jede Art von Einflussnahme auf den Willen	**6**

§ 125a Besonders schwerer Fall des Landfriedensbruchs

Schusswaffe	Waffe im technischen Sinne, bei der ein Projektil durch einen Lauf getrieben wird (→ § 121 Rn. 12)	**1**
Waffe	(im technischen Sinne) ist jeder Gegenstand, der seiner Bauart nach dazu bestimmt ist, erhebliche Verletzungen beizubringen (→ § 224 Rn. 4).	**2**

3	Gefährliches Werkzeug	Körperlicher Gegenstand, der nach seiner objektiven Beschaffenheit oder Art seiner Verwendung im konkreten Einzelfall nach Vorstellung des Täters geeignet ist, erhebliche Verletzungen herbeizuführen (→ § 244 Rn. 2)
4	Gewalttätigkeit	Physische Aggression unmittelbar gegen den Körper (→ § 113 Rn. 14)
5	Gefahr	Wahrscheinlichkeit eines Schadenseintritts (→ § 34 Rn. 6)
6	Konkret	ist die Gefahr, wenn eine kritische Situation erreicht ist, in der das Ausbleiben der Verletzung nur noch vom Zufall abhängt (→ § 221 Rn. 7)
7	Schwere Gesundheitsschädigung	Langwierige ernste Krankheit oder erhebliche Beeinträchtigung der Arbeitsfähigkeit für längere Zeit (→ § 221 Rn. 8)
8	Plündern	Stehlen oder Abnötigen fremder beweglicher Sachen unter Ausnutzung der hervorgerufenen Unordnung
9	Bedeutender Schaden	Ab ca. 750–1.000 Euro
10	Sache	Körperlicher Gegenstand (§ 90 BGB)
11	Fremd	Zumindest auch im Eigentum eines anderen stehend (→ § 242 Rn. 2)

§ 130 Volksverhetzung

1	Öffentlicher Friede	Objektiver Zustand allgemeiner Rechtssicherheit und das subjektive Vertrauen in dessen Fortbestand
2	Störung	Ernsthafte Beunruhigung einer nicht unbeträchtlichen Personenmehrheit oder Schaffung eines durch allgemeine Unruhe und Unsicherheit gekennzeichneten Klimas
3	Eignung	Wenn aus der Sicht eines objektiven Beobachters aufgrund tatsächlicher Anhaltspunkte die begründete Besorgnis besteht.
4	Teile der Bevölkerung	Minderheiten, die sich aufgrund gemeinsamer äußerer oder innerer Merkmale von der Gesamtbevölkerung unterscheiden

Aufstacheln zum Hass	Verstärktes, auf die Gefühle des Adressaten abzielendes Anreizen zu einer emotional gesteigerten feindseligen Haltung	**5**
Auffordern	An die Motivation Dritter gerichtete Erklärung, die erkennbar ein bestimmtes Verhalten verlangt (→ § 111 Rn. 2)	**6**
Gewaltmaßnahmen	Behandlungen unter Einsatz physischer Kraft, die den elementaren Geboten der Menschlichkeit widersprechen	**7**
Willkürmaßnahmen	Sonstige diskriminierende Behandlungen, die den elementaren Geboten der Menschlichkeit widersprechen	**8**
Menschenwürde	Der jedem Menschen um seiner selbst willen zukommende, unbedingt zu achtende Wert	**9**
Angriff	Jede auf die Verletzung eines Rechtsgutes gerichtete Handlung	**10**
Beschimpfen	Nach Inhalt oder Form besonders herabsetzende Kundgabe der Missachtung	**11**
Verächtlich machen	Auf verwerflichen Motiven beruhende Darstellung anderer als verachtenswert, minderwertig oder unwürdig	**12**
Böswillig	Auf verwerflichen Motiven beruhend	**13**
Verleumden	Aufstellen oder Verbreiten wissentlich unwahrer Tatsachenbehauptungen, die das Ansehen des Bevölkerungsteils herabsetzen	**14**
Verbreiten	Einem großen Personenkreis zugänglich machen (→ § 111 Rn. 6)	**15**
Öffentlich zugänglich machen	Ermöglichung des Zugriffs auf die Information für eine unbestimmte Personenanzahl	**16**
Anbieten	Einseitige Erklärung der Bereitschaft, den Gegenstand einem anderen zu überlassen	**17**
Überlassen	Übertragen der tatsächlichen Sachherrschaft (→ § 152a Rn. 6)	**18**
Herstellen	Sämtliche zur Anfertigung unmittelbar erforderlichen Handlungen	**19**
Beziehen	Verschafft bekommen	**20**

21	Liefern	Einem anderen die von diesem erbetene tatsächliche Sachherrschaft übertragen
22	Vorrätig halten	Verwahren mindestens eines Exemplars (auch durch dauerhafte Speicherung auf elektronischen Medien) zum Zwecke der Abgabe an Dritte
23	Bewerben	Ankündigen oder Anpreisen
24	Ein-/Ausführen	Über die Grenze verbringen
25	Unternehmen	einer Tat ist deren Versuch und deren Vollendung (§ 11 I Nr. 6)
26	Öffentlich	In einer Weise, dass ein größerer, individuell nicht feststehender oder jedenfalls durch persönliche Beziehungen nicht verbundener Personenkreis die Möglichkeit der Wahrnehmung hat (→ § 111 Rn. 4)
27	Versammlung	Zu einem bestimmten Zweck räumlich vereinigte Personenmehrheit (→ § 111 Rn. 5)
28	Billigen	Ausdrückliches oder konkludentes Gutheißen
29	Leugnen	Bestreiten von Tatsachen
30	Verharmlosen	Bagatellisieren des Unwerts
31	Verherrlichen	Glorifizieren
32	Rechtfertigen	Legitimieren

§ 132 Amtsanmaßung

1	Öffentliches Amt	Nicht rein fiskalische Tätigkeit als Organ der Staatsgewalt im unmittelbaren oder mittelbaren Dienst von Bund, Ländern oder Gemeinden
2	Ausüben	Sich gegenüber Dritten als Amtsinhaber ausgeben und sich so verhalten, als nehme man Aufgaben und Befugnisse einer ihm verliehenen Amtsstellung wahr
3	Vornehmen	Handeln unter dem objektiven Anschein einer hoheitlichen Handlung, ohne dass sich der Täter persönlich als Amtsträger ausgeben muss

Vor § 133 Verwahrungsbruch

Aufbauschema 1

I. Tatbestand
1. Objektiver Tatbestand
   a) Tatobjekt
      aa) Schriftstück oder andere bewegliche Sache → *Rn. 1 f.*
      bb) Abs. 1: dienstliche Verwahrung → *Rn. 3*
      cc) Abs. 2: amtliche Verwahrung von Kirchen etc.
   b) Tathandlung: Zerstören, Beschädigen, Unbrauchbarmachen, der dienstlichen (bzw. amtlichen) Verfügung entziehen → *Rn. 4 ff.*
2. Subjektiver Tatbestand

II. Rechtswidrigkeit

III. Schuld

Beachte: *Qualifikation, § 133 III*

§ 133 Verwahrungsbruch

Schriftstück	Schriftträger wie Papiere oder andere Sachen, auf denen schriftlich, gedruckt oder geschrieben Gedanken ausgedrückt sind	1
Sache	Körperlicher Gegenstand (§ 90 BGB)	2
Dienstliche Verwahrung	Durch einen Hoheitsträger ausgeübter, fürsorglicher Amtsgewahrsam, um die Sache für die Dauer des amtlichen Besitzes in ihrem Bestand unversehrt zu erhalten und vor unbefugtem Zugriff zu bewahren	3
Zerstören	Existenzvernichtung oder vollständiges Aufheben der bestimmungsgemäßen Brauchbarkeit (→ § 303 Rn. 4)	4
Beschädigen	Substanzverletzung oder mehr als nur unerhebliches Herabsetzen der bestimmungsgemäßen Brauchbarkeit (→ § 303 Rn. 3)	5
Unbrauchbar machen	Ausschalten der Wirkungsweise (→ § 303a Rn. 4)	6
Der dienstlichen Verfügung entziehen	Dem amtlich Berechtigten den Zugriff unmöglich machen oder erschweren	7
Anvertraut	ist die Sache dem Amtsträger, wenn er sie kraft dienstlicher Anordnung in dem Vertrauen erhält, dass er kraft Amtes für ihren Ver-	8

		bleib, ihre Gebrauchsfähigkeit und inhaltliche Richtigkeit sorge.
9	Zugänglich geworden	ist die Sache, wenn der Täter im Rahmen seiner dienstlichen Tätigkeit die tatsächliche Verfügungsgewalt über sie erlangen konnte.

§ 134 Verletzung amtlicher Bekanntmachungen

1	Schriftstück	Schriftträger wie Papiere oder andere Sachen, auf denen schriftlich, gedruckt oder geschrieben Gedanken ausgedrückt sind (→ § 133 Rn. 1)
2	Zerstören	Existenzvernichtung oder vollständiges Aufheben der bestimmungsgemäßen Brauchbarkeit (→ § 303 Rn. 4)
3	Beseitigen	Räumliches Entfernen
4	Unkenntlich machen	Die Möglichkeit beseitigen, vom gedanklichen Inhalt Kenntnis zu erlangen
5	Sinn entstellen	Den gedanklichen Inhalt durch Einfügen oder Entfernen von Teilen verändern

Vor § 136 Verstrickungsbruch; Siegelbruch

1 **Aufbauschema: Verstrickungsbruch, § 136 I**

I. Tatbestand

1. Objektiver Tatbestand
   a) Tatobjekt: Sache, die gepfändet oder dienstlich in Beschlag genommen ist → *Rn. 1 ff.*
   b) Tathandlung: Zerstören, Beschädigen, Unbrauchbarmachen oder ganz oder teilweise der Verstrickung entziehen → *Rn. 4, 6*
2. Subjektiver Tatbestand
3. Objektive Bedingung der Strafbarkeit
   Rechtmäßigkeit der Beschlagnahme, § 136 III 1

II. Rechtswidrigkeit

III. Schuld

1. Allgemeine Schuldmerkmale
2. Schuldausschluss bei irriger Annahme der Rechtswidrigkeit der Beschlagnahme, § 136 IV i.V.m. § 113 IV 2, wenn
   a) Irrtum unvermeidbar und
   b) Abwehr durch Rechtsbehelfe unzumutbar

IV. Strafwürdigkeit/Strafbedürftigkeit
Strafmilderung/Absehen von Strafe, § 136 IV 1 i.V.m. § 113 IV 1, 2

Aufbauschema: Siegelbruch, § 136 II 2

I. Tatbestand
1. Objektiver Tatbestand
   a) Tatobjekt: Dienstliches Siegel, das angelegt ist, um Sachen in Beschlag zu nehmen etc. → *Rn. 5*
   b) Tathandlung: Beschädigen, Ablösen, Unkenntlichmachen oder Unwirksammachen des Verschlusses → *Rn. 6 ff.*
2. Subjektiver Tatbestand
3. Objektive Bedingung der Strafbarkeit
   Rechtmäßigkeit der Anlegung des Siegels, § 136 III 1

II. Rechtswidrigkeit

III. Schuld
1. Allgemeine Schuldmerkmale
2. Schuldausschluss bei irriger Annahme der Rechtswidrigkeit der Diensthandlung, § 136 IV i.V.m. § 113 IV 2, wenn
   a) Irrtum unvermeidbar und
   b) Abwehr durch Rechtsbehelfe unzumutbar

IV. Strafwürdigkeit/Strafbedürftigkeit
Strafmilderung/Absehen von Strafe, § 136 IV 1 i.V.m. § 113 IV 1, 2

§ 136 Verstrickungsbruch; Siegelbruch

Sache	Körperlicher Gegenstand (§ 90 BGB)	1
Gepfändet	ist eine Sache, wenn sie zwangsweise zur Sicherung oder Verwirklichung eines vermögensrechtlichen Anspruchs sichergestellt und in Besitz genommen wurde.	2
Dienstlich in Beschlag genommen	ist eine Sache, wenn sie zur Sicherung privater oder öffentlicher Belange zwangsweise bereitgestellt wurde.	3
Der Verstrickung entziehen	Den amtlichen Zugriff unmöglich machen oder erschweren	4
Dienstliches Siegel	Siegelabdruck	5
Beschädigen	Substanzverletzung oder mehr als nur unerhebliches Herabsetzen der bestimmungsgemäßen Brauchbarkeit (→ § 303 Rn. 3)	6
Ablösen	Entfernen	7

8	Unkenntlich machen	Die Möglichkeit beseitigen, vom gedanklichen Inhalt Kenntnis zu erlangen (→ § 134 Rn. 4)
9	Unwirksam machen	Die Sperrwirkung des Siegels umgehen oder sonst gegenständlich außer Kraft setzen

Vor § 138 Nichtanzeige geplanter Straftaten

1 **Aufbauschema**

I. Tatbestand

1. Objektiver Tatbestand
   a) Tatsituation
      aa) Vorhaben (→ *Rn. 1*) oder Ausführung
      bb) Katalogtat gem. Abs. 1 bzw. Abs. 2
      cc) Glaubhaft erfahren → *Rn. 2 f.*
      dd) Zeitpunkt, zu dem Ausführung oder Erfolg noch abwendbar
   b) Tathandlung
      aa) Unterlassen der Anzeige
      bb) An den Bedrohten (nur bei Abs. 1) oder Behörde
      cc) Rechtzeitig → *Rn. 4*
2. Subjektiver Tatbestand
   a) Vorsatz bzgl. Tatsituation
   b) Vorsatz oder Leichtfertigkeit (§ 138 III, → *Rn. 5*) bzgl. Tathandlung, letzterenfalls: Generelle/objektive grobe Sorgfaltspflichtverletzung bei objektiver Vorhersehbarkeit und Vermeidbarkeit

II. Rechtswidrigkeit

1. Allgemeine Rechtfertigungsgründe
2. Freistellung von Geheimnisträgern (§ 139 III 2, 3) und Geistlichen (§ 139 II)

III. Schuld

1. Allgemeine Schuldmerkmale
2. Bei Leichtfertigkeit: Individuelle/subjektive grobe Sorgfaltspflichtverletzung bei subjektiver Vorhersehbarkeit und Vermeidbarkeit

IV. Strafwürdigkeit/Strafbedürftigkeit

1. Persönliche Strafaufhebungsgründe, § 139 III 1, IV
2. Absehen von Strafe, § 139 I

§ 138 Nichtanzeige geplanter Straftaten

Vorhaben	Jede ernstliche Planung einer konkretisierten Tat	**1**
Erfahren	Kenntnis erlangen	**2**
Glaubhaft	ist die Kenntnis, wenn der Täter ihr Glauben schenkt.	**3**
Rechtzeitig	So zeitig, dass Ausführung oder Erfolg der geplanten Tat noch abgewendet werden kann	**4**
Leichtfertig	handelt, wer grob fahrlässig handelt und nicht beachtet, was sich jedermann aufdrängen muss (→ § 15 Rn. 8)	**5**

§ 139 Straflosigkeit der Nichtanzeige geplanter Straftaten

Geistlicher	Person, die von staatlich anerkannten Religionsgemeinschaften zu einem Träger geistlicher Ämter bestimmt ist	**1**
Anvertraut	Im Vertrauen auf die Verschwiegenheitspflicht mitgeteilt (→ § 203 Rn. 3)	**2**
Ernsthaftes Bemühen	liegt vor, wenn der Täter alles tut, was aus seiner Sicht zur Erfolgsabwendung geeignet und nötig ist (→ § 24 Rn. 7).	**3**
Abwenden	Handeln des Anzeigepflichtigen, aufgrund dessen der Erfolg ausbleibt	**4**

Vor § 142 Unerlaubtes Entfernen vom Unfallort

Aufbauschema **1**

I. Tatbestand

1. Objektiver Tatbestand
   a) Tatsubjekt: Unfallbeteiligter → *Rn. 3*
   b) Tatsituation: Unfall im öffentlichen Straßenverkehr → *Rn. 1 f.*
   c) Tathandlung
      aa) Abs. 1: Entfernen vom Unfallort → *Rn. 4 f.*
         (Nr. 1) bei Anwesenheit feststellungsbereiter Personen ohne Feststellungen zu ermöglichen oder
         (Nr. 2) bei Abwesenheit feststellungsbereiter Personen vor Wartefristablauf

bb) Abs. 2: Nicht unverzügliche (→ *Rn. 6*) nachträgliche Ermöglichung von Feststellungen nach Entfernen vom Unfallort
(Nr. 1) nach Ablauf der Wartefrist (→ *Rn. 7*) oder
(Nr. 2) nach berechtigtem oder entschuldigtem Entfernen

2. Subjektiver Tatbestand

II. Rechtswidrigkeit

III. Schuld

IV. Persönlicher Strafaufhebungsgrund

Tätige Reue, § 142 IV

§ 142 Unerlaubtes Entfernen vom Unfallort

1	Unfall	Plötzliches, unerwartetes Ereignis im öffentlichen Straßenverkehr, das mit dessen typischen Gefahren in ursächlichem Zusammenhang steht und das zu einem nicht völlig belanglosen Personen- oder Sachschaden führt
2	Straßenverkehr	Allgemein zugänglicher und für jede Art der Fortbewegung zur Verfügung stehender Verkehrsraum für Fahrzeuge und Fußgänger
3	Unfallbeteiligter	Jeder, dessen Verhalten nach den Umständen zur Verursachung des Unfalls beigetragen haben kann (§ 142 V)
4	Sich entfernen	Verlassen des unmittelbaren Unfallbereichs in einer Weise, dass man von feststellungsbereiten Personen nicht als Beteiligter eingestuft wird
5	Unfallort	Stelle, wo sich der Unfall ereignet hat und die beteiligten Fahrzeuge zum Stehen gekommen sind, samt der unmittelbaren nicht verkehrsgefährdeten Umgebung
6	Unverzüglich	Ohne schuldhaftes Zögern (§ 121 I BGB)
7	Wartefrist	Nach den Umständen angemessene Zeit (§ 142 I Nr. 2)
8	Nicht bedeutender Sachschaden	Nicht körperliche Schäden bis ca. 1.000 Euro
9	Außerhalb des fließenden Verkehrs	Im ruhenden Verkehr, hauptsächlich Unfälle mit geparkten PKW

§ 145 Missbrauch von Notrufen und Beeinträchtigung von Unfallverhütungs- und Nothilfemitteln

Notruf oder Notzeichen	Alle akustischen, optischen oder sonstigen Kurzäußerungen, mit denen das Bestehen einer Notlage oder eine erhebliche Gefahr angezeigt wird	**1**
Missbrauchen	Zweckwidrig einsetzen	**2**
Vortäuschen	Wahrheitswidrig den Anschein erwecken	**3**
Warn- oder Verbotszeichen	Bildliche Zeichen und Symbole sowie schriftliche Kurzhinweise privater oder öffentlicher Art	**4**
Beseitigen	Räumliches Entfernen (→ § 134 Rn. 3)	**5**
Unkenntlich machen	Die Möglichkeit beseitigen, vom gedanklichen Inhalt Kenntnis zu erlangen (→ § 134 Rn. 4)	**6**
Sinn entstellen	Den gedanklichen Inhalt durch Einfügen oder Entfernen von Teilen verändern (→ § 134 Rn. 5)	**7**
Schutzvorrichtungen	Alle gegenständlichen Absicherungen einer Gefahrenstelle	**8**
Rettungsgerät	Zur Rettung bestimmte besondere Gegenstände	**9**
Verändern	Versetzen in einen von der normalen Funktionsfähigkeit abweichenden, nachteiligen Zustand	**10**
Unbrauchbar machen	Ausschalten der Wirkungsweise (→ § 303a Rn. 4)	**11**

Vor § 145d Vortäuschen einer Straftat

Aufbauschema **1**

I. Tatbestand

1. Objektiver Tatbestand
   a) Tathandlung
      aa) Abs. 1: Vortäuschen (→ *Rn. 4*) einer
         (Nr. 1) angeblich begangenen rechtswidrigen Tat (→ *Rn. 3*) oder
         (Nr. 2) des Bevorstehens einer in § 126 I genannten Tat
      bb) Abs. 2: Täuschen über Beteiligten (→ *Rn. 5*) einer
         (Nr. 1) wirklich begangenen rechtswidrigen Tat bzw.
         (Nr. 2) bevorstehenden, in § 126 I genannten Tat
   b) Täuschungsadressat
      aa) Behörde (→ *Rn. 1*) oder

bb) zur Entgegennahme von Anzeigen zuständige Stelle (→ *Rn. 2*)
2. Subjektiver Tatbestand
a) Vorsatz
b) Kenntnis der Unrichtigkeit (= wider besseres Wissen)

II. Rechtswidrigkeit

III. Schuld

Beachte: *Subsidiaritätsklausel, § 145d I a.E.*

§ 145d Vortäuschen einer Straftat

1	Behörde	Stelle, die Aufgaben der öffentlichen Verwaltung wahrnimmt – auch Gerichte (§ 11 I Nr. 7)
2	Zur Entgegennahme von Anzeigen zuständige Stellen	sind z.B. Staatsanwaltschaft und Polizei (vgl. § 158 I StPO).
3	Rechtswidrige Tat	Handlung, die den Tatbestand eines Strafgesetzes verwirklicht (§ 11 I Nr. 5)
4	Vortäuschen	Erregen oder Bestärken des Verdachts
5	Beteiligter	Täter oder Teilnehmer (§ 28 II)
6	Wider besseres Wissen	In Kenntnis der Unrichtigkeit

Geld- und Wertzeichenfälschung, §§ 146–152b

Vor § 146 Geldfälschung

1 **Aufbauschema**

I. Tatbestand

1. Objektiver Tatbestand
a) Tatobjekt
aa) Falsches Geld (ausländisches: § 152) → *Rn. 1 f.*
bb) Wertpapiere i.S.d. § 151 (ausländische: § 152)
b) Tathandlung
aa) Nr. 1: Nachmachen, Verfälschen → *Rn. 3 f.*
bb) Nr. 2: Sichverschaffen, Feilhalten → *Rn. 5 f.*
cc) Nr. 3: Inverkehrbringen als echt → *Rn. 7 f.*
2. Subjektiver Tatbestand
a) Vorsatz bzgl. der Merkmale des objektiven Tatbestandes
b) Absicht (der Ermöglichung) des Inverkehrbringens als echt (nicht bei Nr. 3)

II. Rechtswidrigkeit

III. Schuld

Beachte: *Qualifikation, § 146 II*

§ 146 Geldfälschung

Geld	ist jedes von einem Staat oder einer von ihm ermächtigten Stelle als Wertträger beglaubigtes und zum Umlauf im öffentlichen Verkehr bestimmtes Zahlungsmittel.	**1**
Falsch	ist es, wenn es in der konkreten Form nicht vom Inhaber des Monopols stammt, obwohl es diesen Eindruck erweckt.	**2**
Nachmachen	Herstellen von objektiv verwechslungsfähigem Falschgeld mit beliebigen Mitteln und aus beliebigem Material	**3**
Verfälschen	Nachträgliche Veränderung des gedanklichen Inhalts echten Geldes, so dass der Anschein eines anderen (höheren) Nominalwertes hervorgerufen wird	**4**
Sichverschaffen	Erlangen der Verfügungsgewalt	**5**
Feilhalten	Äußerlich erkennbares Bereithalten zum Zweck des Verkaufs	**6**
Inverkehrbringen	Jede Handlung, die den Gegenstand aus der Verfügungsgewalt des Täters oder eines Dritten entlässt und einen anderen in die Lage versetzt, mit ihm nach Belieben umzugehen	**7**
Echt	ist Geld, wenn seine Herstellung durch einen staatlichen Auftrag gedeckt ist.	**8**
Gewerbsmäßig	In der Absicht, sich eine fortlaufende Einnahmequelle von einiger Dauer und einigem Umfang zu verschaffen (→ § 243 Rn. 17)	**9**
Bande	Auf ausdrücklicher oder stillschweigender Vereinbarung beruhender Zusammenschluss von mindestens drei Personen (→ § 244 Rn. 5)	**10**

§ 147 Inverkehrbringen von Falschgeld

1	Geld	ist jedes von einem Staat oder einer von ihm ermächtigten Stelle als Wertträger beglaubigtes und zum Umlauf im öffentlichen Verkehr bestimmtes Zahlungsmittel (→ § 146 Rn. 1).
2	Falsch	ist es, wenn es in der konkreten Form nicht vom Inhaber des Monopols stammt, obwohl es diesen Eindruck erweckt (→ § 146 Rn. 2).
3	Inverkehrbringen	Jede Handlung, die Falschgeld aus der Verfügungsgewalt des Täters oder eines Dritten entlässt und einen anderen in die Lage versetzt, mit ihm nach Belieben umzugehen (→ § 146 Rn. 7)
4	Echt	ist Geld, wenn seine Herstellung durch einen staatlichen Auftrag gedeckt ist (→ § 146 Rn. 8).

§ 148 Wertzeichenfälschung

1	Amtliche Wertzeichen	Vom Staat, von einer Gebietskörperschaft oder einer sonstigen Körperschaft des öffentlichen Rechts unter öffentlicher Autorität ausgegebene Marken oder ähnliche Zeichen, die einen bestimmten Geldwert verkörpern, öffentlichen Glauben genießen und die Zahlung von Steuern, Abgaben, Gebühren, Beiträgen etc. erleichtern, sichern und kenntlich machen
2	Nachmachen	Herstellen von objektiv verwechslungsfähigem Falschgeld mit beliebigen Mitteln und aus beliebigem Material (→ § 146 Rn. 3)
3	Inverkehrbringen	Jede Handlung, die Falschgeld aus der Verfügungsgewalt des Täters oder eines Dritten entlässt und einen anderen in die Lage versetzt, mit ihm nach Belieben umzugehen (→ § 146 Rn. 7)
4	Feilhalten	Äußerlich erkennbares Bereithalten zum Zweck des Verkaufs (→ § 146 Rn. 6)
5	Verwenden	Bestimmungsgemäß gebrauchen

Vor § 152a Fälschung von Zahlungskarten etc.

Aufbauschema 1

I. Tatbestand

1. Objektiver Tatbestand
   a) Nr. 1
      aa) Tatobjekt: Inländische oder ausländische Zahlungskarte (→ *Rn. 1*), Scheck, Wechsel oder andere körperliche unbare Zahlungsmittel.
      bb) Tathandlung: Nachmachen, Verfälschen → *Rn. 2 f.*
   b) Nr. 2
      aa) Tatobjekt: Falsche inländische oder ausländische Karte etc. i.S.der Nr. 1
      bb) Tathandlung: Sichverschaffen, Feilhalten, Überlassen oder Gebrauchen → *Rn. 4 ff.*
2. Subjektiver Tatbestand
   a) Vorsatz
   b) Absicht (der Ermöglichung) der Täuschung (bzw. der fälschlichen Beeinflussung einer Datenverarbeitung, § 270) im Rechtsverkehr

II. Rechtswidrigkeit

III. Schuld

Beachte: *Qualifikation, § 152a III*

§ 152a Fälschung von Zahlungskarten, Schecks, Wechseln und anderen körperlichen unbaren Zahlungsinstrumenten

Zahlungskarte	Karte, die von einem Kreditinstitut oder Finanzdienstleistungsinstitut herausgegeben wurde und durch Ausgestaltung oder Codierung besonders gegen Nachahmung gesichert ist (§ 152a IV)	1
Nachmachen	Herstellen von objektiv verwechslungsfähigem Falschgeld mit beliebigen Mitteln und aus beliebigem Material (→ § 146 Rn. 3)	2
Verfälschen	Nachträgliche Veränderung des gedanklichen Inhalts echten Geldes, so dass der Anschein eines anderen (höheren) Nominalwertes hervorgerufen wird (→ § 146 Rn. 4)	3
Sichverschaffen	Erlangen der Verfügungsgewalt (→ § 146 Rn. 5)	4

5	Feilhalten	Äußerlich erkennbares Bereithalten zum Zweck des Verkaufs (→ § 146 Rn. 6)
6	Überlassen	Übertragen der tatsächlichen Sachherrschaft
7	Gebrauchen	Verschaffen der Möglichkeit zur Kenntnisnahme (→ § 267 Rn. 14)
8	Bande	Auf ausdrücklicher oder stillschweigender Vereinbarung beruhender Zusammenschluss von mindestens drei Personen (→ § 244 Rn. 5)
9	Gewerbsmäßig	In der Absicht, sich eine fortlaufende Einnahmequelle von einiger Dauer und einigem Umfang zu verschaffen (→ § 243 Rn. 17)

Vor § 152b Fälschung von Zahlungskarten mit Garantiefunktion

1 **Aufbauschema**

I. Tatbestand

1. Objektiver Tatbestand
   a) Tatobjekt: Zahlungskarte mit Garantiefunktion (→ *Rn. 1*)
   b) Tathandlung: Nachmachen, Verfälschen, Sichverschaffen, Feilhalten, Überlassen, Gebrauchen
2. Subjektiver Tatbestand
   a) Vorsatz
   b) Absicht (der Ermöglichung) der Täuschung (bzw. der fälschlichen Beeinflussung einer Datenverarbeitung, § 270) im Rechtsverkehr

II. Rechtswidrigkeit

III. Schuld

Beachte: *Qualifikation, § 152b II*

§ 152b Fälschung von Zahlungskarten mit Garantiefunktion

1	Zahlungskarte mit Garantiefunktion	Kreditkarten und sonstige Karten, die es ermöglichen, den Aussteller im Zahlungsverkehr zu einer garantierten Zahlung zu veranlassen, und die durch Ausgestaltung oder Codierung besonders gegen Nachahmung gesichert sind (§ 152b IV).

Falsche uneidliche Aussage und Meineid, §§ 153–163

Vor § 153 Falsche uneidliche Aussage

Aufbauschema 1

I. Tatbestand
1. Objektiver Tatbestand
   a) Tatsubjekt: Zeuge oder Sachverständiger
   b) Tathandlung: Falsch aussagen → *Rn. 1 f.*
   c) Tatsituation
      aa) Gericht
      bb) Zur eidlichen Vernehmung von Zeugen und Sachverständigen zuständige Stelle → *Rn. 3*
2. Subjektiver Tatbestand

II. Rechtswidrigkeit

III. Schuld

IV. Strafwürdigkeit/Strafbedürftigkeit
1. Aussagenotstand, § 157
2. Berichtigung, § 158

§ 153 Falsche uneidliche Aussage

Aussagen	Sprachliche Wiedergabe von Tatsachen	1
Falsch	ist eine Aussage, wenn sie hinsichtlich des Vernehmungsgegenstands nicht der Wahrheit entspricht.	2
Zur eidlichen Vernehmung von Zeugen und Sachverständigen zuständige Stellen	sind z.B. explizit (staatliche) Gerichte sowie (über Verweis in § 162 II) Untersuchungsausschüsse eines Gesetzgebungsorgans des Bundes oder eines Landes, nicht aber Staatsanwaltschaft oder Polizei.	3

Vor § 154 Meineid

Aufbauschema 1

I. Tatbestand
1. Objektiver Tatbestand
   a) Tathandlung
      aa) Falsch schwören → *Rn. 2*
      bb) Den Eid ersetzende Bekräftigung, § 155 Nr. 1 → *Rn. 1*

cc) Sich berufen auf früheren Eid oder frühere Bekräftigung, § 155 Nr. 2
b) Tatsituation
aa) Gericht
bb) Zur eidlichen Vernehmung von Zeugen und Sachverständigen zuständige Stelle
2. Subjektiver Tatbestand

II. Rechtswidrigkeit

III. Schuld

IV. Strafwürdigkeit/Strafbedürftigkeit

Berichtigung, § 158

V. Strafzumessung

Aussagenotstand, § 157

Beachte: *Fahrlässigkeitsdelikt, § 161*

§ 154 Meineid

Rn.		
1	Eid	Förmliche Versicherung der Wahrheit einer Aussage
2	Falsch schwören	Beeiden einer Falschaussage

§ 155 Eidesgleiche Bekräftigungen

Rn.		
1	Den Eid ersetzend	sind nicht-religiöse Bekräftigungen gem. §§ 64 II, 65 StPO, §§ 481 II, 484 ZPO.

Vor § 156 Falsche Versicherung an Eides Statt

1 **Aufbauschema**

I. Tatbestand

1. Objektiver Tatbestand
a) Tathandlung
aa) Alt. 1: Abgabe einer falschen Versicherung an Eides Statt → *Rn. 1, 3 f.*
bb) Alt. 2: Falschaussagen (→ *Rn. 5 f.*) unter Berufung auf eine Versicherung an Eides Statt
b) Tatsituation: Zur Abnahme einer Versicherung an Eides Statt zuständige Behörde → *Rn. 2*
2. Subjektiver Tatbestand

II. Rechtswidrigkeit

III. Schuld

IV. Strafwürdigkeit/Strafbedürftigkeit

Berichtigung, § 158

V. Strafzumessung

Strafmilderung, § 157

Beachte: *Fahrlässigkeitsdelikt, § 161*

§ 156 Falsche Versicherung an Eides Statt

Versicherung an Eides Statt	ist die förmliche, vom Eid unterschiedene Beteuerung der Richtigkeit einer Angabe in gesetzlich vorgesehenen Fällen (z.B. § 802c III ZPO, § 98 I InsO, § 284 AO).	1
Behörde	Stelle, die Aufgaben der öffentlichen Verwaltung wahrnimmt – auch Gerichte (§ 11 I Nr. 7)	2
Falsch	ist die Versicherung, wenn sie inhaltlich unrichtig von der prozessualen Wahrheitspflicht umfasst ist und für den Verfahrensausgang bedeutsam werden kann.	3
Abgegeben	ist sie, wenn sie der Behörde willentlich zu Beweiszwecken zugänglich gemacht wurde.	4
Aussagen	Sprachliche Wiedergabe von Tatsachen (→ § 153 Rn. 1)	5
Falsch	ist eine Aussage, wenn sie hinsichtlich des Vernehmungsgegenstands nicht der Wahrheit entspricht (→ § 153 Rn. 2).	6

§ 158 Berichtigung einer falschen Angabe

Berichtigung	Offenbarung der Unwahrheit einer früheren Aussage unter gleichzeitiger Mitteilung der Wahrheit	1
Rechtzeitig	ist die Berichtigung, wenn sie in der die Instanz abschließenden Entscheidung noch verwertet werden kann.	2

Vor § 160 Verleitung zur Falschaussage

1 **Aufbauschema**

I. Tatbestand
1. Objektiver Tatbestand
   a) Tatsituation
      aa) Objektive Verwirklichung eines Meineids,
      bb) einer falschen Aussage oder
      cc) einer falschen Versicherung an Eides Statt
   b) Tathandlung: Verleiten → *Rn. 1*
2. Subjektiver Tatbestand

II. Rechtswidrigkeit

III. Schuld

§ 160 Verleitung zur Falschaussage

1

Verleiten	Bestimmendes Einwirken auf den Willen des anderen mit beliebigen Mitteln (→ § 120 Rn. 1)

Falsche Verdächtigung, §§ 164–165

Vor § 164 Falsche Verdächtigung

1 **Aufbauschema**

I. Tatbestand
1. Objektiver Tatbestand
   a) Tathandlung
      aa) Abs. 1: Verdächtigen → *Rn. 1*
      bb) Abs. 2: Aufstellen einer sonstigen Behauptung tatsächlicher Art
   b) In Bezug auf einen anderen
   c) Objektive Unrichtigkeit
   d) Adressat
      aa) Behörde → *Rn. 5*
      bb) Zur Entgegennahmen von Anzeigen zuständiger Amtsträger → *Rn. 6*
      cc) Militärischer Vorgesetzter
      dd) Öffentlich → *Rn. 3*
2. Subjektiver Tatbestand
   a) Vorsatz

b) Kenntnis der Unrichtigkeit (= wider besseres Wissen)
c) Absicht, ein behördliches Verfahren oder eine andere behördliche Maßnahme herbeizuführen oder fortdauern zu lassen

II. Rechtswidrigkeit

III. Schuld

§ 164 Falsche Verdächtigung

Verdächtigen,	Hervorrufen, Verstärken oder Umlenken eines Verdachts	1
Rechtswidrige Tat	Handlung, die den Tatbestand eines Strafgesetzes verwirklicht (§ 11 I Nr. 5)	2
Öffentlich	In einer Weise, dass ein größerer, individuell nicht feststehender oder jedenfalls durch persönliche Beziehungen nicht verbundener Personenkreis die Möglichkeit der Wahrnehmung hat (→ § 111 Rn. 4)	3
Wider besseres Wissen	In Kenntnis der Unrichtigkeit (→ § 145d Rn. 6)	4
Behörde	Stelle, die Aufgaben der öffentlichen Verwaltung wahrnimmt – auch Gerichte (§ 11 I Nr. 7)	5
Zur Entgegennahme von Anzeigen zuständige Amtsträger	sind Staatsanwalt und Polizist.	6

Beleidigung, §§ 185–200

Vor § 185 Beleidigung

Aufbauschema: § 185 Var. 1 1

I. Tatbestand

1. Objektiver Tatbestand
   a) Tatobjekt: Beleidigungsfähiger Anderer
   b) Tatsache oder Werturteil
   c) Tathandlung: Beleidigung → *Rn. 1*
2. Subjektiver Tatbestand

II. Rechtswidrigkeit

1. Allgemeine Rechtfertigungsgründe
2. Wahrnehmung berechtigter Interessen, § 193

III. Schuld

IV. Strafwürdigkeit/Strafbedürftigkeit

Wechselseitige Beleidigungen, § 199

V. Strafverfolgungsvoraussetzung

Strafantrag, § 194

Beachte: *Qualifikation, § 185 Var. 2–5 (Tätlichkeit)*

§ 185 Beleidigung

Rn.	Begriff	Definition
1	Beleidigung	Kundgabe von Nicht- oder Missachtung
2	Öffentlich	In einer Weise, dass ein größerer, individuell nicht feststehender oder jedenfalls durch persönliche Beziehungen nicht verbundener Personenkreis die Möglichkeit der Wahrnehmung hat (→ § 111 Rn. 4)
3	Versammlung	Zu einem bestimmten Zweck räumlich vereinigte Personenmehrheit (→ § 111 Rn. 5)
4	Verbreiten	Einem großen Personenkreis zugänglich machen (→ § 111 Rn. 6)
5	Tätlichkeit	Auf den Körper des Beleidigten zielende beleidigende Handlung (z.B. Anspucken)

Vor § 186 Üble Nachrede

1 **Aufbauschema: § 186 Alt. 1**

I. Tatbestand

1. Objektiver Tatbestand
   a) Tatsache → *Rn. 1*
   b) Verächtlich zu machen oder herabzuwürdigen geeignet → *Rn. 5 f.*
   c) In Beziehung auf einen (beleidigungsfähigen) anderen → *Rn. 2*
   d) Tathandlung: Behaupten oder Verbreiten → *Rn. 3 f.*
2. Subjektiver Tatbestand
3. Objektive Bedingung der Strafbarkeit
   Nichterweislichkeit der Tatsache → *Rn. 7*

II. Rechtswidrigkeit
1. Allgemeine Rechtfertigungsgründe
2. Wahrnehmung berechtigter Interessen, § 193

III. Schuld

IV. Strafwürdigkeit/Strafbedürftigkeit
Wechselseitige Beleidigungen, § 199

V. Strafverfolgungsvoraussetzung
Strafantrag, § 194

Beachte: *Qualifikationen, §§ 186 Alt. 2, 187 Hs. 1 Alt. 1; 188 I*

§ 186 Üble Nachrede

Tatsache	Ereignisse, Vorgänge oder Zustände der Außen- oder Innenwelt, sofern sie der Gegenwart oder Vergangenheit angehören und dem Beweis zugänglich sind	**1**
In Beziehung auf einen anderen	Gegenüber einem anderen als dem Verletzten über den Verletzten	**2**
Behaupten	Nach eigener Überzeugung als wahr hinstellen	**3**
Verbreiten	Als Wissen eines anderen weitergeben	**4**
Verächtlich machen	Auf verwerflichen Motiven beruhende Darstellung anderer als verachtenswert, minderwertig oder unwürdig (→ § 130 Rn. 12)i	**5**
Herabwürdigen	Den Ruf einer Person schmälern	**6**
Nicht erweislich wahr	ist die Tatsache, solange der Wahrheitsbeweis nicht erbracht ist.	**7**
Öffentlich	In einer Weise, dass ein größerer, individuell nicht feststehender oder jedenfalls durch persönliche Beziehungen nicht verbundener Personenkreis die Möglichkeit der Wahrnehmung hat (→ § 111 Rn. 4)	**8**
Versammlung	Zu einem bestimmten Zweck räumlich vereinigte Personenmehrheit (→ § 111 Rn. 5)	**9**

Vor § 187 Verleumdung

1 **Aufbauschema: § 187 Hs. 1 Alt. 1**

I. Tatbestand

1. Objektiver Tatbestand
   a) Tatsache → *Rn. 1*
   b) Unwahr → *Rn. 2*
   c) Verächtlich zu machen oder herabzuwürdigen geeignet
   d) In Beziehung auf einen (beleidigungsfähigen) anderen → *Rn. 7*
   e) Tathandlung: Behaupten oder Verbreiten → *Rn. 3 f.*
2. Subjektiver Tatbestand
   a) Vorsatz
   b) Kenntnis der Unrichtigkeit (= wider besseres Wissen)

II. Rechtswidrigkeit

1. Allgemeine Rechtfertigungsgründe
2. Wahrnehmung berechtigter Interessen, § 193

III. Schuld

IV. Strafwürdigkeit/Strafbedürftigkeit

Wechselseitige Beleidigungen, § 199

V. Strafverfolgungsvoraussetzung

Strafantrag, § 194

Beachte: *Qualifikationen, §§ 187 Hs. 2, 188 II*

§ 187 Verleumdung

Rn.	Begriff	Definition
1	Tatsache	Ereignisse, Vorgänge oder Zustände der Außen- oder Innenwelt, sofern sie der Gegenwart oder Vergangenheit angehören und dem Beweis zugänglich sind (→ § 186 Rn. 1)
2	Unwahr	Objektiv nicht der Wahrheit entsprechend
3	Behaupten	Nach eigener Überzeugung als wahr hinstellen (→ § 186 Rn. 3)
4	Verbreiten	Als Wissen eines anderen weitergeben (→ § 186 Rn. 4)
5	Verächtlich machen	Auf verwerflichen Motiven beruhende Darstellung anderer als verachtenswert, minderwertig oder unwürdig (→ § 130 Rn. 12)

Herabwürdigen	Den Ruf einer Person schmälern (→ § 186 Rn. 6).	**6**
In Beziehung auf einen anderen	Gegenüber einem anderen als dem Verletzten über den Verletzten (→ § 186 Rn. 2)	**7**
Wider besseres Wissen	In Kenntnis der Unrichtigkeit (→ § 145d Rn. 6)	**8**

§ 189 Verunglimpfung des Andenkens Verstorbener

Verunglimpfen	Besonders grobes und schwerwiegendes Herabsetzen	**1**

§ 192 Beleidigung trotz Wahrheitsbeweises

Aus der Form	ergibt sich die Beleidigung, wenn sie dadurch zum Ausdruck kommt, dass die Art der Äußerung in einem unangemessenen Verhältnis zum Inhalt steht.	**1**
Aus den Umständen	Durch Begleitmerkmale, die der beleidigenden Äußerung ein weiteres beleidigendes Element hinzufügen	**2**

§ 193 Wahrnehmung berechtigter Interessen

Berechtigtes Interesse	Jedes von der Rechtsordnung als schutzwürdig anerkannte Interesse	**1**
Aus der Form	ergibt sich die Beleidigung, wenn sie dadurch zum Ausdruck kommt, dass die Art der Äußerung in einem unangemessenen Verhältnis zum Inhalt steht (→ § 192 Rn. 1).	**2**
Aus den Umständen	Durch Begleitmerkmale, die der beleidigenden Äußerung ein weiteres beleidigendes Element hinzufügen (→ § 192 Rn. 2)	**3**

§ 199 Wechselseitig begangene Beleidigungen

Auf der Stelle erwidert	ist eine Beleidigung, wenn sie noch Folge der durch die Ersttat ausgelösten Erregung ist.	**1**

Verletzung des persönlichen Lebens- und Geheimbereichs, §§ 201–210

Vor § 201 Verletzung der Vertraulichkeit des Wortes

1 **Aufbauschema**

I. Tatbestand

1. Objektiver Tatbestand
   a) Tatobjekt
   Nichtöffentlich gesprochenes Wort eines anderen → *Rn. 1 f.*
   b) Tathandlung
   aa) Abs. 1 Nr. 1: Aufnehmen auf Tonträger → *Rn. 3*
   bb) Abs. 1 Nr. 2: Gebrauchen oder Dritten zugänglich machen einer Aufnahme i.S.d. Nr. 1 → *Rn. 4 f.*
   cc) Abs. 2 Nr. 1: Abhören mit Abhörgerät → *Rn. 6*
   dd) Abs. 2 Nr. 2: Öffentliches Mitteilen (→ *Rn. 7*) des nach Abs. 1 Nr. 1 aufgenommenen oder nach Abs. 2 Nr. 1 abgehörten Wortes
2. Subjektiver Tatbestand
3. Objektive Bedingung der Strafbarkeit (bei Abs. 2 Nr. 2)
   Geeignetheit, berechtigte Interessen eines anderen zu beeinträchtigen, § 201 II 2

II. Rechtswidrigkeit

1. Allgemeine Rechtfertigungsgründe
2. Bei Abs. 2 Nr. 2: Wahrnehmung überragend wichtiger Interessen, § 201 II 3

III. Schuld

IV. Strafverfolgungsvoraussetzung

Strafantrag, § 205 I

Beachte: *Qualifikation, § 201 III*

§ 201 Verletzung der Vertraulichkeit des Wortes

1	Nichtöffentlich	Nicht an die Allgemeinheit gerichtet und nicht über einen durch persönliche oder sachliche Beziehungen abgegrenzten Personenkreis hinaus wahrnehmbar
2	Gesprochenes Wort	Lautlich wahrnehmbare Gedankenäußerung jeglichen Inhalts
3	Aufnehmen	Fixieren auf einem Tonträger

Gebrauchen	Abspielen	**4**
Zugänglich machen	Ermöglichung des Zugriffs	**5**
Abhören mit Abhörgerät	Hörbar machen durch eine technische Einrichtung, die das Wort über den normalen Klangbereich wahrnehmbar macht	**6**
Öffentlich mitteilen	Auf eine Weise wahrnehmbar machen, dass ein größerer, individuell nicht feststehender oder jedenfalls nicht durch persönliche Beziehungen verbundener Personenkreis die Möglichkeit der Wahrnehmung hat	**7**

§ 201a Verletzung des höchstpersönlichen Lebensbereichs und von Persönlichkeitsrechten durch Bildaufnahmen

Bildaufnahme	Gegenständliche, perpetuierbare und zur Vervielfältigung geeignete Verkörperungen eines auf analoge oder digitale Weise visuell erfassbaren Abbildes	**1**
Wohnung	Räumlichkeit, die bestimmungsgemäß – auch nur vorübergehend – zur Unterkunft von Menschen dient (→ § 123 Rn. 1)	**2**
Gegen Einblicke besonders geschützt	Mit Sichtschutz versehen	**3**
Grob anstößig	In besonders großem Maße unschicklich	**4**
Herstellen	Sämtliche zur Anfertigung unmittelbar erforderlichen Handlungen (→ § 130 Rn. 20)	**5**
Übertragen	Direkte Weiterleitung ohne Fixieren oder Speichern	**6**
Höchstpersönlicher Lebensbereich	Intimsphäre einer Person (insb. Krankheit, Tod, Sexualität etc.)	**7**
Gebrauchen	Jedes Verwenden für eigene oder fremde, private oder öffentliche, persönliche oder kommerzielle Zwecke	**8**
Zugänglich machen	Ermöglichung des Zugriffs (→ § 201 Rn. 5)	**9**

Vor § 202 Verletzung des Briefgeheimnisses

1 **Aufbauschema**

I. Tatbestand

1. Objektiver Tatbestand
   a) Tatobjekt
      aa) Brief (Abs. 1), Schriftstück (Abs. 1) oder Abbildung (Abs. 3) → *Rn. 1 f.*
      bb) Verschlossen → *Rn. 3*
      cc) Nicht zur Kenntnis bestimmt
   b) Tathandlung
      aa) Abs. 1 Nr. 1: Öffnen
      bb) Abs. 1 Nr. 2: Kenntnis verschaffen ohne Öffnung unter Anwendung technischer Mittel
      cc) Abs. 2: Kenntnis verschaffen nach Öffnung eines verschlossenen Behältnisses (→ *Rn. 4*), das gegen Kenntnisnahme besonders sichert
2. Subjektiver Tatbestand

II. Rechtswidrigkeit

(„unbefugt“)

III. Schuld

IV. Strafverfolgungsvoraussetzung

Strafantrag, § 205 I 1

Beachte: *Subsidiaritätsklausel, § 202 I a.E.*

§ 202 Verletzung des Briefgeheimnisses

1	Schriftstück	Schriftträger wie Papiere oder andere Sachen, auf denen schriftlich, gedruckt oder geschrieben Gedanken ausgedrückt sind (→ § 133 Rn. 1)
2	Abbildung	Fotos, Filme, Zeichnungen, Grafiken oder sonstige gegenständliche Darstellungen
3	Verschlossen	Mit einer Vorkehrung versehen, die eine Kenntnisnahme erschwert
4	Behältnis	Raumgebilde zur Aufnahme von Sachen, das diese umschließt und nicht dazu bestimmt ist, von Menschen betreten zu werden (→ § 243 Rn. 13)

Vor § 202a Ausspähen von Daten

Aufbauschema 1

I. Tatbestand

1. Objektiver Tatbestand
   a) Tatobjekt
      aa) Daten → *Rn. 1*
      bb) Nicht für den Täter bestimmt
      cc) Gegen unberechtigten Zugang besonders gesichert → *Rn. 2*
   b) Tathandlung
      Sich oder einem anderen Zugang verschaffen unter Überwindung der Zugangssicherung → *Rn. 3 ff.*
2. Subjektiver Tatbestand

II. Rechtswidrigkeit („unbefugt")

III. Schuld

IV. Strafverfolgungsvoraussetzung

Strafantrag, § 205 I 2

§ 202a Ausspähen von Daten

Daten	Codierte, auf einem Datenträger fixierte Informationen, die elektronisch, magnetisch oder sonst nicht unmittelbar wahrnehmbar gespeichert sind oder übermittelt werden (vgl. § 202a II)	1
Gegen unberechtigten Zugang besonders gesichert	sind Daten, wenn Vorkehrungen getroffen sind, die objektiv geeignet und subjektiv dazu bestimmt sind, den Zugriff auf die Daten auszuschließen oder wenigstens zu erschweren.	2
Überwindung	Jedwede Ausschaltung	3
Zugang verschaffen	Erlangen der Zugriffsmöglichkeit	4
Gespeichert	Zum Zweck der Weiterverwendung erfasst, aufgenommen oder aufbewahrt	5
Übermitteln	Jedes Weiterleiten	6

Vor § 202b Abfangen von Daten

1 **Aufbauschema**

I. Tatbestand

1. Objektiver Tatbestand
   a) Tatobjekt
      aa) Daten → *Rn. 1*
      bb) Nicht für den Täter bestimmt
      cc) Aus nichtöffentlicher Datenübermittlung oder elektromagnetischer Abstrahlung einer Datenverarbeitungsanlage → *Rn. 2 ff.*
   b) Tathandlung
      Sich oder einem anderen verschaffen (→ *Rn. 5 f.*) unter Anwendung technischer Mittel
2. Subjektiver Tatbestand

II. Rechtswidrigkeit („unbefugt")

III. Schuld

IV. Strafverfolgungsvoraussetzung

Strafantrag, § 205 I 2

§ 202b Abfangen von Daten

1	Daten	Codierte, auf einem Datenträger fixierte Informationen, die elektronisch, magnetisch oder sonst nicht unmittelbar wahrnehmbar gespeichert sind oder übermittelt werden (vgl. § 202a II)
2	Datenübermittlung	Jede Weiterleitung von Daten
3	Nichtöffentlich	Nicht an die Allgemeinheit gerichtet und nicht über einen durch persönliche oder sachliche Beziehungen abgegrenzten Personenkreis hinaus wahrnehmbar
4	Datenverarbeitungsanlage	Funktionseinheit technischer Geräte, welche die Verarbeitung elektronisch, magnetisch oder sonst nicht unmittelbar wahrnehmbar gespeicherter Daten ermöglicht (→ § 303b Rn. 9)
5	Sichverschaffen	Erlangen der Verfügungsgewalt (→ § 146 Rn. 5)
6	Einem anderen verschaffen	Weiterleiten der Verfügungsgewalt unmittelbar auf den Dritten

Vor § 202c Vorbereiten des Ausspähens und Abfangens von Daten

Aufbauschema 1

I. Tatbestand

1. Objektiver Tatbestand
   a) Tatobjekt
      aa) Nr. 1: Passwort oder Sicherheitscode → *Rn. 2 f.*
      bb) Nr. 2: Computerprogramm zum Zweck der Begehung einer Straftat nach § 202a oder § 202b
   b) Tathandlung
      Vorbereitung durch Herstellen, Sichverschaffen, Verkaufen, Überlassen, Verbreiten, Zugänglich machen → *Rn. 1, 6 ff.*
2. Subjektiver Tatbestand
   a) Vorsatz
   b) Tatentschluss bzgl. Begehung von § 202a oder § 202b

II. Rechtswidrigkeit („unbefugt“)

III. Schuld

IV. Persönlicher Strafaufhebungsgrund

Tätige Reue, § 202c II i.V.m. § 149 II, III

§ 202c Vorbereiten des Ausspähens und Abfangens von Daten

Vorbereitung	ist alles, was die für später geplante Ausführung nur ermöglichen oder erleichtern soll (→ § 22 Rn. 2).	1
Passwort	Den Zugang ermöglichende Kennung	2
Sicherungscode	Elektronischer Schlüssel	3
Daten	Codierte, auf einem Datenträger fixierte Informationen, die elektronisch, magnetisch oder sonst nicht unmittelbar wahrnehmbar gespeichert sind oder übermittelt werden (vgl. § 202a II)	4
Computerprogramm	Durch Daten fixierte Arbeitsanweisung an den Computer (→ § 263a Rn. 4)	5
Herstellen	Sämtliche zur Anfertigung unmittelbar erforderlichen Handlungen (→ § 130 Rn. 20)	6
Sichverschaffen	Erlangen der Verfügungsgewalt (→ § 146 Rn. 5)	7
Verkaufen	Entgeltlich veräußern	8

9	Überlassen	Übertragen der tatsächlichen Sachherrschaft (→ § 152a Rn. 6)
10	Verbreiten	Einem großen Personenkreis zugänglich machen (→ § 111 Rn. 6)
11	Zugänglich machen	Ermöglichung des Zugriffs (→ § 201 Rn. 5)

§ 202d Datenhehlerei

1	Daten	Codierte, auf einem Datenträger fixierte Informationen, die elektronisch, magnetisch oder sonst nicht unmittelbar wahrnehmbar gespeichert sind oder übermittelt werden (vgl. § 202a II)
2	Allgemein zugänglich	sind Daten, die jedermann, sei es ohne oder nach vorheriger Anmeldung, Zulassung oder Entrichtung eines Entgelts, nutzen kann (§ 10 V 2 BDSG)
3	Rechtswidrige Tat	Handlung, die den Tatbestand eines Strafgesetzes verwirklicht (§ 11 I Nr. 5)
4	Erlangen	Begründen tatsächlicher Verfügungsgewalt (→ § 259 Rn. 4)
5	Sichverschaffen	Begründen der tatsächlichen Verfügungsgewalt zu eigenen Zwecken im Einvernehmen mit dem Vortäter (→ § 259 Rn. 6)
6	Einem anderen verschaffen	Weiterleiten der Verfügungsgewalt im Einvernehmen mit dem Vortäter unmittelbar auf einen anderen (→ § 259 Rn. 7)
7	Überlassen	Übertragen der Verfügungsgewalt
8	Verbreiten	Einem großen Personenkreis zugänglich machen (→ § 111 Rn. 6)
9	Zugänglich machen	Ermöglichung des Zugriffs (→ § 201 Rn. 5)
10	Bereicherungsabsicht	Absicht sich oder einem Dritten einen Vermögensvorteil zu verschaffen (→ § 253 Rn. 8)
11	Schädigungsabsicht	Absicht einem anderen einen (materiellen oder immateriellen) Nachteil zuzufügen.

Vor § 203 Verletzung von Privatgeheimnissen

Aufbauschema 1

I. Tatbestand

1. Objektiver Tatbestand
   a) Tauglicher Täter
      aa) Abs. 1 Nr. 1–6
      bb) Abs. 2 Nr. 1–6
      cc) Abs. 3
   b) Geheimnis → *Rn. 1*
   c) Fremd → *Rn. 2*
   d) Anvertraut oder sonst bekannt geworden → *Rn. 3 f.*
   e) Tathandlung
      Offenbaren (nach dem Tod des Betroffenen: § 203 IV) → *Rn. 5*
2. Subjektiver Tatbestand

II. Rechtswidrigkeit („unbefugt")

1. Allgemeine Rechtfertigungsgründe
2. Rechtfertigung durch Anzeigepflicht, § 138 (i.V.m. § 139)

III. Schuld

IV. Strafverfolgungsvoraussetzung

Strafantrag, § 205 I 1

Beachte: *Qualifikation, § 203 V*

§ 203 Verletzung von Privatgeheimnissen

Begriff	Definition	Rn.
Geheimnis	Höchstens einem beschränkten Personenkreis bekannte Tatsache, an dessen Geheimhaltung derjenige, den sie betrifft, ein von seinem Standpunkt aus sachlich begründetes Interesse hat	1
Fremd	Zumindest auch einen anderen betreffend	2
Anvertraut	Im Vertrauen auf die Verschwiegenheitspflicht mitgeteilt	3
Sonst bekannt geworden	In innerem Zusammenhang mit der Berufsausübung erfahren	4
Offenbaren	Mitteilen an einen Dritten, der die Tatsache (noch) nicht (sicher) kennt	5
Persönlicher Lebensbereich	Intim- und Privatsphäre sowie die Sphäre des beruflichen und politischen Wirkens etc.	6

7	Betriebs- oder Geschäftsgeheimnisse	sind solche, die im technischen bzw. kaufmännischen Zusammenhang mit einem Geschäftsbetrieb stehen und an deren Geheimhaltung der Unternehmer ein wirtschaftliches Interesse hat.
8	Amtsträger	Wer nach deutschem Recht Beamter oder Richter ist, in einem sonstigen öffentlich-rechtlichen Amtsverhältnis steht oder sonst zur Wahrnehmung öffentlicher Aufgaben bestellt ist (§ 11 I Nr. 2)
9	Europäischer Amtsträger	Wer Mitglied der Europäischen Kommission, der Europäischen Zentralbank, des Rechnungshofes oder eines Gerichts der europäischen Union ist, Beamter deoder sonstiger Bediensteter der Europäischen Union oder einer auf der Grundlage des Rechts der Europäischen Union geschaffenen Einrichtung ist oder mit der Wahrnehmung von Aufgaben der Europäischen Union oder von Aufgaben einer auf der Grundlage des Rechts der Europäischen Union geschaffenen Einrichtung beauftragt ist (§ 11 I Nr. 2a)
10	Entgelt	Jede in einem Vermögensvorteil bestehende Geldleistung (§ 11 I Nr. 9)

§ 204 Verwertung fremder Geheimnisse

1	Geheimnis	Höchstens einem beschränkten Personenkreis bekannte Tatsache, an dessen Geheimhaltung derjenige, den sie betrifft, ein von seinem Standpunkt aus sachlich begründetes Interesse hat (→ § 203 Rn. 1)
2	Fremd	Zumindest auch einen anderen betreffend (→ § 203 Rn. 2)
3	Verwerten	Wirtschaftliche Nutzung zur Gewinnerzielung

Straftaten gegen das Leben, §§ 211–222

Vor § 211 Mord

Aufbauschema 1

I. Tatbestand

1. Objektiver Tatbestand
   a) Objektiver Tatbestand des § 212 I
   b) Tatbezogene Mordmerkmale (2. Gruppe)
      aa) Heimtücke → *Rn. 5*
      bb) Grausam → *Rn. 9*
      cc) Mit gemeingefährlichen Mitteln → *Rn. 10*
2. Subjektiver Tatbestand
   a) Vorsatz bzgl. § 212 I und tatbezogener Mordmerkmale (2. Gruppe)
   b) Spezielle Absichten (täterbezogene Mordmerkmale, 3. Gruppe)
      aa) Ermöglichungsabsicht
      bb) Verdeckungsabsicht
   c) Sonstige besondere subjektive Merkmale (täterbezogene Mordmerkmale, 1. Gruppe)
      aa) Mordlust → *Rn. 1*
      bb) Zur Befriedigung des Geschlechtstriebs → *Rn. 2*
      cc) Habgier → *Rn. 3*
      dd) Sonstige niedrige Beweggründe → *Rn. 4*

II. Rechtswidrigkeit

III. Schuld

IV. Strafzumessung

Strafmilderungsmöglichkeit nach § 49 I Nr. 1

§ 211 Mord

Mordlust	Freude an der Vernichtung eines Menschenlebens	1
Zur Befriedigung des Geschlechtstriebs	tötet, wer bereits im Tötungsakt selbst geschlechtliche Befriedigung sucht (Lustmord) oder seine sexuelle Lust an der Leiche befriedigen möchte.	2
Habgier	Übersteigertes Gewinnstreben um jeden Preis	3
Niedrige Beweggründe	Motive, die sittlich auf tiefster Stufe stehen und daher besonders verachtenswert sind	4

5	Heimtücke	Ausnutzen der auf Arglosigkeit beruhenden Wehrlosigkeit
6	Arglos	ist, wer sich keines Angriffs auf Leib und Leben versieht.
7	Wehrlos	ist, wer in seiner Verteidigungsfähigkeit zumindest erheblich eingeschränkt ist.
8	Ausnutzen	Berechnend danach ausrichten
9	Grausam	Aus gefühlloser, unbarmherziger Gesinnung dem Opfer besondere Schmerzen oder Qualen körperlicher oder seelischer Art zufügen, die über das für die Tötung erforderliche Maß hinausgehen
10	Gemeingefährlich	ist ein Mittel, dessen Wirkungsweise nicht beherrschbar ist und das daher eine Gefahr für eine Vielzahl von Menschen mit sich bringt.

Vor § 212 Totschlag

1 **Aufbauschema**

I. Tatbestand
1. Objektiver Tatbestand
   a) Tatobjekt: Mensch → *Rn. 1*
   b) Tathandlung/Erfolg: Tod → *Rn. 2*
   c) Kausalität
2. Subjektiver Tatbestand

II. Rechtswidrigkeit

III. Schuld

IV. Strafzumessung
Minder schwerer Fall, § 213

Beachte: *Qualifikation, § 211*
Privilegierung, § 216
Fahrlässigkeitsdelikt, § 222

§ 212 Totschlag

1	Mensch	In einem natürlichen Uterus herangereiftes Wesen, dessen Geburt oder anderweitige Hervorbringung mindestens begonnen hat und das

	unabhängig vom Leben der Mutter zumindest für kurze Zeit in menschlicher Weise lebt	
Tod	Ende der Hirntätigkeit (sog. Hirntod)	2

§ 213 Minder schwerer Fall des Totschlags

Misshandlung	Jede üble, unangemessene Behandlung körperlicher oder seelischer Art, die das Wohlbefinden mehr als nur unerheblich beeinträchtigt	1
Schwere Beleidigung	Jegliche schwerwiegende Kränkung	2
Zum Zorn gereizt	Aus darauf beruhender Wut, Empörung etc.	3
Ohne eigene Schuld	Nicht in vorwerfbarer Weise veranlasst	4
Auf der Stelle zur Tat hingerissen	ist der Täter, wenn die Tat noch als maßgeblich durch die Provokation beeinflusst erscheint.	5
Sonst ein minder schwerer Fall	liegt vor, wenn die Gesamtbetrachtung aller Umstände ergibt, dass die Anwendung des Regelstrafrahmens unangemessen hart wäre.	6

Vor § 216 Tötung auf Verlangen

Aufbauschema 1

I. Tatbestand

1. Objektiver Tatbestand (unter Beachtung von § 16 II)
   a) Bestimmen zur Tötung durch den Getöteten → *Rn. 2*
   b) Verlangen → *Rn. 1*
   c) Ausdrücklich → *Rn. 3*
   d) Ernsthaft → *Rn. 4*
2. Subjektiver Tatbestand

II. Rechtswidrigkeit

Einwilligung nicht rechtfertigend

III. Schuld

§ 216 Tötung auf Verlangen

Verlangen	Über bloße Zustimmung hinausgehendes nachdrückliches Begehren	1
Bestimmen	Hervorrufen des Tatentschlusses (→ § 26 Rn. 4)	2

3	Ausdrücklich	In eindeutiger, unmissverständlicher Weise
4	Ernstlich	Sich der Tragweite bewusst
5	Aktive Sterbehilfe	Lebensverkürzung durch aktives Tun
6	Passive Sterbehilfe	Unterlassen weiterer lebensverlängernder Maßnahmen (Sterbenlassen)
7	Indirekte Sterbehilfe	Schmerzlindernde lebensverkürzende Maßnahmen

Vor § 218 Schwangerschaftsabbruch

1 **Aufbauschema**

I. Tatbestand

1. Objektiver Tatbestand
   a) Schwangerschaft
   b) Abbruch → *Rn. 1*
   c) Kein Tatbestandsausschluss gem. § 218a I
2. Subjektiver Tatbestand

II. Rechtswidrigkeit

Sog. Indikationen (medizinisch-soziale, § 218a II, kriminologische, § 218a III)

III. Schuld

IV. Strafzumessung

Besonders schwere Fälle, § 218 II (Regelbeispiele)

V. Strafwürdigkeit/Strafbedürftigkeit

1. Persönlicher Strafausschließungsgrund, § 218a IV 1
2. Absehen von Strafe, § 218a IV 2

Beachte: *Privilegierung, § 218 III*

§ 218 Schwangerschaftsabbruch

1	Abbruch einer Schwangerschaft	Abtöten der Leibesfrucht
2	Handeln gegen den Willen	liegt vor, wenn die Schwangere ihren entgegenstehenden Willen nach außen manifestiert hat.

Leichtfertig	handelt, wer grob fahrlässig handelt und nicht beachtet, was sich jedermann aufdrängen muss (→ § 15 Rn. 8).	**3**
Gefahr	Wahrscheinlichkeit eines Schadenseintritts (→ § 34 Rn. 6)	**4**
Konkret	ist die Gefahr, wenn eine kritische Situation erreicht ist, in der das Ausbleiben der Verletzung nur noch vom Zufall abhängt (→ § 221 Rn. 7)	**5**
Schwere Gesundheitsschädigung	Langwierige ernste Krankheit oder erhebliche Beeinträchtigung der Arbeitsfähigkeit für längere Zeit (→ § 221 Rn. 8)	**6**

§ 218a Straflosigkeit des Schwangerschaftsabbruchs

Nach ärztlicher Erkenntnis angezeigt	Medizinisch indiziert (sog. Indikation)	**1**
Gefahr für das Leben	Risiken, die sich aus der mangelnden körperlichen Stabilität der Schwangeren oder bereits vorhandener Leiden ergeben und zum Tode führen können	**2**
Schwerwiegende Beeinträchtigung	Über das mit einer Schwangerschaft naturgemäß verbundene Maß deutlich hinausgehende Belastung	**3**
Dringende Gründe	Hoher Wahrscheinlichkeitsgrad	**4**

Vor § 221 Aussetzung

Aufbauschema **1**

I. Tatbestand

1. Objektiver Tatbestand
   a) Hilflose Lage → *Rn. 1*
   b) Abs. 1 Nr. 1: Versetzen → *Rn. 2*
   Abs. 1 Nr. 2: aa) Im Stich lassen → *Rn. 3*
   bb) Obhut oder Beistandspflicht → *Rn. 4 f.*
   c) (Konkrete) Gefahr des Todes oder einer schweren Gesundheitsschädigung → *Rn. 6*
2. Subjektiver Tatbestand
   Vorsatz bzgl. a)–c), inkl. Gefahr

II. Rechtswidrigkeit

III. Schuld

Beachte: *Qualifikation, § 221 II Nr. 1 (eigenes Kind)*
Erfolgsqualifikationen, § 221 II Nr. 2 (schwere Gesundheitsschädigung) und § 221 III (Tod)

§ 221 Aussetzung

1	Hilflose Lage	ist eine Situation, in der das Opfer außerstande ist, sich aus eigener Kraft vor drohenden Lebens- oder ernsten Gesundheitsgefahren zu schützen.
2	Versetzen	ist jede vom Täter bestimmte Veränderung der Sicherheitslage des Opfers.
3	Im Stich lassen	Zur Abwendung nötige Hilfe nicht erbringen
4	Obhut	Bestehendes allgemeines Schutz- oder Betreuungsverhältnis
5	Beistandspflicht	Jede Garantenpflicht aufgrund einer Garantenstellung
6	Gefahr	Wahrscheinlichkeit eines Schadenseintritts (→ § 34 Rn. 6)
7	Konkret	ist die Gefahr, wenn eine kritische Situation erreicht ist, in der das Ausbleiben der Verletzung nur noch vom Zufall abhängt
8	Schwere Gesundheitsschädigung	Langwierige ernste Krankheit oder erhebliche Beeinträchtigung der Arbeitsfähigkeit für längere Zeit
9	Kind	Abkömmling oder adoptierte Person (unter 14 Jahren)
10	Zur Erziehung	ist die Person demjenigen anvertraut, der verpflichtet ist, die Lebensführung der Person zu überwachen und zu leiten.
11	Zur Betreuung in der Lebensführung anvertraut	ist eine Person einer anderen, wenn diese während einer festen Dauer jedenfalls auch für das geistige und sittliche Wohl des anderen verantwortlich ist.
12	Unmittelbarkeitszusammenhang	Über Kausalität und objektive Zurechnung hinausgehender tatbestandsspezifischer Zu-

	sammenhang, wonach sich gerade die dem Grundtatbestand anhaftende spezifische Gefahr in der schweren Folge niedergeschlagen haben muss (→ § 18 Rn. 3)

Vor § 222 Fahrlässige Tötung

Aufbauschema 1

I. Tatbestand

1. Tatobjekt: Mensch
2. Tathandlung/Erfolg: Tod → *Rn. 2*
3. Kausalität
4. Generelle/objektive Sorgfaltspflichtverletzung
   a) (Generelle) Vorhersehbarkeit
   b) (Generelle) Vermeidbarkeit
5. (Sonstige) Objektive Zurechnung des Erfolgseintritts

II. Rechtswidrigkeit

III. Schuld

1. Allgemeine Schuldmerkmale
2. Individuelle/subjektive Sorgfaltspflichtverletzung
   a) (Individuelle) Vorhersehbarkeit
   b) (Individuelle) Vermeidbarkeit

Beachte: *Zur fahrlässigen Tötung durch Unterlassen vgl. Vor § 15*

§ 222 Fahrlässige Tötung

Fahrlässigkeit	Generelle und individuelle Sorgfaltspflichtverletzung (→ § 15 Rn. 9)	1
Tod	Ende der Hirntätigkeit (Hirntod) (→ § 212 Rn. 2)	2

Straftaten gegen die körperliche Unversehrtheit, §§ 223–231

Vor § 223 Körperverletzung

1 **Aufbauschema**

I. Tatbestand
1. Objektiver Tatbestand
   a) Alt. 1: Körperliche Misshandlung → *Rn. 1*
   b) Alt. 2: Gesundheitsschädigung → *Rn. 2*
2. Subjektiver Tatbestand

II. Rechtswidrigkeit

III. Schuld

IV. Strafverfolgungsvoraussetzung
Strafantrag, § 230

Beachte: *Qualifikationen, § 224, § 225; § 340 (Amtsdelikt)*
Erfolgsqualifikationen, § 226, § 227
Fahrlässigkeitsdelikt, § 229

§ 223 Körperverletzung

Rn.	Begriff	Definition
1	Körperliche Misshandlung	Jede üble, unangemessene Behandlung, die das körperliche Wohlbefinden mehr als nur unerheblich beeinträchtigt
2	Gesundheitsschädigung	Hervorrufen, Steigern oder Aufrechterhalten eines krankhaften (pathologischen) Zustands
3	Krankhaft	Nachteilig vom Normalzustand der körperlichen Funktionen des Opfers abweichend

Vor § 224 Gefährliche Körperverletzung

1 **Aufbauschema**

Beachte: *Qualifikationen können entweder gemeinsam mit dem Grunddelikt (§§ 223, 224) oder getrennt (also erst § 223, dann § 224) geprüft werden. Dann kann B I 1. auch weggelassen oder insoweit in aller Kürze auf die vorangegangene Prüfung verwiesen werden.*

Möglichkeit 1: getrennte Prüfung § 223/§ 224

A. § 223 (vollständige Prüfung – Tatbestand, Rechtswidrigkeit, Schuld)

B. § 224

I. Tatbestand

1. Erfüllung des Grundtatbestandes, § 223
2. Qualifikation
   a) Objektiver Tatbestand
   Qualifikationsmerkmal(e) gem. § 224 I Nr. 1–5
   b) Subjektiver Tatbestand
   Vorsatz bzgl. Qualifikationsmerkmal(e)

II. Rechtswidrigkeit

(Prüfungspunkt entfällt, wenn keine Abweichung zum Grunddelikt)

III. Schuld

(Prüfungspunkt entfällt, wenn keine Abweichung zum Grunddelikt)

Möglichkeit 2: gemeinsame Prüfung §§ 223, 224

I. Tatbestand

1. Objektiver Tatbestand
   a) Erfüllung des Grundtatbestandes, § 223
   b) Qualifikationsmerkmal(e) gem. § 224 I Nr. 1–5
2. Subjektiver Tatbestand
   a) Vorsatz bzgl. § 223
   b) Vorsatz bzgl. Qualifikationsmerkmal(e)

II. Rechtswidrigkeit

III. Schuld

§ 224 Gefährliche Körperverletzung

Gift	Jeder Stoff, der durch chemische oder chemisch-physikalische Wirkung nach Art und Menge im konkreten Fall geeignet ist, erhebliche Gesundheitsschäden zu verursachen	**1**
Gesundheitsschädliche Stoffe	sind solche, die durch mechanische, biologische oder thermische Wirkung nach ihrer Art und ihrer Anwendung im konkreten Fall geeignet sind, erhebliche Gesundheitsschäden zu verursachen.	**2**

3	Beibringen	Einführen in oder Auftragen auf den Körper, so dass sich die schädigenden Eigenschaften entfalten können
4	Waffe	(im technischen Sinne) ist jeder Gegenstand, der seiner Bauart nach dazu bestimmt ist, erhebliche Verletzungen beizubringen.
5	Gefährliches Werkzeug	Körperlicher Gegenstand, der der konkreten Art seiner Verwendung nach geeignet ist, erhebliche Verletzungen herbeizuführen
6	Überfall	Jeder plötzliche, unerwartete Angriff, dessen man sich nicht versieht und auf den man sich daher auch nicht vorbereiten kann
7	Hinterlistig	Planmäßig-verdeckend
8	Beteiligter	Täter oder Teilnehmer (§ 28 II)
9	Gemeinschaftlich	begangen ist die Tat, wenn mindestens zwei Personen bei ihrer Ausführung zusammenwirken.
10	Lebensgefährdende Behandlung	Handlung, die nach den konkreten Umständen geeignet ist, das Leben des Opfers mindestens in eine abstrakte Gefahr zu bringen

Vor § 225 Misshandlung von Schutzbefohlenen

1 **Aufbauschema**

I. Tatbestand

1. Objektiver Tatbestand
   a) Tatobjekt
      aa) Person unter 18 Jahren oder wegen Gebrechlichkeit oder Krankheit wehrlose Person → *Rn. 1 ff.*
      bb) Schutzverhältnis gem. § 225 I Nr. 1–4
   b) Tathandlung
      aa) Quälen → *Rn. 7*
      bb) (Rohes) Misshandeln → *Rn. 8 f.*
      cc) Gesundheitsschädigung durch Vernachlässigen der Fürsorgepflicht → *Rn. 10, 12*
2. Subjektiver Tatbestand
   a) Vorsatz
   b) Bei Gesundheitsschädigung zusätzlich: Böswilligkeit → *Rn. 11*

II. Rechtswidrigkeit

III. Schuld

1. Allgemeine Schuldmerkmale
2. Bei Misshandlungen zusätzliches besonderes Schuldmerkmal: Roh *→ Rn. 9*

Beachte: *Qualifikation, § 225 III*

§ 225 Misshandlung von Schutzbefohlenen

Wehrlos	ist, wer in seiner Verteidigungsfähigkeit zumindest erheblich eingeschränkt ist (→ § 211 Rn. 7).	**1**
Krankheit	Jeder pathologische, d.h. nachteilig vom Normalzustand abweichende Zustand	**2**
Gebrechlichkeit	Infolge hohen Alters, Krankheit oder Behinderung eingetretener Zustand eingeschränkter körperlicher Bewegungsfähigkeit	**3**
Fürsorge	Auf Gesetz, Übertragung durch eine Behörde, Vertrag, konkludenter oder tatsächlicher Übernahme beruhendes Verhältnis, kraft dessen eine Person für das geistige oder leibliche Wohl einer anderen zu sorgen hat	**4**
Obhut	Bestehendes allgemeines Schutz- oder Betreuungsverhältnis (→ § 221 Rn. 4)	**5**
Hausstand	Die mit dem Täter in einer Hausgemeinschaft lebenden Personen	**6**
Quälen	Zufügen länger dauernder oder sich wiederholender Schmerzen oder Leiden	**7**
Misshandlung	Jede üble, unangemessene Behandlung körperlicher oder seelischer Art, die das Wohlbefinden mehr als nur unerheblich beeinträchtigt (→ § 213 Rn. 1)	**8**
Roh	In gefühlloser, gegenüber den Leiden des Opfers gleichgültiger Gesinnung	**9**
Vernachlässigung	Schlecht- oder Nichterfüllung	**10**
Böswillig	Auf verwerflichen Motiven beruhend (→ § 130 Rn. 13)	**11**

12	Gesundheits-schädigung	Hervorrufen, Steigern oder Aufrechterhalten eines krankhaften (pathologischen) Zustands (→ § 223 Rn. 2)
13	Gefahr	Wahrscheinlichkeit eines Schadenseintritts (→ § 34 Rn. 6)
14	Konkret	ist die Gefahr, wenn eine kritische Situation erreicht ist, in der das Ausbleiben der Verletzung nur noch vom Zufall abhängt (→ § 221 Rn. 7)
15	Schwere Gesundheits-schädigung	Langwierige ernste Krankheit oder erhebliche Beeinträchtigung der Arbeitsfähigkeit für längere Zeit (→ § 221 Rn. 8)
16	Erhebliche Schädigung der körperlichen oder seelischen Entwicklung	Deutliche Abweichung von der voraussichtlichen normalen Entwicklung

Vor § 226 Schwere Körperverletzung

1 **Aufbauschema: § 226 I (Grundtatbestand)**

Beachte: *Vor § 226 I sollte § 223 geprüft werden. Dann kann im Tatbestand 1. entweder ganz weggelassen oder insoweit in aller Kürze auf die vorangegangene Prüfung verwiesen werden.*

I. Tatbestand

1. Erfüllung des Grundtatbestandes, § 223
2. Eintritt einer schweren Folge gem. § 226 I Nr. 1–3
3. Kausalität zwischen Grunddelikt und schwerer Folge
4. Bedingter Vorsatz oder Fahrlässigkeit (§ 18) bzgl. der Folge, letzterenfalls generelle/objektive Sorgfaltspflichtverletzung bei objektiver Vorhersehbarkeit der schweren Folge
5. (Sonstige) Objektive Zurechnung
6. Zumindest bei Fahrlässigkeit zusätzlich: Unmittelbarkeitszusammenhang → *Rn. 18*

II. Rechtswidrigkeit

III. Schuld

1. Allgemeine Schuldmerkmale
2. Bei Fahrlässigkeit bzgl. der Folge: Individuelle/subjektive Sorgfaltspflichtverletzung bei subjektiver Vorhersehbarkeit der schweren Folge

Beachte: *Qualifikation, § 226 II (Absicht oder Wissentlichkeit)*

Aufbauschema: § 226 II (Qualifikation) 2

Beachte: *Vor § 226 II sollten § 223 und § 226 I geprüft werden. Dann kann 1 a)–d) und 2a) entweder ganz weggelassen oder insoweit in aller Kürze auf die vorangegangenen Prüfungen verwiesen werden.*

I. Tatbestand

1. Objektiver Tatbestand
   a) Erfüllung des Grundtatbestandes, § 223
   b) Eintritt der schweren Folge gem. § 226 I Nr. 1–3
   c) Kausalität zwischen Grunddelikt und schwerer Folge
   d) Objektive Zurechnung
2. Subjektiver Tatbestand
   a) Vorsatz bzgl. § 223
   b) Absicht oder Wissentlichkeit bzgl. der schweren Folge → *Rn. 16 f.*

II. Rechtswidrigkeit

(Prüfungspunkt entfällt, wenn keine Abweichung zum Grunddelikt)

III. Schuld

(Prüfungspunkt entfällt, wenn keine Abweichung zum Grunddelikt)

§ 226 Schwere Körperverletzung

Sehvermögen	Fähigkeit, Gegenstände visuell wahrzunehmen	1
Gehör	Fähigkeit, artikulierte Laute akustisch zu verstehen	2
Sprachvermögen	Fähigkeit, artikuliert zu reden	3
Glied	ist jeder Körperteil, der mit einem anderen durch ein Gelenk verbunden ist.	4
Wichtig	ist ein Glied, wenn es für den Gesamtorganismus Bedeutung hat.	5
Verlust	Dauernde Gebrauchsunfähigkeit bzw. völlige Abtrennung	6
Gebrauchsunfähigkeit	Dem Verlust gleich stehender Funktionsverlust, z.B. Versteifung	7
Dauernd	Endgültig oder auf unabsehbare Zeit	8
Entstellt	In der äußeren Gesamterscheinung verunstaltet	9
Erheblich	Im Vergleich mit den anderen Varianten gravierend	10
Verfallen	Ausgeliefert sein, ohne dass sich Besserung absehen lässt	11

12	Siechtum	Chronischer, den Gesamtorganismus in Mitleidenschaft ziehender Krankheitszustand, der in allgemeine Hinfälligkeit mündet
13	Lähmung	Erhebliche Beeinträchtigung der Bewegungsfähigkeit eines Körperteils, die den ganzen Körper in Mitleidenschaft zieht
14	Geistige Krankheit	Chronische und vorübergehende nicht ganz unerhebliche geistig-seelische Beeinträchtigung
15	Geistige Behinderung	Irreversible Einschränkung der normalen intellektuellen Leistungsfähigkeit
16	Absicht	Zielgerichtetes Wollen in dem Sinne, dass es dem Täter gerade darauf ankommt, den Erfolg herbeizuführen (→ § 15 Rn. 2)
17	Wissentlichkeit	Sicheres Wissen (→ § 15 Rn. 3)
18	Unmittelbarkeitszusammenhang	Über Kausalität und objektive Zurechnung hinausgehender tatbestandsspezifischer Zusammenhang, wonach sich gerade die dem Grundtatbestand anhaftende spezifische Gefahr in der schweren Folge niedergeschlagen haben muss (→ § 18 Rn. 3)

§ 226a Verstümmelung weiblicher Genitalien

1	Äußere Genitalien	Hervortretende Geschlechtsorgane
2	Verstümmelung	Nicht nur unerhebliche nachteilige Veränderung der Gestalt durch äußere Einwirkung

Vor § 227 Körperverletzung mit Todesfolge

1 **Aufbauschema**

Beachte: *Vor § 227 sollten § 222 sowie § 223 geprüft werden. Dann kann im Tatbestand 1. entweder ganz weggelassen oder insoweit in aller Kürze auf die vorangegangene Prüfung verwiesen werden.*

I. Tatbestand

1. Erfüllung des Grundtatbestandes, § 223
2. Eintritt der Todesfolge → *Rn. 1*
3. Kausalität zwischen Grunddelikt und Todesfolge → *Rn. 2*
4. Generelle/objektive Sorgfaltspflichtverletzung
   bei objektiver Vorhersehbarkeit der Todesfolge

5. (Sonstige) Objektive Zurechnung
6. Unmittelbarkeitszusammenhang → *Rn. 3*

II. Rechtswidrigkeit

III. Schuld

1. Allgemeine Schuldmerkmale
2. Individuelle/subjektive Sorgfaltspflichtverletzung bei subjektiver Vorhersehbarkeit der schweren Folge

§ 227 Körperverletzung mit Todesfolge

Tod	Ende der Hirntätigkeit (Hirntod) (→ § 212 Rn. 2)	1
Verursachen	Kausal herbeiführen	2
Unmittelbarkeitszusammenhang	Über Kausalität und objektive Zurechnung hinausgehender tatbestandsspezifischer Zusammenhang, wonach sich gerade die dem Grundtatbestand anhaftende spezifische Gefahr in der schweren Folge niedergeschlagen haben muss (→ § 18 Rn. 3)	3
Erfolgsqualifizierter Versuch	liegt vor, wenn schon der Versuch des Grunddelikts die schwere Folge (§ 18) herbeiführt.	4
Versuch der Erfolgsqualifikation	liegt vor, wenn das Grunddelikt versucht oder vollendet und die zumindest mit dolus eventualis angestrebte schwere Folge (§ 18) nicht eingetreten, sondern nur „versucht“ ist.	5

§ 228 Einwilligung

Einwilligung	Rechtfertigende Zustimmung zu einem tatbestandsmäßigen Verhalten (→ Vor § 1 Rn. 31)	1
Gute Sitten	Anstandsgefühl aller billig und gerecht Denkenden	2

§ 229 Fahrlässige Körperverletzung

Fahrlässigkeit	Generelle und individuelle Sorgfaltspflichtverletzung (→ § 15 Rn. 9)	1

§ 230 Strafantrag

1	Strafverfolgungsbehörde	Staatsanwaltschaft und Polizei
2	Besonderes öffentliches Interesse	Öffentliches Interesse, das über das an der Verfolgung von Straftaten stets bestehende hinausgeht

Vor § 231 Beteiligung an einer Schlägerei

1 **Aufbauschema**

I. Tatbestand

1. Objektiver Tatbestand
   a) Schlägerei oder von mehreren verübter Angriff → *Rn. 1 f.*
   b) Beteiligung → *Rn. 3*
2. Subjektiver Tatbestand
3. Objektive Bedingung der Strafbarkeit
   a) Tod (→ *Rn. 4*) oder schwere Folge gem. § 226
   b) Verursachung durch die Schlägerei bzw. den Angriff

II. Rechtswidrigkeit

gem. ausdrücklichem Hinweis in § 231 II

III. Schuld

gem. ausdrücklichem Hinweis in § 231 II

§ 231 Beteiligung an einer Schlägerei

1	Schlägerei	Tätlicher Streit von mindestens drei Personen mit gegenseitigen Körperverletzungen
2	Von mehreren verübter Angriff	Unmittelbar auf die körperliche Verletzung eines anderen bezogenes Verhalten von mindestens zwei Personen mit einheitlichem Angriffsgegenstand, einheitlichem Angriffsziel und einheitlichem Angriffswillen
3	Beteiligt	ist jeder, der am Tatort zu den Auseinandersetzungen irgendwie beiträgt (z.B. durch Anfeuern, Abhalten von Helfern etc.).
4	Tod	Ende der Hirntätigkeit (Hirntod) (→ § 212 Rn. 2)

Straftaten gegen die persönliche Freiheit, §§ 232–241a

§ 235 Entziehung Minderjähriger

Gewalt	Körperlich wirkender Zwang (→ § 240 Rn. 2)	**1**
Drohung	Inaussichtstellung eines zukünftigen Übels, auf das der Drohende Einfluss zu haben vorgibt (→ § 240 Rn. 3)	**2**
Übel	Jeder Nachteil	**3**
Empfindlich	ist ein Übel, das geeignet ist, das Opfer im Sinne des Täterverlangens zu motivieren, es sei denn, dass erwartet werden kann, dass es der Drohung in besonnener Selbstbehauptung standhält (→ § 240 Rn. 4).	**4**
List	Geflissentliches und geschicktes Verbergen der wahren Absichten	**5**
Kind	Person unter 14 Jahren (→ § 19 Rn. 1)	**6**
Angehöriger	Z.B. Verwandte und Verschwägerte gerader Linie, Ehegatten, Verlobte, Geschwister (§ 11 I Nr. 1)	**7**
Entziehen	Beeinträchtigen des Personensorgerechts durch räumliche Trennung für eine gewisse Dauer, so dass es nicht mehr ausgeübt werden kann	**8**
Vorenthalten	Verweigern oder Erschweren der Herausgabe des Kindes	**9**
Verbringen	Fortschaffen	**10**
Gefahr	Wahrscheinlichkeit eines Schadenseintritts (→ § 34 Rn. 6)	**11**
Konkret	ist die Gefahr, wenn eine kritische Situation erreicht ist, in der das Ausbleiben der Verletzung nur noch vom Zufall abhängt (→ § 221 Rn. 7)	**12**
Schwere Gesundheitsschädigung	Langwierige ernste Krankheit oder erhebliche Beeinträchtigung der Arbeitsfähigkeit für längere Zeit (→ § 221 Rn. 8)	**13**
Erhebliche Schädigung der körperlichen oder seelischen Entwicklung	Deutliche Abweichung von der voraussichtlichen normalen Entwicklung (→ § 225 Rn. 16)	**14**

Vor § 238 Nachstellung

1 **Aufbauschema**

I. Tatbestand

1. Objektiver Tatbestand
   a) Tathandlung: Nachstellen (→ *Rn. 1*)
      aa) durch
         Nr. 1: Aufsuchen räumlicher Nähe → *Rn. 7*
         Nr. 2: Versuchen Kontakt herzustellen unter Verwendung von Telekommunikationsmitteln oder sonstigen Mitteln der Kommunikation oder über Dritte → *Rn. 8 ff.*
         Nr. 3: Unter missbräuchlicher Verwendung personenbezogener Daten des Opfers → *Rn. 12 ff.*
            lit. a: Aufgeben von Bestellungen von Waren oder Dienstleistungen für dieses (→ *Rn. 15*) oder
            lit. b: Veranlassen Dritter, Kontakt mit ihm aufzunehmen
         Nr. 4: Bedrohen mit der Verletzung von Leben, körperlicher Unversehrtheit, Gesundheit oder Freiheit des Opfers, eines Angehörigen der einer anderen ihm nahe stehenden Person → *Rn. 16 ff.*
         Nr. 5: Begehung einer Tat nach § 202a, § 202b oder § 202c
         Nr. 6: Verbreiten oder Zugänglichmachen einer Abbildung des Opfers, eines seiner Angehörigen oder einer anderen ihm nahestehenden Person
         Nr. 7: Verbreiten oder Zugänglichmachen eines Inhalts (§ 11 III), der geeignet ist, das Opfer verächtlich zu machen oder es in der öffentlichen Meinung herabzuwürdigen, unter Vortäuschung der Urheberschaft des Opfers
         Nr. 8: Vornahme einer mit Nr. 1–7 vergleichbaren Handlung
      bb) wiederholt → *Rn. 6*
   b) unbefugt → *Rn. 2*
   c) in einer Weise, die geeignet ist, die Lebensgestaltung des Opfers nicht unerheblich zu beeinträchtigen → *Rn. 3 f.*
2. Subjektiver Tatbestand

II. Rechtswidrigkeit

III. Schuld

IV. Strafzumessung

Besonders schwere Fälle, § 238 II Nr. 1–7

Beachte: *Erfolgsqualifikation, § 238 III*

§ 238 Nachstellung

Nachstellen	Jede Handlung, mit der der Täter in den persönlichen Lebensbereich des Opfers einzudringen unmittelbar ansetzt.	**1**
Unbefugt	ohne Einverständnis	**2**
Beeinträchtigen der Lebensgestaltung	Veranlassen von Einschränkungen oder Veränderungen äußerer Lebensverhältnisse des Opfers	**3**
Nicht unerheblich	Über das übliche Maß erheblich hinausgehend	**4**
Eignung	Wenn aus der Sicht eines objektiven Beobachters aufgrund tatsächlicher Anhaltspunkte die begründete Besorgnis besteht (→ § 130 Rn. 3).	**5**
Wiederholt	mehrfach	**6**
Aufsuchen räumlicher Nähe	Gezieltes Herstellen einer geringen Entfernung zum Opfer	**7**
Kontakt herzustellen versuchen	Verhalten, das auf das Schaffen einer kommunikativen Verbindung abzielt	**8**
Verwendung	Einsatz	**9**
Telekommunikationsmittel	Technisches Medium zur Nachrichtenübertragung	**10**
Mittel der Kommunikation	Jeder denkbare Gegenstand zur Nachrichtenübertragung	**11**
Missbräuchliche Verwendung	Zweckwidriger Einsatz	**12**
Daten	Alle codierten oder codierbaren Informationen unabhängig vom Verarbeitungsgrad (→ § 263a Rn. 1)	**13**
Personenbezogen	Mit dem Menschen als solchem verbunden	**14**
Aufgeben von Bestellungen für jemanden	Veranlassen einer Lieferung oder Leistung in einer Weise, die geeignet ist, einem anderen zugerechnet zu werden	**15**
Angehöriger	Z.B. Verwandte und Verschwägerte gerader Linie, Ehegatten, Verlobte, Geschwister (§ 11 I Nr. 1)	**16**
Nahestehende Person	Person, zu der eine auf Dauer angelegte persönliche Beziehung besteht, die über den	**17**

		üblichen Sozialkontakt des Alltagslebens hinausgeht (→ § 35 Rn. 8)
18	Bedrohung	Inaussichtstellen eines zukünftigen Übels, auf das der Drohende Einfluss zu haben vorgibt (→ § 241 Rn. 1)
19	Abbildung	Durch Auge oder Tastsinn wahrnehmbare Wiedergaben der Außenwelt (→ § 11 Rn. 17)
20	Verbreiten	Einem großen Personenkreis zugänglich machen (→ § 111 Rn. 6)
21	Der Öffentlichkeit zugänglich machen	Ermöglichung des Zugriffs auf die Information für eine unbestimmte Personenanzahl (→ § 130 Rn. 16)
22	Verächtlich machen	Auf verwerflichen Motiven beruhende Darstellung anderer als verachtenswert, minderwertig oder unwürdig (→ § 130 Rn. 12)
23	Herabwürdigen	Den Ruf einer Person schmälern (→ § 186 Rn. 6).
24	Gefahr	Wahrscheinlichkeit eines Schadenseintritts (→ § 34 Rn. 6)
25	Schwere Gesundheitsschädigung	Langwierige ernste Krankheit oder erhebliche Beeinträchtigung der Arbeitsfähigkeit für längere Zeit (→ § 221 Rn. 8)
26	Vielzahl	Eine große Zahl
27	Verwenden	Jeder zweckgerichtete Einsatz (→ § 250 Rn. 14)
28	Tod	Ende der Hirntätigkeit (Hirntod) (→ § 212 Rn. 2)

Vor § 239 Freiheitsberaubung

1 **Aufbauschema**

I. Tatbestand

1. Objektiver Tatbestand
   a) Tatobjekt: Mensch
   b) Tathandlung
      aa) Abs. 1 Alt. 1: Einsperren → *Rn. 1*
      bb) Abs. 1 Alt. 2: Auf andere Weise der Freiheit berauben → *Rn. 2 f.*

2. Subjektiver Tatbestand

II. Rechtswidrigkeit

III. Schuld

Beachte: *Erfolgsqualifikationen, §§ 239 III, 239 IV*

§ 239 Freiheitsberaubung

Einsperren	Verhindern des Verlassens eines Raumes durch äußere Vorrichtungen	1
Auf andere Weise	Durch jedes Mittel, das die Fortbewegungsfreiheit aufhebt	2
Der Freiheit beraubt	ist, wer seinen Aufenthaltsort für einen nicht nur unerheblichen Zeitraum nicht verlassen kann.	3
Schwere Gesundheitsschädigung	Langwierige ernste Krankheit oder erhebliche Beeinträchtigung der Arbeitsfähigkeit für längere Zeit (→ § 221 Rn. 8)	4
Tod	Ende der Hirntätigkeit (Hirntod) (→ § 212 Rn. 2)	5
Unmittelbarkeitszusammenhang	Über Kausalität und objektive Zurechnung hinausgehender tatbestandsspezifischer Zusammenhang, wonach sich gerade die dem Grundtatbestand anhaftende spezifische Gefahr in der schweren Folge niedergeschlagen haben muss (→ § 18 Rn. 3)	6

Vor § 239a Erpresserischer Menschenraub

Aufbauschema: § 239a I Var. 1 1

I. Tatbestand

1. Objektiver Tatbestand
   a) Tatobjekt: Mensch
   b) Tathandlung
      aa) Alt. 1: Entführen → *Rn. 1*
      bb) Alt. 2
         (1) Sich-Bemächtigen → *Rn. 2*
         (2) Bei Zwei-Personen-Verhältnis zusätzlich: Stabilisierung
2. Subjektiver Tatbestand
   a) Vorsatz

b) Erpressungsausnutzungsabsicht („um … zu")
aa) Beabsichtigte Drohung
bb) Beabsichtigte Vermögensverfügung und bzw. oder Vermögensschädigung
cc) zeitlich-funktionaler Zusammenhang
dd) Absicht rechtswidriger (stoffgleicher) Bereicherung

II. Rechtswidrigkeit

III. Schuld

IV. Strafwürdigkeit/Strafbedürftigkeit

Tätige Reue, § 239a IV

Beachte: *Erfolgsqualifikation, § 239a III*

2 **Aufbauschema: § 239a I Var. 2 (Ausnutzungstatbestand)**

I. Tatbestand

1. Objektiver Tatbestand
a) Entführen oder Sich-Bemächtigen → *Rn. 1 f.*
b) Ausnutzen zu einer (zumindest versuchten) Erpressung
2. Subjektiver Tatbestand
a) Vorsatz
b) Absicht rechtswidriger (stoffgleicher) Bereicherung

II. Rechtswidrigkeit

III. Schuld

IV. Persönlicher Strafaufhebungsgrund

Tätige Reue, § 239a IV

Beachte: *Erfolgsqualifikation, § 239a III*

§ 239a Erpresserischer Menschenraub

1	Entführen	Verbringen des Opfers an einen anderen Ort
2	Sich bemächtigen	Erlangung physischer Gewalt über das Opfer, ohne dass es auf eine Ortsveränderung ankommt
3	Leichtfertig	handelt, wer grob fahrlässig handelt und nicht beachtet, was sich jedermann aufdrängen muss (→ § 15 Rn. 8).
4	Tod	Ende der Hirntätigkeit (Hirntod) (→ § 212 Rn. 2)

Unmittelbarkeits-zusammenhang	Über Kausalität und objektive Zurechnung hinausgehender tatbestandsspezifischer Zusammenhang, wonach sich gerade die dem Grundtatbestand anhaftende spezifische Gefahr in der schweren Folge niedergeschlagen haben muss (→ § 18 Rn. 3)	5
Verzicht auf die erstrebte Leistung	Absehen von Forderung bzw. Rückgabe des Erhaltenen oder eines Äquivalents	6
In den Lebenskreis zurückgelangen lassen	Freilassen, so dass dem Opfer, wenn auch vielleicht nicht unversehrt, die Rückkehr an seinen Wohn- oder Arbeitsort ermöglicht wird	7
Ernsthaftes Bemühen	liegt vor, wenn der Täter alles tut, was aus seiner Sicht zur Erfolgsabwendung geeignet und nötig ist (→ § 24 Rn. 7).	8

Vor § 239b Geiselnahme

Aufbauschema: § 239b I Var. 1 1

I. Tatbestand
1. Objektiver Tatbestand
   a) Tatobjekt: Mensch
   b) Tathandlung
      aa) Alt. 1 Entführen → *Rn. 1*
      bb) Alt. 2 (1) Sich-Bemächtigen → *Rn. 2*
      (2) Bei Zwei-Personen-Verhältnis zusätzlich: Stabilisierung
2. Subjektiver Tatbestand
   a) Vorsatz
   b) Nötigungsabsicht („um … zu“)
      aa) Qualifiziertes Nötigungsmittel: Drohung mit Tod oder schwerer Körperverletzung i.S.d. § 226
      bb) Erstrebter Nötigungserfolg Handlung, Duldung oder Unterlassung
      cc) zeitlich-funktionaler Zusammenhang

II. Rechtswidrigkeit

III. Schuld

IV. Persönlicher Strafaufhebungsgrund
Tätige Reue, § 239b II i.V.m. § 239a IV

Beachte: *Erfolgsqualifikation, § 239b II i.V.m. § 239a III*

2 **Aufbauschema: § 239b I Var. 2 (Ausnutzungstatbestand)**

I. Tatbestand
1. Objektiver Tatbestand
   a) Entführen oder Sich-Bemächtigen → *Rn. 1 f.*
   b) Ausnutzen zu einer (zumindest versuchten) qualifizierten Nötigung
2. Subjektiver Tatbestand

II. Rechtswidrigkeit

III. Schuld

IV. Persönlicher Strafaufhebungsgrund
Tätige Reue, § 239b II i.V.m. § 239a IV

Beachte: *Erfolgsqualifikation, § 239b II i.V.m. § 239a III*

§ 239b Geiselnahme

Rn.	Begriff	Definition
1	Entführen	Verbringen des Opfers an einen anderen Ort (→ § 239a Rn. 1)
2	Sich bemächtigen	Erlangung physischer Gewalt über das Opfer, ohne dass es auf eine Ortsveränderung ankommt (→ § 239a Rn. 2)

Vor § 240 Nötigung

1 **Aufbauschema**

I. Tatbestand
1. Objektiver Tatbestand
   a) Tatobjekt: Mensch
   b) Tathandlung: Nötigen → *Rn. 1*
   c) Tatmittel
      aa) Alt. 1: Gewalt → *Rn. 2*
      bb) Alt. 2: Drohung mit einem empfindlichen Übel → *Rn. 3 ff.*
   d) Nötigungserfolg: Handlung, Duldung oder Unterlassung
   e) Kausalität zwischen Nötigungshandlung und Nötigungserfolg
2. Subjektiver Tatbestand

II. Rechtswidrigkeit
1. Fehlen von Rechtfertigungsgründen
2. Verwerflichkeit, § 240 II → *Rn. 6*
   a) aufgrund des Zwecks
   b) aufgrund des Mittels oder

c) aufgrund der Zweck-Mittel-Relation

III. Schuld

IV. Strafzumessung

Besonders schwere Fälle, § 240 IV (Regelbeispiele)

§ 240 Nötigung

Nötigen	Aufzwingen eines Verhaltens gegen den Willen des Opfers	**1**
Gewalt	Körperlich wirkender Zwang	**2**
Drohung	Inaussichtstellen eines zukünftigen Übels, auf das der Drohende Einfluss zu haben vorgibt	**3**
Übel	Jeder Nachteil (→ § 235 Rn. 3)	**4**
Empfindlich	ist ein Übel, das geeignet ist, das Opfer im Sinne des Täterverlangens zu motivieren, es sei denn, dass erwartet werden kann, dass es der Drohung in besonnener Selbstbehauptung standhält.	**5**
Verwerflich	Sittlich in erhöhtem Grad zu missbilligen	**6**
Missbrauch der Befugnisse	Unerlaubtes Handeln innerhalb des Zuständigkeitsbereichs	**7**
Missbrauch der Stellung	Unerlaubtes Handeln außerhalb des Zuständigkeitsbereichs	**8**
Amtsträger	Wer nach deutschem Recht Beamter oder Richter ist, in einem sonstigen öffentlich-rechtlichen Amtsverhältnis steht oder sonst zur Wahrnehmung öffentlicher Aufgaben bestellt ist (§ 11 I Nr. 2)	**9**

§ 241 Bedrohung

Bedrohung	(wie die Drohung) Inaussichtstellen eines zukünftigen Übels, auf das der Drohende Einfluss zu haben vorgibt	**1**
Verbrechen	Rechtswidrige Taten, die im Mindestmaß mit Freiheitsstrafe von einem Jahr oder mehr bedroht sind (§ 12 I)	**2**

3	Nahestehende Person	Person, zu der eine auf Dauer angelegte persönliche Beziehung besteht, die über den üblichen Sozialkontakt des Alltagslebens hinausgeht (→ § 35 Rn. 8)
4	Öffentlich	In einer Weise, dass ein größerer, individuell nicht feststehender oder jedenfalls durch persönliche Beziehungen nicht verbundener Personenkreis die Möglichkeit der Wahrnehmung hat (→ § 111 Rn. 4)
5	Versammlung	Zu einem bestimmten Zweck räumlich vereinigte Personenmehrheit (→ § 111 Rn. 5)
6	Verbreiten	Einem großen Personenkreis zugänglich machen (→ § 111 Rn. 6)

Diebstahl und Unterschlagung, §§ 242–248c

Vor § 242 Diebstahl

1 **Aufbauschema**

I. Tatbestand

1. Objektiver Tatbestand
   a) Tatobjekt
      aa) Sache → *Rn. 1*
      bb) Fremd → *Rn. 2*
      cc) Beweglich → *Rn. 3*
   b) Tathandlung: Wegnahme → *Rn. 4*
      aa) Fremder Gewahrsam → *Rn. 5*
      bb) Begründung neuen Gewahrsams
      cc) Bruch → *Rn. 6*
2. Subjektiver Tatbestand
   a) Vorsatz
   b) Zueignungsabsicht → *Rn. 7*
      aa) (Absicht zumindest vorübergehender) Aneignung → *Rn. 8*
      bb) (Vorsatz dauernder) Enteignung → *Rn. 9*
      cc) (Vorsatz bzgl.) Rechtswidrigkeit der beabsichtigten Zueignung → *Rn. 10*

II. Rechtswidrigkeit

III. Schuld

IV. Strafzumessung

Besonders schwere Fälle, § 243 (Regelbeispiele) → *Vor § 243 Rn. 1*

V. Strafverfolgungsvoraussetzung
Strafantrag, §§ 247, 248a

Beachte: *Qualifikationen, §§ 244, 244a*

§ 242 Diebstahl

Sache	Körperlicher Gegenstand (§ 90 BGB)	**1**
Fremd	Zumindest auch im Eigentum eines anderen stehend	**2**
Beweglich	ist eine Sache, sobald sie tatsächlich fortbewegt werden kann	**3**
Wegnahme	Bruch fremden und Begründung neuen, nicht notwendig eigenen Gewahrsams	**4**
Gewahrsam	Tatsächliche willensgetragene Sachherrschaft	**5**
Bruch	Aufhebung gegen oder ohne den Willen des Gewahrsamsinhabers	**6**
Zueignungsabsicht	Absicht zumindest vorübergehender Aneignung plus Vorsatz dauernder Enteignung der Sache selbst oder des in der Sache verkörperten Sachwerts	**7**
Aneignung	Anmaßung einer eigentümerähnlichen Stellung	**8**
Enteignung	Verdrängung des Eigentümers aus seiner Position	**9**
Rechtswidrig	ist die beabsichtigte Zueignung, wenn kein fälliger einredefreier Anspruch auf Übereignung der Sache besteht.	**10**

Vor § 243 Besonders schwerer Fall des Diebstahls

Aufbauschema **1**

Beachte: *Dieses Aufbauschema ist ein spezielles Schema für den Prüfungspunkt Strafzumessung im Rahmen des Diebstahls, § 242*

IV. Strafzumessung

1. (Objektives) Vorliegen sämtlicher Merkmale eines Regelbeispiels gem. § 243 I 2 Nr. 1–7
2. Vorsatz bzgl. der Regelbeispielsmerkmale
3. Geringwertigkeitsklausel, § 243 II → *Rn. 30*
4. Kein Entfallen der Indizwirkung

§ 243 Besonders schwerer Fall des Diebstahls

1	Umschlossener Raum	Jedes von Menschen betretbare, durch künstliche Hindernisse gegen das Betreten durch Unbefugte geschützte Raumgebilde
2	Gebäude	Durch Wände und Dach begrenztes, mit Grund und Boden fest verbundenes Bauwerk, das den Eintritt von Menschen ermöglicht
3	Geschäftsraum	Räumlichkeit, die für gewisse Zeit oder dauernd gewerblichen, künstlerischen, wissenschaftlichen oder ähnlichen, nicht notwendig erwerbswirtschaftlichen Zwecken dient
4	Dienstraum	Räumlichkeit, in der bestimmungsgemäß auf öffentlich-rechtlichen Vorschriften beruhende Tätigkeiten ausgeübt werden (z.B. Behörden, Gerichts-, Schulgebäude)
5	Einbrechen	Gewaltsame, nicht notwendig substanzverletzende Öffnung einer dem Zutritt entgegenstehenden Umschließung
6	Einsteigen	Hineingelangen in einen Raum auf einem dafür nicht bestimmten Wege
7	Eindringen	Hineingelangen mit zumindest einem Teil des Körpers
8	Sichverborgenhalten	Sich dem Gesehenwerden dadurch entziehen, dass man sich unbefugt an einer Stelle aufhält, an der man nicht erwartet wird
9	Schlüssel	Instrument zum Betätigen von Schlössern
10	Falsch	ist ein Schlüssel, wenn er zur Tatzeit vom Berechtigten nicht zur Öffnung des Schlosses bestimmt ist.
11	Werkzeug	Instrument zur Einwirkung auf den Mechanismus eines Schlosses
12	Nicht zur ordnungsgemäßen Öffnung bestimmt	sind alle Werkzeuge, die auf den Schließmechanismus einwirken und ihn regelwidrig in Bewegung setzen, ohne Schlüssel zu sein.
13	Behältnis	Raumgebilde zur Aufnahme von Sachen, das diese umschließt und nicht dazu bestimmt ist, von Menschen betreten zu werden

Verschlossen	ist das Behältnis, wenn es gegen ordnungswidrigen Zugriff gesichert ist.	**14**
Andere Schutzvorrichtung	Jede von Menschen geschaffene Einrichtung, die der Art nach geeignet und bestimmt ist, die Wegnahme einer Sache mindestens zu erschweren.	**15**
Gegen Wegnahme besonders gesichert	ist eine Sache, wenn der Täter die Schutzvorrichtung überwinden (nicht umgehen) muss, um an die Sache zu gelangen.	**16**
Gewerbsmäßig	In der Absicht, sich eine fortlaufende Einnahmequelle von einiger Dauer und einigem Umfang zu verschaffen	**17**
Kirche	Mindestens ganz überwiegend dem Gottesdienst gewidmetes Gebäude	**18**
Anderes der Religionsausübung dienendes Gebäude	Räumlichkeit, die einer spezifisch religionsbezogenen Tätigkeit dient	**19**
Dem Gottesdienst gewidmet	sind Sachen, an oder mit denen gottesdienstliche Handlungen vorgenommen werden.	**20**
Von Bedeutung für Wissenschaft, Kunst, Geschichte oder für die technische Entwicklung	ist eine Sache, wenn ihr Verlust eine spürbare Einbuße, wenn auch nur für einen lokalen Bereich oder eine Teildisziplin, darstellen würde.	**21**
Sammlung	Mehrheit von Gegenständen, die zusammengetragen wurde	**22**
Allgemein zugänglich	ist eine Sache, wenn der Zutritt zu ihr oder die Benutzung einem nach Zahl und Individualität unbestimmten oder für einen durch persönliche Beziehungen innerlich verbundenen bestimmten Kreis von Personen gewährt wird.	**23**
Öffentlich ausgestellt	ist eine Sache, die sich zur Besichtigung an einem öffentlichen Ort oder in einer allgemein zugänglichen Ausstellung befindet.	**24**
Hilflos	ist, wer außerstande ist, sich aus eigener Kraft vor drohender Lebens- oder ernsten Gesundheitsgefahren zu schützen.	**25**
Unglücksfall	Plötzlich eintretendes, unerwartetes Ereignis mit erheblicher Schadensneigung (→ § 323c Rn. 1)	**26**

Rn.	Begriff	Definition
27	Gemeine Gefahr	Gefährdung einer unüberschaubaren Zahl von Menschen oder bedeutender Sachwerte (→ § 323c Rn. 2)
28	Ausnutzen	Handeln in Kenntnis der die Tat erleichternden Umstände
29	Sprengstoff	Stoff, der bei Entzündung zu einer plötzlichen Ausdehnung von Flüssigkeiten oder Gasen und dadurch zu einer Sprengwirkung führt
30	Geringwertig	ist eine Sache, wenn ihr Gewinn oder Verlust nach der Verkehrsauffassung als finanziell unerheblich angesehen wird.

Vor § 244 Diebstahl mit Waffen; Bandendiebstahl; Wohnungseinbruchsdiebstahl

1 **Aufbauschema**

Beachte: *Vor § 244 sollte § 242 geprüft werden. Dann kann im Tatbestand 1a) und 2a) entweder ganz weggelassen oder insoweit in aller Kürze auf die vorangegangene Prüfung verwiesen werden.*

I. Tatbestand

1. Objektiver Tatbestand
   a) Erfüllung des Grundtatbestandes, § 242
   b) Qualifikation, § 244
      aa) Nr. 1a (1) Alt. 1: Waffe → *Rn. 1*
      Alt. 2: Gefährliches Werkzeug → *Rn. 2*
      (2) Beisichführen → *Rn. 4*
      bb) Nr. 1b (1) Sonst ein Werkzeug oder Mittel → *Rn. 3*
      (2) Beisichführen
      cc) Nr. 2 (1) Mitglied einer Bande → *Rn. 5*
      (2) Zur fortgesetzten Begehung verbunden → *Rn. 6*
      (3) Unter Mitwirkung eines anderen Bandenmitglieds → *Rn. 7*
      dd) Nr. 3 (1) Tatobjekt: Wohnung → *Rn. 8*
      (2) Tathandlung
      Alt. 1: Einbrechen, Einsteigen, Eindringen mit falschem Schlüssel oder anderem nicht zur ordnungsgemäßen Öffnung bestimmten Werkzeug → *Rn. 9 ff.*
      Alt. 2: Sichverborgenhalten → *Rn. 14*
2. Subjektiver Tatbestand
   a) bzgl. § 242 (Diebstahlsvorsatz und Zueignungsabsicht)

b) bzgl. § 244
  aa) Vorsatz
  bb) Bei Nr. 1b zusätzlich: Verwendungsabsicht („um … zu")
  cc) Bei Nr. 3 zusätzlich: Zur Ausführung des Diebstahls

II. Rechtswidrigkeit
(Prüfungspunkt entfällt, wenn keine Abweichung zum Grunddelikt)

III. Schuld
(Prüfungspunkt entfällt, wenn keine Abweichung zum Grunddelikt)

IV. Strafverfolgungsvoraussetzung
Strafantrag, § 247

Beachte: *Weitere Qualifikation zu § 244 I Nr. 3: § 244 IV (Privatwohnungseinbruchsdiebstahl)*

§ 244 Diebstahl mit Waffen; Bandendiebstahl; Wohnungseinbruchsdiebstahl

Waffe	(im technischen Sinne) ist jeder Gegenstand, der seiner Bauart nach dazu bestimmt ist, erhebliche Verletzungen beizubringen (→ § 224 Rn. 1).	1
Gefährliches Werkzeug	Körperlicher Gegenstand, der nach seiner objektiven Beschaffenheit oder Art seiner Verwendung im konkreten Einzelfall nach Vorstellung des Täters geeignet ist, erhebliche Verletzungen herbeizuführen	2
Sonst ein Werkzeug oder Mittel	Nicht notwendig objektiv gefährlicher körperlicher Gegenstand (z.B. Scheinwaffe; ungeladene Schusswaffe etc.)	3
Beisichführen	Zu irgendeinem Zeitpunkt der Tat Zugriff darauf haben	4
Bande	Auf ausdrücklicher oder stillschweigender Vereinbarung beruhender Zusammenschluss von mindestens drei Personen	5
Fortgesetzte Begehung	Begehung mehrerer selbstständiger, im Einzelnen noch unbestimmter Taten	6
Mitwirkung eines anderen Bandenmitglieds	Nicht notwendig zeitliches oder örtliches Zusammenwirken voraussetzende Beteiligung	7
Wohnung	Räumlichkeit, die bestimmungsgemäß – auch nur vorübergehend – zur Unterkunft von Menschen dient (→ § 123 Rn. 1)	8

9	Einbrechen	Gewaltsame, nicht notwendig substanzverletzende Öffnung einer dem Zutritt entgegenstehenden Umschließung (→ § 243 Rn. 5)
10	Einsteigen	Hineingelangen in einen Raum auf einem dafür nicht bestimmten Wege (→ § 243 Rn. 6)
11	Schlüssel	Instrument zum Betätigen von Schlössern (→ § 243 Rn. 9)
12	Falsch	ist ein Schlüssel, wenn er zur Tatzeit vom Berechtigten nicht zur Öffnung des Schlosses bestimmt ist (→ § 243 Rn. 10)
13	Werkzeug	Instrument zur Einwirkung auf den Mechanismus eines Schlosses (→ § 243 Rn. 11)
14	Nicht zur ordnungsgemäßen Öffnung bestimmt	sind Werkzeuge, die auf den Schließmechanismus einwirken und ihn regelwidrig in Bewegung setzen, ohne Schlüssel zu sein (→ § 243 Rn. 12).
15	Sichverborgenhalten	Sich dem Gesehenwerden dadurch entziehen, dass man sich unbefugt an einer Stelle aufhält, an der man nicht erwartet wird (→ § 243 Rn. 8)
16	Privatwohnung	Wohnung, die von dem dauerhaft Berechtigten (Eigentümer, Mieter) für private Zwecke (für sich und seine Familie) und nicht (überwiegend) erwerbswirtschaftlich genutzt wird
17	Dauerhaft genutzt	regelmäßig über einen längeren Zeitraum aufgesucht und als Wohnung genutzt

Vor § 244a Schwerer Bandendiebstahl

1 **Aufbauschema**

Beachte: *Vor § 244a sollten § 242 i.V.m. § 243 sowie § 244 I Nr. 1 und 3 geprüft werden. Dann kann im Tatbestand 1a) und 2a)–b) entweder ganz weggelassen oder insoweit in aller Kürze auf die vorangegangene Prüfung verwiesen werden.*

I. Tatbestand

1. Objektiver Tatbestand
   a) Erfüllung des Grundtatbestandes, d.h. § 242 i.V.m. § 243 I 2 bzw. § 244 I Nr. 1 oder 3
   b) Qualifikationsmerkmale, § 244a
      aa) Mitglied einer Bande → *Rn. 2*

bb) Zur fortgesetzten Begehung verbunden → *Rn. 1*
cc) Unter Mitwirkung eines Bandenmitglieds → *Rn. 3*
2. Subjektiver Tatbestand
a) Bzgl. § 242 (Diebstahlsvorsatz und Zueignungsabsicht)
b) Falls § 244 I Nr. 1 oder 3 als Grunddelikt zusätzlich: Vorsatz bzgl. dessen Qualifikationsmerkmale
c) Vorsatz bzgl. der (weiteren) Qualifikation, § 244a

II. Rechtswidrigkeit
(Prüfungspunkt entfällt, wenn keine Abweichung zum Grunddelikt)

III. Schuld
(Prüfungspunkt entfällt, wenn keine Abweichung zum Grunddelikt)

IV. Strafverfolgungsvoraussetzung
Strafantrag, § 247

§ 244a Schwerer Bandendiebstahl

Fortgesetzte Begehung	Begehung mehrerer selbstständiger, im Einzelnen noch unbestimmter Taten (→ § 244 Rn. 6)	1
Bande	Auf ausdrücklicher oder stillschweigender Vereinbarung beruhender Zusammenschluss von mindestens drei Personen (→ § 244 Rn. 5)	2
Mitwirkung eines anderen Bandenmitglieds	Nicht notwendig zeitliches oder örtliches Zusammenwirken voraussetzende Beteiligung (→ § 244 Rn. 7)	3

Vor § 246 Unterschlagung

Aufbauschema 1

I. Tatbestand
1. Objektiver Tatbestand
a) Tatobjekt
aa) Sache → *Rn. 1*
bb) Fremd → *Rn. 2*
cc) Beweglich → *Rn. 3*
b) Tathandlung: Zueignung → *Rn. 4*
c) Rechtswidrigkeit der Zueignung
2. Subjektiver Tatbestand

II. Rechtswidrigkeit

III. Schuld

IV. Strafverfolgungsvoraussetzung
Strafantrag, §§ 247, 248a

Beachte: *Qualifikation, § 246 II (anvertraut → Rn. 5)*
Subsidiaritätsklausel, § 246 I a.E.

§ 246 Unterschlagung

1	Sache	Körperlicher Gegenstand (§ 90 BGB)
2	Fremd	Zumindest auch im Eigentum eines anderen stehend (→ § 242 Rn. 2)
3	Beweglich	ist eine Sache, sobald sie tatsächlich fortbewegt werden kann (→ § 242 Rn. 3)
4	Zueignung	Manifestation des Zueignungswillens
5	Anvertraut	ist eine Sache, über die dem Täter die Sachherrschaft mit der Verpflichtung eingeräumt wurde, mit der Sache bestimmungsgemäß zu verfahren.

§ 247 Haus- und Familiendiebstahl

1	Angehöriger	Z.B. Verwandte und Verschwägerte gerader Linie, Ehegatten, Verlobte, Geschwister (§ 11 I Nr. 1)
2	Häusliche Gemeinschaft	Zusammenleben auf gewisse Dauer aufgrund freien und ernstlichen Willens der Haushaltsmitglieder

§ 248a Diebstahl und Unterschlagung geringwertiger Sachen

1	Geringwertig	ist eine Sache, wenn ihr Gewinn oder Verlust nach der Verkehrsauffassung als finanziell unerheblich angesehen wird (→ § 243 Rn. 30).
2	Besonderes öffentliches Interesse	Öffentliches Interesse, das über das an der Verfolgung von Straftaten stets bestehende hinausgeht (→ § 230 Rn. 2)

§ 248b Unbefugter Gebrauch eines Fahrzeugs

Fahrrad	Radgebundenes Fortbewegungsmittel, das mit den Füßen oder Händen bewegt wird	1
Ingebrauchnehmen	Vorübergehendes eigenmächtiges Ingangsetzen als Fortbewegungsmittel	2

§ 248c Entziehung elektrischer Energie

Entziehung	Einseitig bewirkte Minderung des Energievorrats durch Entnahme	1
Fremde elektrische Energie	Elektrizität, über die zu verfügen dem Täter nicht zusteht	2
Elektrische Anlage oder Einrichtung	Sachgesamtheit zur Erzeugung, Weiterleitung oder Ansammlung von elektrischer Energie	3
Leiter	Jeder Körper, der aufgrund seiner physikalischen Beschaffenheit geeignet ist, Elektrizität aufzunehmen und zu übertragen	4

Raub und Erpressung, §§ 249–256

Vor § 249 Raub

Aufbauschema 1

I. Tatbestand

1. Objektiver Tatbestand
   a) Tatobjekt
      aa) Sache → *Rn. 1*
      bb) Fremd → *Rn. 2*
      cc) Beweglich → *Rn. 3*
   b) Tathandlung
      aa) Wegnahme → *Rn. 4*
      bb) Einsatz eines qualifizierten Nötigungsmittels i.S.d. § 240
         Alt. 1: Gewalt gegen eine Person → *Rn. 5 f.*
         Alt. 2: Drohung mit gegenwärtiger Gefahr für Leib oder Leben → *Rn. 7 f.*
      cc) Raubspezifischer Zusammenhang („mit“ Gewalt bzw. „unter“ Drohung)
2. Subjektiver Tatbestand
   a) Vorsatz
   b) Zueignungsabsicht

II. Rechtswidrigkeit

III. Schuld

Beachte: *Qualifikationen, § 250 I*
Weitere Qualifikation, § 250 II
Erfolgsqualifikation, § 251

§ 249 Raub

Rn.	Begriff	Definition
1	Sache	Körperlicher Gegenstand (§ 90 BGB)
2	Fremd	Zumindest auch im Eigentum eines anderen stehend (→ § 242 Rn. 2)
3	Beweglich	ist eine Sache, sobald sie tatsächlich fortbewegt werden kann (→ § 242 Rn. 3)
4	Wegnahme	Bruch fremden und Begründung neuen, nicht notwendig eigenen Gewahrsams (→ § 242 Rn. 4)
5	Gewalt	Körperlich wirkender Zwang (→ § 240 Rn. 2)
6	Gegen eine Person	Gegenüber Menschen, nicht Sachen
7	Drohung	Inaussichtstellen eines zukünftigen Übels, auf das der Drohende Einfluss zu haben vorgibt (→ § 240 Rn. 3)
8	Gegenwärtige Gefahr	Gefahr, die jederzeit in einen Schaden umschlagen kann
9	Zueignungsabsicht	Absicht zumindest vorübergehender Aneignung plus Vorsatz dauernder Enteignung der Sache selbst oder des in der Sache verkörperten Sachwerts (→ § 242 Rn. 7)

Vor § 250 Schwerer Raub

1 **Aufbauschema: § 250 I**

Beachte: *Vor § 250 I sollte § 249 geprüft werden. Dann kann im Tatbestand 1a) und 2a) entweder ganz weggelassen oder insoweit in aller Kürze auf die vorangegangene Prüfung verwiesen werden.*

I. Tatbestand

1. Objektiver Tatbestand
   a) Erfüllung des Grundtatbestandes, § 249

b) Qualifikationsmerkmale, § 250 I
aa) Nr. 1:
(1) Täter oder anderer Beteiligter → *Rn. 1*
(2) lit. a: (a) Alt. 1: Waffe → *Rn. 2*
Alt. 2: Gefährliches Werkzeug → *Rn. 3*
(b) Beisichführen → *Rn. 4*
lit. b: (a) Sonst ein Werkzeug oder Mittel → *Rn. 5*
(b) Beisichführen → *Rn. 4*
lit. c: (a) andere Person
(b) (Konkrete) Gefahr schwerer Gesundheitsschädigung → *Rn. 8 ff.*
bb) Nr. 2:
(1) Mitglied einer Bande → *Rn. 11*
(2) Zur fortgesetzten Begehung verbunden → *Rn. 12*
(3) Unter Mitwirkung eines anderen Bandenmitglieds → *Rn. 13*

2. Subjektiver Tatbestand
a) Bzgl. § 249 (Raubvorsatz und Zueignungsabsicht)
b) Bzgl. § 250 I
aa) Vorsatz
bb) Bei Nr. 1b zusätzlich: Verwendungsabsicht („um … zu")

II. Rechtswidrigkeit
(Prüfungspunkt entfällt, wenn keine Abweichung zum Grunddelikt)

III. Schuld
(Prüfungspunkt entfällt, wenn keine Abweichung zum Grunddelikt)

Beachte: *Qualifikation, § 250 II*
Erfolgsqualifikation, § 251

Aufbauschema: § 250 II 2

Beachte: *Vor § 250 II sollten § 249 und § 250 I geprüft werden. Dann kann im Tatbestand 1a) und b) cc) Nr. 2 (1) sowie 2a)–b) entweder ganz weggelassen oder insoweit in aller Kürze auf die vorangegangene Prüfung verwiesen werden.*

I. Tatbestand

1. Objektiver Tatbestand
a) Erfüllung des Grundtatbestandes, § 249 bzw. § 250 I
b) (Weitere) Qualifikation, § 250 II
aa) Täter oder anderer Beteiligter → *Rn. 1*
bb) Nr. 1:
(1) Alt. 1: Waffe → *Rn. 2*
Alt. 2: Gefährliches Werkzeug → *Rn. 3*
(2) Verwenden → *Rn. 14*
(3) bei der Tat

cc) Nr. 2:
(1) Erfüllung des Grundtatbestandes des § 250 I Nr. 2
(2) Waffe → *Rn. 2*
(3) Beisichführen → *Rn. 4*
dd) Nr. 3:
(1) andere Person
(2) lit. a: Schwere körperliche Misshandlung → *Rn. 15*
lit. b: (Konkrete) Gefahr des Todes → *Rn. 8 f.*
(3) bei der/durch die Tat

2. Subjektiver Tatbestand
   a) Bzgl. § 249 (Raubvorsatz und Zueignungsabsicht)
   b) Bzgl. § 250 I (Grunddelikt): Vorsatz bzgl. dessen Qualifikationsmerkmale
   c) Bzgl. § 250 II: Vorsatz

II. Rechtswidrigkeit

(Prüfungspunkt entfällt, wenn keine Abweichung zum Grunddelikt)

III. Schuld

(Prüfungspunkt entfällt, wenn keine Abweichung zum Grunddelikt)

§ 250 Schwerer Raub

1	Beteiligter	Täter oder Teilnehmer (§ 28 II)
2	Waffe	(im technischen Sinne) ist jeder Gegenstand, der seiner Bauart nach dazu bestimmt ist, erhebliche Verletzungen beizubringen (→ § 224 Rn. 4).
3	Gefährliches Werkzeug	Körperlicher Gegenstand, der nach seiner objektiven Beschaffenheit und Art seiner Verwendung im konkreten Einzelfall nach Vorstellung des Täters geeignet ist, erhebliche Verletzungen herbeizuführen (→ § 244 Rn. 2)
4	Beisichführen	Zu irgendeinem Zeitpunkt der Tat Zugriff darauf haben (→ § 244 Rn. 4)
5	Sonst ein Werkzeug oder Mittel	Nicht notwendig objektiv gefährlicher körperlicher Gegenstand (z.B. Scheinwaffen; ungeladene Schusswaffen etc.) (→ § 244 Rn. 3)
6	Gewalt	Körperlich wirkender Zwang (→ § 240 Rn. 2)
7	Drohung	Inaussichtstellen eines zukünftigen Übels, auf das der Drohende Einfluss zu haben vorgibt (→ § 240 Rn. 3)

Gefahr	Wahrscheinlichkeit eines Schadenseintritts (→ § 34 Rn. 6)	**8**
Konkret	ist die Gefahr, wenn eine kritische Situation erreicht ist, in der das Ausbleiben der Verletzung nur noch vom Zufall abhängt (→ § 221 Rn. 7)	**9**
Schwere Gesundheitsschädigung	Langwierige ernste Krankheit oder erhebliche Beeinträchtigung der Arbeitsfähigkeit für längere Zeit (→ § 221 Rn. 8)	**10**
Bande	Auf ausdrücklicher oder stillschweigender Vereinbarung beruhender Zusammenschluss von mindestens drei Personen (→ § 244 Rn. 5)	**11**
Fortgesetzte Begehung	Begehung mehrerer selbstständiger, im Einzelnen noch unbestimmter Taten (→ § 244 Rn. 6)	**12**
Mitwirkung eines anderen Bandenmitglieds	Nicht notwendig zeitliches oder örtliches Zusammenwirken voraussetzende Beteiligung (→ § 244 Rn. 7)	**13**
Verwenden	Jeder zweckgerichtete Einsatz	**14**
Schwere körperliche Misshandlung	Beeinträchtigung der körperlichen Integrität des Opfers mit erheblichen Folgen oder in einer Weise, die mit erheblichen Schmerzen verbunden ist	**15**

Vor § 251 Raub mit Todesfolge

Aufbauschema **1**

Beachte: *Vor § 251 sollten § 249 und § 222 geprüft werden. Dann kann im Tatbestand 1. entweder ganz weggelassen oder insoweit in aller Kürze auf die vorangegangene Prüfung verwiesen werden.*

I. Tatbestand

1. Erfüllung des Grundtatbestandes, § 249
2. Eintritt der Todesfolge → *Rn. 2*
3. Kausalität zwischen Grunddelikt und Todesfolge
4. Vorsatz oder Leichtfertigkeit (→ *Rn. 1*) bzgl. der Folge, letzterenfalls generelle/objektive grobe Sorgfaltspflichtverletzung bei objektiver Vorhersehbarkeit der Todesfolge
5. (Sonstige) Objektive Zurechnung
6. Zumindest bei Leichtfertigkeit zusätzlich: Unmittelbarkeitszusammenhang → *Rn. 3*

II. Rechtswidrigkeit

(Prüfungspunkt entfällt, wenn keine Abweichung zum Grunddelikt)

III. Schuld

1. Allgemeine Schuldmerkmale
2. Bei Leichtfertigkeit: Individuelle/subjektive grobe Sorgfaltspflichtverletzung bei subjektiver Vorhersehbarkeit der Todesfolge

§ 251 Raub mit Todesfolge

1	Leichtfertig	handelt, wer grob fahrlässig handelt und nicht beachtet, was sich jedermann aufdrängen muss (→ § 15 Rn. 8).
2	Tod	Ende der Hirntätigkeit (Hirntod) (→ § 212 Rn. 2)
3	Unmittelbarkeitszusammenhang	Über Kausalität und objektive Zurechnung hinausgehender tatbestandsspezifischer Zusammenhang, wonach sich gerade die dem Grundtatbestand anhaftende spezifische Gefahr in der schweren Folge niedergeschlagen haben muss (→ § 18 Rn. 3)

Vor § 252 Räuberischer Diebstahl

1 **Aufbauschema**

I. Tatbestand

1. Objektiver Tatbestand
   a) Tatsituation
      aa) Bei einem Diebstahl → *Rn. 1*
      bb) Auf frischer Tat → *Rn. 2*
      cc) Betroffen → *Rn. 3*
   b) Tathandlung
      Alt. 1: Gewalt gegen eine Person verüben → *Rn. 4 f.*
      Alt. 2: Drohung mit gegenwärtiger Gefahr für Leib oder Leben anwenden → *Rn. 6 f.*
2. Subjektiver Tatbestand
   a) Vorsatz
   b) Besitzerhaltungsabsicht

II. Rechtswidrigkeit

III. Schuld

Beachte: *Qualifikationen, §§ 250 I, II („gleich einem Räuber")*
Erfolgsqualifikation, § 251

§ 252 Räuberischer Diebstahl

Bei einem Diebstahl	Zwischen Vollendung und Beendigung des Diebstahls	1
Auf frischer Tat	In Tatortnähe und alsbald nach Tatausführung	2
Betroffen	Durch Sehen oder Hören wahrgenommen	3
Gewalt	Körperlich wirkender Zwang (→ § 240 Rn. 2)	4
Gegen eine Person	Gegenüber Menschen, nicht Sachen (→ § 249 Rn. 6)	5
Drohung	Inaussichtstellen eines zukünftigen Übels, auf das der Drohende Einfluss zu haben vorgibt (→ § 240 Rn. 7)	6
Gegenwärtige Gefahr	Gefahr, die jederzeit in einen Schaden umschlagen kann (→ § 249 Rn. 8)	7
Besitz	Tatsächliche Gewalt über die Sache (§ 854 I BGB)	8

Vor § 253 Erpressung

Aufbauschema 1

I. Tatbestand

1. Objektiver Tatbestand
   a) Tatobjekt: Mensch
   b) Tathandlung: Nötigen → *Rn. 4*
   c) Nötigungsmittel
      aa) Alt. 1: Gewalt → *Rn. 1*
      bb) Alt. 2: Drohung mit einem empfindlichen Übel → *Rn. 2 ff.*
   d) Nötigungserfolg
      Handlung, Duldung oder Unterlassung (Vermögensverfügung)
   e) Vermögensschaden → *Rn. 5*
   f) Kausalität (zwischen Nötigungshandlung und Nötigungserfolg sowie zwischen Nötigungserfolg und Vermögensschaden)
2. Subjektiver Tatbestand
   a) Vorsatz
   b) Bereicherungsabsicht → *Rn. 8*
      aa) Stoffgleichheit → *Rn. 10*
      bb) Rechtswidrigkeit der beabsichtigten Bereicherung („zu Unrecht“) → *Rn. 9*

II. Rechtswidrigkeit

1. Fehlen von Rechtfertigungsgründen
2. Verwerflichkeit, § 253 II → *Rn. 6*

III. Schuld

IV. Strafzumessung

Besonders schwere Fälle, § 253 IV 2 (Regelbeispiele)

Beachte: *Qualifikation, § 255*

Weitere Qualifikationen, §§ 250–251 i.V.m. § 255

§ 253 Erpressung

1	Gewalt	Körperlich wirkender Zwang (→ § 240 Rn. 2)
2	Drohung	Inaussichtstellen eines zukünftigen Übels, auf das der Drohende Einfluss zu haben vorgibt (→ § 240 Rn. 3)
3	Übel	Jeder Nachteil (→ § 235 Rn. 3)
4	Empfindlich	ist ein Übel, das geeignet ist, das Opfer im Sinne des Täterverlangens zu motivieren, es sei denn, dass erwartet werden kann, dass es der Drohung in besonnener Selbstbehauptung standhält (→ § 240 Rn. 4).
5	Nötigen	Aufzwingen eines bestimmten Verhaltens gegen den Willen des Opfers (→ § 240 Rn. 1)
6	Nachteil	Vermögensschaden
7	Verwerflich	Sittlich in erhöhtem Grad zu missbilligen (→ § 240 Rn. 5)
8	Bereicherungsabsicht	Absicht sich oder einem Dritten einen Vermögensvorteil zu verschaffen
9	Zu Unrecht	Rechtswidrig in dem Sinne, dass der Täter keinen rechtlichen Anspruch darauf hat.
10	Stoffgleichheit	ist gegeben, wenn der rechtswidrige Vermögensvorteil und der eingetretene Schaden auf derselben Vermögensverfügung beruhen, der Vermögensvorteil also unmittelbar die Kehrseite des Schadens bildet (→ § 263 Rn. 9).
11	Gewerbsmäßig	In der Absicht, sich eine fortlaufende Einnahmequelle von einiger Dauer und einigem Umfang zu verschaffen (→ § 243 Rn. 17)

Bande	Auf ausdrücklicher oder stillschweigender Vereinbarung beruhender Zusammenschluss von mindestens drei Personen (→ § 244 Rn. 5)	**12**
Fortgesetzte Begehung	Begehung mehrerer selbstständiger, im Einzelnen noch unbestimmter Taten (→ § 244 Rn. 6)	**13**

Vor § 255 Räuberische Erpressung

Aufbauschema **1**

Beachte: *Vor § 255 sollte § 253 geprüft werden. Dann kann im Tatbestand 1a) und 2a) entweder ganz weggelassen oder insoweit in aller Kürze auf die vorangegangene Prüfung verwiesen werden.*

I. Tatbestand

1. Objektiver Tatbestand
   a) Erfüllung des Grundtatbestandes, § 253
   b) Qualifikationsmerkmal, § 255
      Einsatz eines qualifizierten Nötigungsmittels
      aa) Alt. 1: Gewalt gegen eine Person → *Rn. 1 f.*
      bb) Alt. 2: Drohung mit gegenwärtiger Gefahr für Leib oder Leben → *Rn. 3 f.*
2. Subjektiver Tatbestand
   a) Bzgl. § 253 (inkl. Bereicherungsabsicht)
   b) Bzgl. § 255: Vorsatz

II. Rechtswidrigkeit

(Prüfungspunkt entfällt, wenn keine Abweichung zum Grunddelikt)

III. Schuld

(Prüfungspunkt entfällt, wenn keine Abweichung zum Grunddelikt)

Beachte: *Qualifikationen, §§ 250 I, II („gleich einem Räuber")*
Erfolgsqualifikation, § 251

§ 255 Räuberische Erpressung

Gewalt	Körperlich wirkender Zwang (→ § 240 Rn. 2)	**1**
Gegen eine Person	Gegenüber Menschen, nicht Sachen (→ § 249 Rn. 6)	**2**
Drohung	Inaussichtstellen eines zukünftigen Übels, auf das der Drohende Einfluss zu haben vorgibt (→ § 240 Rn. 3)	**3**

4	Gegenwärtige Gefahr	Gefahr, die jederzeit in einen Schaden umschlagen kann (→ § 249 Rn. 8)
5	Gleich einem Räuber	Nach den §§ 249–251

Begünstigung und Hehlerei, §§ 257–262

Vor § 257 Begünstigung

1 **Aufbauschema**

I. Tatbestand

1. Objektiver Tatbestand
   a) Vortat
      aa) Rechtswidrige Tat → *Rn. 1*
      bb) Eines anderen
      cc) Begangen → *Rn. 2*
   b) Tatobjekt: Vorteile der Tat → *Rn. 3*
   c) Tathandlung: Hilfeleisten beim Sichern → *Rn. 4*
2. Subjektiver Tatbestand
   a) Vorsatz
   b) Vorteilssicherungsabsicht → *Rn. 5*

II. Rechtswidrigkeit

III. Schuld

IV. Persönlicher Strafausschließungsgrund

Vortatbeteiligung, § 257 III 1 (Ausnahme: § 257 III 2)

V. Strafverfolgungsvoraussetzung

Strafantrag, § 257 IV 1 und 2 i.V.m. § 248a

§ 257 Begünstigung

1	Rechtswidrige Tat	Handlung, die den Tatbestand eines Strafgesetzes verwirklicht (§ 11 I Nr. 5)
2	Begangen	ist die Vortat, wenn sie mindestens in mit Strafe bedrohter Form vorbereitet oder versucht wurde.
3	Vorteile der Tat	Jede unmittelbar durch die Straftat erlangte Besserstellung des Vortäters

Hilfeleisten	Jede Handlung, die (objektiv) geeignet (und subjektiv darauf gerichtet) ist, die durch die Vortat erlangten Vorteile gegen Entziehung zugunsten des Verletzten zu sichern.	4
Absicht	Zielgerichtetes Wollen in dem Sinne, dass es dem Täter gerade darauf ankommt, den Erfolg herbeizuführen (→ § 15 Rn. 2)	5

Vor § 258 Strafvereitelung

Aufbauschema 1

I. Tatbestand

1. Objektiver Tatbestand
   a) Abs. 1 (Verfolgungsvereitelung)
      aa) Vortat
         (1) Rechtswidrige Tat → *Rn. 1*
         (2) Eines anderen
      bb) Tathandlung/Erfolg
         (1) Vereitelung → *Rn. 2*
         (2) Gegenstand: Bestrafung (Alt. 1: Strafvereitelung) oder Maßnahme (Alt. 2: Maßnahmevereitelung)
         (3) Umfang: Ganz oder zum Teil → *Rn. 3*
   b) Abs. 2 (Vollstreckungsvereitelung)
      aa) Tatsituation
         (1) Strafe oder Maßnahme
         (2) Gegen einen anderen
         (3) Verhängt
      bb) Tathandlung/Erfolg
         (1) Vereitelung
         (2) Gegenstand: Vollstreckung → *Rn. 6*
         (3) Umfang: Ganz oder zum Teil
2. Subjektiver Tatbestand
   a) Vorsatz bzgl. Vortat (Abs. 1) bzw. rechtskräftiger Strafe oder Maßnahme (Abs. 2)
   b) Wissentlichkeit oder Absicht bzgl. Vereitelung → *Rn. 4 f.*

II. Rechtswidrigkeit

III. Schuld

IV. Persönliche Strafausschließungsgründe

1. Selbstbegünstigungsprivileg, Abs. 5
2. Angehörigenprivileg, Abs. 6

Beachte: *Qualifikation, § 258a (Amtsdelikt)*

§ 258 Strafvereitelung

1	Rechtswidrige Tat	Handlung, die den Tatbestand eines Strafgesetzes verwirklicht (§ 11 I Nr. 5)
2	Vereitelung	Jede Besserstellung des Täters der Vortat im Hinblick auf Strafverfolgung oder Strafvollstreckung
3	Zum Teil	vereitelt ist die Strafe dann, wenn eine Bestrafung des Vortäters entgegen dem wahren Sachverhalt nur wegen eines Vergehens statt eines Verbrechens bewirkt oder wenn nur ein Teil eines Gewinns aus der Tat für eingezogen erklärt wird.
4	Absicht	Zielgerichtetes Wollen in dem Sinne, dass es dem Täter gerade darauf ankommt, den Erfolg herbeizuführen (→ § 15 Rn. 2)
5	Wissentlichkeit	Sicheres Wissen (→ § 15 Rn. 3)
6	Vollstreckung	Durchsetzung rechtskräftiger Entscheidungen und sonstige formale Zwangsbeitreibung

Vor § 258a Strafvereitelung im Amt

1 **Aufbauschema**

Beachte: *Vor § 258a sollte § 258 geprüft werden. Dann kann im Tatbestand 1a) und 2a) entweder ganz weggelassen oder insoweit in aller Kürze auf die vorangegangene Prüfung verwiesen werden.*

I. Tatbestand

1. Objektiver Tatbestand
   a) Erfüllung des Grundtatbestandes, § 258 I oder II
   b) Qualifikation, § 258a
      aa) Amtsträger → *Rn. 1*
      bb) Zur Mitwirkung berufen → *Rn. 2*
         (1) im Strafverfahren (Var. 1) oder
         (2) im Verfahren zur Anordnung der Maßnahme (Var. 2) oder
         (3) bei der Vollstreckung (Var. 3)
2. Subjektiver Tatbestand
   a) Bzgl. § 258 (Wissentlichkeit oder Absicht bzgl. Vereitelung)
   b) Bzgl. § 258a: Vorsatz

II. Rechtswidrigkeit
(Prüfungspunkt entfällt, wenn keine Abweichung zum Grunddelikt)
III. Schuld
(Prüfungspunkt entfällt, wenn keine Abweichung zum Grunddelikt)
IV. Persönlicher Strafausschließungsgrund
§ 258a i.V.m. § 258 V (Selbstbegünstigungsprivileg) gem. Abs. 3

§ 258a Strafvereitelung im Amt

Amtsträger	Wer nach deutschem Recht Beamter oder Richter ist, in einem sonstigen öffentlich-rechtlichen Amtsverhältnis steht oder sonst zur Wahrnehmung öffentlicher Aufgaben bestellt ist (§ 11 I Nr. 2)	1
Zur Mitwirkung berufen	sind z.B. Richter, Staatsanwälte, Polizeibeamter oder Vollzugsbeamte.	2

Vor § 259 Hehlerei

Aufbauschema 1

I. Tatbestand
1. Objektiver Tatbestand
   a) Vortat
      aa) Diebstahl oder sonstige gegen fremdes Vermögen gerichtete rechtswidrige Tat → *Rn. 2 f.*
      bb) Eines anderen
   b) Tatobjekt: Durch die Vortat erlangte Sache
      aa) Sache → *Rn. 1*
      bb) Erlangt → *Rn. 4*
      cc) Durch die Vortat
   c) Tathandlung
      aa) Ankaufen → *Rn. 5*
      bb) Sich oder einem Dritten verschaffen → *Rn. 6 f.*
      cc) Absetzen → *Rn. 8*
      dd) Absatzhilfe → *Rn. 9*
2. Subjektiver Tatbestand
   a) Vorsatz
   b) Bereicherungsabsicht

II. Rechtswidrigkeit

III. Schuld

IV. Strafverfolgungsvoraussetzung

Strafantrag, § 259 II i.V.m. §§ 247, 248a

Beachte: *Qualifikation, § 260*

Weitere Qualifikation, § 260a

§ 259 Hehlerei

Rn.	Begriff	Definition
1	Sache	Körperlicher Gegenstand (§ 90 BGB)
2	Vermögen	Alle geldwerten Positionen, denen wirtschaftlicher Wert zukommt und die nicht ausdrücklich rechtlich missbilligt werden (→ § 263 Rn. 2)
3	Rechtswidrige Tat	Handlung, die den Tatbestand eines Strafgesetzes verwirklicht (§ 11 I Nr. 5)
4	Erlangen	Begründen tatsächlicher Verfügungsgewalt
5	Ankaufen	Abschluss des dinglichen Geschäfts beim Kauf
6	Sichverschaffen	Begründen der tatsächlichen Verfügungsgewalt zu eigenen Zwecken im Einvernehmen mit dem Vortäter
7	Einem Dritten verschaffen	Weiterleiten der Verfügungsgewalt im Einvernehmen mit dem Vortäter unmittelbar auf einen Dritten
8	Absetzen	Weiterverschieben der Sache im Interesse des Vortäters durch selbstständiges Handeln
9	Absatzhilfe	Unselbstständiges Unterstützen beim Absatz im Interesse des Vortäters
10	Bereicherungsabsicht	Absicht sich oder einem Dritten einen Vermögensvorteil zu verschaffen (→ § 253 Rn. 8)

Vor § 261 Geldwäsche

1 **Aufbauschema**

I. Tatbestand

1. Objektiver Tatbestand
   a) Vortat
      aa) Rechtswidrige Tat → *Rn. 2*
      bb) Auslandstat gem.§ 261 IX

b) Tatobjekt
   aa) Gegenstand → *Rn. 1*
   bb) Aus der Tat herrühren → *Rn. 3*
c) Tathandlung
   aa) Abs. 1
      Nr. 1: Verbergen → *Rn. 4*
      Nr. 2: (a) Umtauschen → *Rn. 6*
      (b) Übertragen → *Rn. 7*
      (c) Verbringen → *Rn. 8*
      Nr. 3: Sich oder einem Dritten verschaffen → *Rn. 9 f*
      Nr. 4: (a) Verwahren → *Rn. 11*
      (b) Für sich oder einen Dritten Verwenden → *Rn. 12*
   bb) Abs. 2: Tatsachen von Bedeutung
      (1) Verheimlichen → *Rn. 15*
      (2) Verschleiern → *Rn. 16*
d) Tatbestandsausschluss gem. § 261 I 2 (in den Fällen des § 261 I 1 Nr. 3–4)

2. Subjektiver Tatbestand
   a) Vorsatz bzgl. 1 a) und c)
   b) Vorsatz oder Leichtfertigkeit (§ 261 VI, → *Rn. 20*) bzgl. 1 b), letzterenfalls: Generelle/objektive grobe Sorgfaltspflichtverletzung bei objektiver Vorhersehbarkeit und Vermeidbarkeit
   c) (nur bei Abs. 1 Nr. 2) Vereitelungsabsicht → *Rn. 5*

II. Rechtswidrigkeit

III. Schuld

1. Allgemeine Schuldmerkmale
2. Bei Leichtfertigkeit (§ 261VI): Individuelle/subjektive grobe Sorgfaltspflichtverletzung bei subjektiver Vorhersehbarkeit und Vermeidbarkeit

IV. Strafwürdigkeit/Strafbedürftigkeit

1. Persönlicher Strafausschließungsgrund: § 261 VII (Vortatbeteiligung)
2. Persönlicher Strafaufhebungsgrund: Tätige Reue, § 261 VIII Nr. 1 und 2

V. Strafzumessung

Besonders schwere Fälle, § 261 V 2 (Regelbeispiele)

Beachte: *Qualifikation, § 261 IV (Verpflichtete nach § 2 GwG)*

§ 261 Geldwäsche

Gegenstand	Alle vermögenswerten beweglichen und unbeweglichen Sachen sowie Rechte	**1**

2	Rechtswidrige Tat	Handlung, die den Tatbestand eines Strafgesetzes verwirklicht (§ 11 I Nr. 5)
3	Aus der Tat herrühren	tut alles, was – selbst nach mehreren Austausch- oder Umwandlungs-Aktionen – an die Stelle des ursprünglichen Gegenstands getreten ist.
4	Verbergen	Jede Tätigkeit, die mittels einer nicht üblichen örtlichen Unterbringung oder einer den Gegenstand verdeckenden Handlung den Zugriff der Strafverfolgungsbehörden erschwert
5	Vereiteln	Zum-Scheitern-Bringen
6	Umtauschen	Etwas (zurück)geben und etwas anderes dafür erhalten
7	Übertragen	Abgeben an einen anderen
8	Verbringen	Fortschaffen (→ § 235 Rn. 10)
9	Sichverschaffen	Erlangung der tatsächlichen Verfügungsgewalt zu eigenen Zwecken im Einvernehmen mit dem Vortäter (→ § 259 Rn. 6)
10	Einem Dritten verschaffen	Weiterleiten der Verfügungsgewalt im Einvernehmen mit dem Vortäter unmittelbar auf den Dritten (→ § 259 Rn. 7)
11	Verwahren	Für sich oder einen Dritten zur Verfügung halten
12	Verwenden	Bestimmungsgemäß gebrauchen (→ § 148 Rn. 5)
13	Strafverteidiger	Dem Beschuldigten in einem Strafverfahren zur Setie stehender rechtlicher Beistand
14	Honorar	Vergütung für ausgeübte Tätigkeit
15	Verheimlichen	Jemanden durch irreführende Machenschaften in Unkenntnis lassen
16	Verschleiern	Durch irreführende Machenschaften den Nachweis erschweren
17	Gewerbsmäßig	In der Absicht, sich eine fortlaufende Einnahmequelle von einiger Dauer und einigem Umfang zu verschaffen (→ § 243 Rn. 17)
18	Bande	Auf ausdrücklicher oder stillschweigender Vereinbarung beruhender Zusammenschluss von mindestens drei Personen (→ § 244 Rn. 5)

Fortgesetzte Begehung	Begehung mehrerer selbstständiger, im Einzelnen noch unbestimmter Taten (→ § 244 Rn. 6)	**19**
Leichtfertig	handelt, wer grob fahrlässig handelt und nicht beachtet, was sich jedermann aufdrängen muss (→ § 15 Rn. 8).	**20**
Freiwillig	Aus selbst gesetzten (autonomen) Motiven (→ § 24 Rn. 5)	**21**
Inverkehrbringen	Jede Handlung, die den Gegenstand aus der Verfügungsgewalt des Täters oder eines Dritten entlässt und einen anderen in die Lage versetzt, mit ihm nach Belieben umzugehen (→ § 146 Rn. 7)	**22**

Betrug und Untreue, §§ 263–266b

Vor § 263 Betrug

Aufbauschema **1**

I. Tatbestand

1. Objektiver Tatbestand
   a) Täuschung → *Rn. 2*
   b) Irrtum → *Rn. 3*
   c) Vermögensverfügung → *Rn. 5*
   d) Vermögensschaden → *Rn. 6*
   e) Kausalität (zwischen allen diesen)
2. Subjektiver Tatbestand
   a) Vorsatz
   b) Bereicherungsabsicht → *Rn. 7*
      aa) Stoffgleichheit → *Rn. 9*
      bb) Rechtswidrigkeit der beabsichtigten Bereicherung → *Rn. 8*

II. Rechtswidrigkeit

III. Schuld

IV. Strafzumessung

Besonders schwere Fälle, § 263 III (Regelbeispiele mit Geringwertigkeitsklausel § 263 IV i.V.m. § 243 II)

V. Strafverfolgungsvoraussetzung

Strafantrag, § 263 IV i.V.m. §§ 247, 248a

Beachte: *Qualifikation, § 263 V*

§ 263 Betrug

Rn.	Begriff	Definition
1	Vermögen	Alle geldwerten Positionen, denen wirtschaftlicher Wert zukommt und die nicht ausdrücklich rechtlich missbilligt werden
2	Täuschung	Unwahre Tatsachenbehauptung
3	Irrtum	Fehlvorstellung über Tatsachen
4	Tatsache	Ereignisse, Vorgänge oder Zustände der Außen- oder Innenwelt, sofern sie der Gegenwart oder Vergangenheit angehören und dem Beweis zugänglich sind (→ § 186 Rn. 1)
5	Vermögensverfügung	Jedes Handeln, Dulden oder Unterlassen, das sich unmittelbar vermögensmindernd auswirkt
6	Vermögensschaden	Negativer Saldo, der sich bei einem Vergleich der Vermögensmassen mit/ohne das schädigende Ereignis ergibt
7	Absicht	setzt voraus, dass es dem Täter gerade auf die Erlangung des Vermögensvorteils, wenn auch nur als Zwischenziel, ankommt.
8	Rechtswidrig	ist der Vermögensvorteil, wenn der Täter keinen rechtlichen Anspruch auf ihn hat.
9	Stoffgleichheit	ist gegeben, wenn der rechtswidrige Vermögensvorteil und der eingetretene Schaden auf derselben Vermögensverfügung beruhen, der Vermögensvorteil also unmittelbar die Kehrseite des Schadens bildet.
10	Gewerbsmäßig	In der Absicht, sich eine fortlaufende Einnahmequelle von einiger Dauer und einigem Umfang zu verschaffen (→ § 243 Rn. 17)
11	Bande	Auf ausdrücklicher oder stillschweigender Vereinbarung beruhender Zusammenschluss von mindestens drei Personen (→ § 244 Rn. 5)
12	Großes Ausmaß	Umfang, der aus dem Rahmen der durchschnittlichen Fälle deutlich herausragt
13	Große Zahl von Menschen	Mindestens fünfzehn Personen
14	Wirtschaftliche Not	Mangellage infolge der Tat, aufgrund derer der notwendige Lebensunterhalt ohne Hilfe Dritter nicht mehr gewährleistet ist

Missbrauch der Befugnisse	Unerlaubtes Handeln innerhalb des Zuständigkeitsbereichs (→ § 240 Rn. 7)	**15**
Missbrauch der Stellung	Unerlaubtes Handeln außerhalb des Zuständigkeitsbereichs (→ § 240 Rn. 8)	**16**
Amtsträger	Wer nach deutschem Recht Beamter oder Richter ist, in einem sonstigen öffentlich-rechtlichen Amtsverhältnis steht oder sonst zur Wahrnehmung öffentlicher Aufgaben bestellt ist (§ 11 I Nr. 2)	**17**
Europäischer Amtsträger	Wer Mitglied der Europäischen Kommission, der Europäischen Zentralbank, des Rechnungshofs oder eines Gerichts der Europäischen Union ist, Beamter oder sonstiger Bediensteter der Europäischen Union oder einer auf der Grundlage des Rechts der Europäischen Union geschaffenen Einrichtung ist oder mit der Wahrnehmung von Aufgaben der Europäischen Union oder von Aufgaben einer auf der Grundlage des Rechts der Europäischen Union geschaffenen Einrichtung beauftragt ist (§ 11 I Nr. 2a)	**18**
Vortäuschen eines Versicherungsfalls	Geltendmachen eines in Wahrheit nicht bestehenden Anspruchs auf die Versicherungsleistung gegenüber der Versicherung	**19**
Bedeutender Wert	750–1.000 Euro (→ § 315 Rn. 16)	**20**
Inbrandsetzen	ist gegeben, wenn wesentliche Teile der Sache nach Entfernung oder Erlöschen des Zündstoffs selbstständig weiter brennen (→ § 306 Rn. 21).	**21**
Brandlegung	ist jede Handlung, die auf das Herbeiführen eines Brandes zielt und in der sich bereits die zerstörende oder gefährdende Wirkung des Brandmittels verwirklicht (→ § 306 Rn. 22).	**22**
(Ganz) Zerstören	Existenzvernichtung oder vollständiges Aufheben der bestimmungsgemäßen Brauchbarkeit (→ § 303 Rn. 4)	**23**
Teilweises Zerstören	ist gegeben, wenn durch die Substanzverletzung einzelne, funktionell selbstständige Teile der Sache, die für die zweckentsprechende Nutzung des Gesamtgegenstandes von Bedeutung sind, weggenommen, vernichtet oder	**24**

		unbrauchbar gemacht werden (→ § 305 Rn. 10).
25	Schiff	Zur See- und Binnenschifffahrt bestimmtes Wasserfahrzeug (→ § 4 Rn. 1)
26	Sinken	Mit wesentlichen Teilen unter Wasser geraten
27	Stranden	Auf Grund laufen

Vor § 263a Computerbetrug

1 **Aufbauschema: § 263a I**

I. Tatbestand

1. Objektiver Tatbestand
   a) Tathandlung
      aa) Var. 1: Unrichtige Gestaltung des Programms → *Rn. 7 f.*
      bb) Var. 2: Verwendung unrichtiger oder unvollständiger Daten → *Rn. 9 f.*
      cc) Var. 3: Unbefugte Verwendung von Daten → *Rn. 12*
      dd) Var. 4: Sonstige unbefugte Einwirkung auf den Ablauf → *Rn. 13*
   b) Beeinflussung des Ergebnisses eines Datenverarbeitungsvorgangs → *Rn. 2 ff.*
   c) Vermögensschaden → *Rn. 14*
   d) Kausalität (zwischen allen diesen)
2. Subjektiver Tatbestand
   a) Vorsatz
   b) Bereicherungsabsicht → *Rn. 15 ff.*
      aa) Stoffgleichheit → *Rn. 17*
      bb) Rechtswidrigkeit der beabsichtigten Bereicherung → *Rn. 16*

II. Rechtswidrigkeit

III. Schuld

IV. Strafverfolgungsvoraussetzung

Strafantrag, § 263a II i.V.m. § 263 IV i.V.m. §§ 247, 248a

V. Strafzumessung

Besonders schwere Fälle, § 263a II i.V.m. § 263 III (Regelbeispiele mit Geringwertigkeitsklausel, § 263a II i.V.m. § 263 IV und § 243 II)

Beachte: *Qualifikation, § 263a II i.V.m. § 263 V*

Aufbauschema: § 263a III 2

I. Tatbestand

1. Objektiver Tatbestand
   a) Tatobjekt:
   Nr. 1: Computerprogramm (→ *Rn. 4*) zum Zwecke der Begehung einer Straftat gem. § 263a I
   Nr. 2: Passwörter oder sonstige Sicherheitscodes
   b) Tathandlung: Vorbereitung durch Herstellen, sich oder einem anderen Verschaffen, Feilhalten, Verwahren, Überlassen → *Rn. 18 ff.*
2. Subjektiver Tatbestand
   a) Vorsatz
   b) Tatentschluss bzgl. Begehung von § 263a

II. Rechtswidrigkeit

III. Schuld

§ 263a Computerbetrug

Daten	Alle codierten oder codierbaren Informationen unabhängig vom Verarbeitungsgrad	1
Datenverarbeitungsvorgang	Alle technischen Vorgänge, bei denen durch Aufnahme von Daten und ihrer Verknüpfung nach Programmen Arbeitsergebnisse erzielt werden	2
Ergebnisbeeinflussung	Eingang finden in den Datenverarbeitungsvorgang	3
(Computer-)Programm	Durch Daten fixierte Arbeitsanweisung an den Computer	4
Passwort	Den Zugang ermöglichende Kennung (→ § 202c Rn. 2)	5
Sicherheitscode	Elektronischer Schlüssel (→ § 202c Rn. 3)	6
Gestaltung	Ganz oder in Teilen neu schreiben, verändern oder löschen	7
Unrichtig	ist die Gestaltung des Programms, wenn sie zu Ergebnissen führt, die der materiellen Rechtslage widersprechen.	8
Verwendet	sind Daten, wenn sie in die Datenverarbeitung eingegeben werden.	9
Unrichtige Daten	sind solche, die der wahren Lage widersprechen.	10

11	Unvollständig	sind Daten, wenn wahre Tatsachen, die nötig wären, vorenthalten werden.
12	Unbefugte Verwendung	liegt nach der betrugsspezifischen Auslegung vor, wenn die Verwendung der Daten gegenüber einer Person Täuschung und damit Betrug wäre.
13	Sonstige unbefugte Einwirkung auf den Ablauf	ist gegeben bei strafwürdigen Manipulationen, für die keine andere Variante eingreift.
14	Vermögensschaden	Negativer Saldo, der sich bei einem Vergleich der Vermögensmassen mit/ohne das schädigende Ereignis ergibt (→ § 263 Rn. 6)
15	Absicht	setzt voraus, dass es dem Täter gerade auf die Erlangung des Vermögensvorteils, wenn auch nur als Zwischenziel, ankommt (→ § 263 Rn. 7).
16	Rechtswidrig	ist der Vermögensvorteil, wenn der Täter keinen rechtlichen Anspruch auf ihn hat (→ § 263 Rn. 8).
17	Stoffgleichheit	ist gegeben, wenn der rechtswidrige Vermögensvorteil und der eingetretene Schaden auf derselben Vermögensverfügung beruhen, der Vermögensvorteil also unmittelbar die Kehrseite des Schadens bildet (→ § 263 Rn. 9).
18	Herstellen	Sämtliche zur Anfertigung unmittelbar erforderlichen Handlungen (→ § 130 Rn. 20)
19	Sichverschaffen	Erlangen der Verfügungsgewalt (→ § 146 Rn. 5)
20	Einem anderen verschaffen	Weiterleiten der Verfügungsgewalt unmittelbar auf den Dritten (→ § 202b Rn. 6)
21	Feilhalten	Äußerlich erkennbares Bereithalten zum Zweck des Verkaufs (→ § 146 Rn. 6)
22	Verwahren	Für sich oder einen Dritten zur Verfügung halten (→ § 261 Rn. 14)
23	Überlassen	Übertragen der tatsächlichen Sachherrschaft (→ § 152a Rn. 6)

Vor § 265 Versicherungsmissbrauch

Aufbauschema 1

I. Tatbestand

1. Objektiver Tatbestand
   a) Tatobjekt: Versicherte Sache → *Rn. 1*
   b) Tathandlung: Beschädigen, Zerstören, Beeinträchtigen der Brauchbarkeit, Beiseiteschaffen, Überlassen → *Rn. 2 ff.*
2. Subjektiver Tatbestand
   a) Vorsatz
   b) Absicht, sich oder einem Dritten Leistungen aus der Versicherung zu verschaffen

II. Rechtswidrigkeit

III. Schuld

Beachte: *Subsidiaritätsklausel, § 265 I a.E.*

§ 265 Versicherungsmissbrauch

Versicherte Sache	Durch formell gültigen Versicherungsvertrag gegen eine der genannten Beeinträchtigungen versicherte Sache	**1**
Beschädigen	Substanzverletzung oder mehr als nur unerhebliches Herabsetzen der bestimmungsgemäßen Brauchbarkeit (→ § 303 Rn. 3)	**2**
Zerstören	Existenzvernichtung oder vollständiges Aufheben der bestimmungsgemäßen Brauchbarkeit (→ § 303 Rn. 4)	**3**
Beeinträchtigen der Brauchbarkeit	ist gegeben, wenn die Funktionsfähigkeit gemindert ist, ohne dass es zu einer Substanzverletzung gekommen ist.	**4**
Beiseiteschaffen	Den Zugriff unmöglich machen oder erschweren	**5**
Überlassen	Übertragen der tatsächlichen Sachherrschaft (→ § 152a Rn. 6)	**6**

Vor § 265a Erschleichen von Leistungen

1 **Aufbauschema**

I. Tatbestand

1. Objektiver Tatbestand
   a) Tatobjekt: Leistung → *Rn. 2*
      aa) Var. 1: eines Automaten → *Rn. 1*
      bb) Var. 2: eines öffentlichen Zwecken dienenden Telekommunikationsnetzes → *Rn. 6 f.*
      cc) Var. 3: Beförderung durch ein Verkehrsmittel → *Rn. 4 f.*
      dd) Var. 4: Zutritt zu einer Veranstaltung oder Einrichtung → *Rn. 8 ff.*
   b) Tathandlung: Erschleichen der Leistung
2. Subjektiver Tatbestand
   a) Vorsatz
   b) Absicht, das Entgelt (→ *Rn. 11*) nicht zu entrichten

II. Rechtswidrigkeit

III. Schuld

IV. Strafverfolgungsvoraussetzung

Strafantrag, § 265a III i.V.m. §§ 247, 248a

Beachte: *Subsidiaritätsklausel, § 265a I a.E.*

§ 265a Erschleichen von Leistungen

1	Automat	Gerät, das aufgrund eines elektronischen oder mechanischen Steuerungssystems selbsttätig Funktionen erfüllt
2	Leistung	ist eine entgeltliche Dienstleistung.
3	Erschleichen	Jedes ordnungswidrige Erlangen unter Umgehung oder Ausschaltung von Sicherheitsvorkehrungen
4	Beförderung	Verbringen von Personen oder Sachen an einen anderen Ort
5	Verkehrsmittel	Technisches Gerät zum Personentransport
6	Telekommunikationsnetz	Jedes Nachrichtenübertragungssystem
7	Öffentlichen Zwecken dienend	Zur Benutzung durch die Allgemeinheit errichtet

Zutritt	Körperlicher Eintritt, der eine Teilnahme oder Nutzung ermöglicht	**8**
Veranstaltung	Nach seiner Form und Zwecksetzung abgegrenztes Ereignis vorübergehender Art	**9**
Einrichtung	Auf Dauer angelegte Sachgesamtheit, die einem bestimmten Zweck dient und zu diesem Zweck von Personen genutzt werden kann	**10**
Entgelt	Jede in einem Vermögensvorteil bestehende Geldleistung (§ 11 I Nr. 9)	**11**

Vor § 266 Untreue

Aufbauschema **1**

I. Tatbestand

1. Objektiver Tatbestand
   a) Alt. 1 (Missbrauchstatbestand)
      aa) Befugnis
         (1) über fremdes Vermögen zu verfügen → *Rn. 4 f.* oder
         (2) einen anderen zu verpflichten → *Rn. 6*
      bb) Aufgrund von
         (1) Gesetz → *Rn. 1*
         (2) Behördlichem Auftrag → *Rn. 2* oder
         (3) Rechtsgeschäft → *Rn. 3*
      cc) Tathandlung: Missbrauch → *Rn. 7*
   b) Alt. 2 (Treubruchstatbestand)
      aa) Vermögensbetreuungspflicht → *Rn. 9*
      bb) Aufgrund von
         (1) Gesetz → *Rn. 1*
         (2) Behördlichen Auftrag → *Rn. 2*
         (3) Rechtsgeschäft → *Rn. 3*
         (4) oder Treueverhältnis
      cc) Tathandlung: Verletzung der Treuepflicht → *Rn. 10*
   c) Taterfolg: Nachteil → *Rn. 8*
   d) Kausalität zwischen Tathandlung und Taterfolg
2. Subjektiver Tatbestand

II. Rechtswidrigkeit

III. Schuld

IV. Strafverfolgungsvoraussetzung

Strafantrag, § 266 II i.V.m. §§ 247, 248a

V. Strafzumessung

Besonders schwere Fälle, § 266 II i.V.m. § 263 III (Regelbeispiele mit Geringwertigkeitsklausel § 266 II i.V.m. § 243 II)

§ 266 Untreue

1	Durch Gesetz	Aufgrund gesetzlicher Regelung
2	Durch behördlichen Auftrag	Aufgrund generell oder speziell im Einzelfall durch eine Behörde eingeräumte Befugnis
3	Durch Rechtsgeschäft	Aufgrund Vollmacht oder Ermächtigung
4	Vermögen	Alle geldwerten Positionen, denen wirtschaftlicher Wert zukommt und die nicht ausdrücklich rechtlich missbilligt werden (→ § 263 Rn. 1)
5	Verfügen	Jede Änderung, Übertragung oder Aufhebung eines dinglichen Rechts
6	Verpflichten	Schuldrechtlich einen anderen mit einer Verbindlichkeit belasten
7	Missbrauch	Überschreitung des rechtlichen Dürfens im Innenverhältnis im Rahmen des rechtlichen Könnens im Außenverhältnis
8	Nachteil	Vermögensschaden (→ § 253 Rn. 6)
9	Vermögens-betreuungspflicht	Pflicht zur Wahrnehmung fremder Vermögensinteressen, welche den typischen und wesentlichen Inhalt des rechtlich begründeten oder faktisch bestehenden Treueverhältnisses bildet, also dessen Hauptgegenstand und nicht eine bloße Nebenpflicht ist
10	Verletzung der Treuepflicht	Jedes Handeln oder Unterlassen, das im Widerspruch zur Treuepflicht steht

Vor § 266b Missbrauch von Scheck- und Kreditkarten

1 **Aufbauschema**

I. Tatbestand

1. Objektiver Tatbestand
   a) Täter: Berechtigter Karteninhaber
   b) Tatsituation: Überlassung einer Scheck- oder Kreditkarte → *Rn. 1 ff.*
   c) Tathandlung: Missbrauch → *Rn. 4*
   d) Taterfolg: Vermögensschaden → *Rn. 5*
   e) Kausalität
2. Subjektiver Tatbestand

II. Rechtswidrigkeit

III. Schuld

IV. Strafverfolgungsvoraussetzung

Strafantrag, § 266b II i.V.m. § 248a

§ 266b Missbrauch von Scheck- und Kreditkarten

Kreditkarte	Karte im Drei-Partner-System, in dem sich der Aussteller gegenüber dem Vertragsunternehmen verpflichtet, dessen Forderung gegen den Karteninhaber durch unmittelbare Zahlung auszugleichen	1
Scheckkarte	Karte, bei der ein Aussteller (Kreditinstitut) dem Schecknehmer die Einlösung von Schecks garantiert	2
Überlassung	Tatsächliche Übergabe zur Nutzung im vom Konto- oder Kartenvertrag umfassten Zahlungs- und Kreditverfahren	3
Missbrauch	Überschreitung des rechtlichen Dürfens im Innenverhältnis im Rahmen des rechtlichen Könnens im Außenverhältnis (→ § 266 Rn. 7)	4
Schaden	Negativer Saldo, der sich bei einem Vergleich der Vermögensmassen mit/ohne das schädigende Ereignis ergibt	5

Urkundenfälschung, §§ 267–282

Vor § 267 Urkundenfälschung

Aufbauschema 1

I. Tatbestand

1. Objektiver Tatbestand
   a) Urkunde → *Rn. 3*
   b) Echt/Unecht → *Rn. 11*
   c) Tathandlung
      aa) Var. 1: Herstellen einer unechten Urkunde → *Rn. 12*
      bb) Var. 2: Verfälschen einer echten Urkunde → *Rn. 13*
      cc) Var. 3: Gebrauchen einer unechten oder verfälschten Urkunde → *Rn. 14*

2. Subjektiver Tatbestand
   a) Vorsatz
   b) Absicht zur Täuschung im Rechtsverkehr

II. Rechtswidrigkeit

III. Schuld

IV. Strafzumessung

Besonders schwere Fälle, § 267 III (Regelbeispiele)

Beachte: *Qualifikation, § 267 IV*

§ 267 Urkundenfälschung

1	Täuschung	Irrtumserregung
2	Rechtsverkehr	Summe rechtserheblichen Verhaltens
3	Urkunde	ist jede verkörperte Gedankenerklärung (Perpetuierungsfunktion), die zum Beweis im Rechtsverkehr geeignet und bestimmt ist (Beweisfunktion) und ihren Aussteller erkennen lässt (Garantiefunktion).
4	Beweiszeichen	Beweiserhebliche menschliche Gedankenerklärung, die durch Zeichen oder Symbol verkörpert wird
5	Kennzeichen	Zeichen oder Symbole, die lediglich Ordnungs- oder Unterscheidungsaufgaben erfüllen oder der Sicherung oder dem Verschluss von Sachen dienen
6	Zusammengesetzte Urkunde	Verkörperte Gedankenerklärung, die mit einem Bezugsobjekt räumlich fest zu einer Beweiseinheit verbunden ist
7	Gesamturkunde	liegt vor, wenn mehrere Einzelurkunden so zu einem sinnvollen Ganzen zusammengesetzt sind, dass durch die Zusammenfassung ein über den gedanklichen Inhalt der Einzelteile hinausgehender eigener Erklärungs- und Beweisinhalt entsteht.
8	Absichtsurkunden	oder originäre Urkunden sind solche, bei denen die Beweisbestimmung schon bei der Erstellung besteht.

Zufallsurkunden	oder nachträgliche Urkunden sind solche, bei denen der Aussteller oder ein Dritter den Willen zur Beweisbestimmung erst im Nachhinein äußert.	**9**
Aussteller	ist der, dem das urkundlich Erklärte im Rechtsverkehr zugerechnet wird, also von wem die Erklärung also geistig herrührt.	**10**
Unecht	ist die Urkunde, wenn die Erklärung nicht von demjenigen stammt, der aus ihr als Aussteller hervorgeht.	**11**
Herstellen	Sämtliche zur Anfertigung unmittelbar erforderlichen Handlungen (→ § 130 Rn. 20)	**12**
Verfälschen	Jede nachträgliche Veränderung des gedanklichen Inhalts einer echten Urkunde	**13**
Gebrauchen	Verschaffen der Möglichkeit zur Kenntnisnahme	**14**
Gewerbsmäßig	In der Absicht, sich eine fortlaufende Einnahmequelle von einiger Dauer und einigem Umfang zu verschaffen (→ § 243 Rn. 17)	**15**
Bande	Auf ausdrücklicher oder stillschweigender Vereinbarung beruhender Zusammenschluss von mindestens drei Personen (→ § 244 Rn. 5)	**16**
Großes Ausmaß	Umfang, der aus dem Rahmen der durchschnittlichen Fälle deutlich herausragt (→ § 263 Rn. 12)	**17**
Große Anzahl	Ab 20 Exemplare	**18**
Missbrauch der Befugnisse	Unerlaubtes Handeln innerhalb des Zuständigkeitsbereichs (→ § 263 Rn. 15)	**19**
Missbrauch der Stellung	Unerlaubtes Handeln außerhalb des Zuständigkeitsbereichs (→ § 263 Rn. 16)	**20**
Amtsträger	Wer nach deutschem Recht Beamter oder Richter ist, in einem sonstigen öffentlich-rechtlichen Amtsverhältnis steht oder sonst zur Wahrnehmung öffentlicher Aufgaben bestellt ist (§ 11 I Nr. 2)	**21**
Europäischer Amtsträger	Wer Mitglied der Europäischen Kommission, der Europäischen Zentralbank, des Rechnungshofs oder eines Gerichts der Europäischen Union ist, Beamter oder sonstiger Bediensteter der Europäischen Union oder	**22**

	einer auf der Grundlage des Rechts der Europäischen Union geschaffenen Einrichtung ist oder mit der Wahrnehmung von Aufgaben der Europäischen Union oder von Aufgaben einer auf der Grundlage des Rechts der Europäischen Union geschaffenen Einrichtung beauftragt ist (§ 11 I Nr. 2a)

Vor § 268 Fälschung technischer Aufzeichnungen

1 **Aufbauschema**

I. Tatbestand

1. Objektiver Tatbestand
   a) Technische Aufzeichnung i.S.d. Abs. 2: Darstellung, Daten, Mess- oder Rechenwerte, Zustände oder Geschehensabläufe, technisches Gerät, selbsttätig bewirkt (→ *Rn. 3 ff.*), Beweisfunktion
   b) Echt/Unecht → *Rn. 10*
   c) Tathandlung
      aa) Nr. 1 Var. 1: Herstellen (bzw. Beeinflussung des Aufzeichnungsergebnisses, Abs. 3) → *Rn. 11*
      Var. 2: Verfälschen → *Rn. 12*
      bb) Nr. 2 Gebrauchen einer unechten oder verfälschten technischen Aufzeichnung → *Rn. 13*
2. Subjektiver Tatbestand
   a) Vorsatz
   b) Absicht zur Täuschung (bzw. der fälschlichen Beeinflussung einer Datenverarbeitung, § 270) im Rechtsverkehr

II. Rechtswidrigkeit

III. Schuld

IV. Strafzumessung

Besonders schwere Fälle, § 268 V i.V.m. § 267 III (Regelbeispiele)

Beachte: *Qualifikation, § 268 V i.V.m. § 267 IV*

§ 268 Fälschung technischer Aufzeichnungen

1	Täuschung	Irrtumserregung (→ § 267 Rn. 1)
2	Rechtsverkehr	Summe rechtserheblichen Verhaltens (→ § 267 Rn. 2)
3	Darstellung	Jegliche Fixierung von gewisser Dauerhaftigkeit

Daten	Codierte, auf einem Datenträger fixierte Informationen, die elektronisch, magnetisch oder sonst nicht unmittelbar wahrnehmbar gespeichert sind oder übermittelt werden (vgl. § 202 II)	**4**
Messwert	Numerische Angabe über einen Sachverhalt	**5**
Rechenwert	Errechnete Zahl	**6**
Zustände	Reale Gegebenheiten jeglicher Art	**7**
Geschehensabläufe	Entwicklung, die ein Zustand im Ablauf einer bestimmten Zeitspanne nimmt	**8**
Selbsttätig bewirkt	ist die Aufzeichnung, wenn ihr Inhalt eine neue Information enthält, die aufgrund eines in Konstruktion oder Programmierung festgelegten automatischen Ablaufs hervorgebracht wird.	**9**
Unecht	ist die technische Aufzeichnung, wenn sie den falschen Eindruck erweckt, das Ergebnis eines von Störungshandlungen unbeeinflussten selbsttätigen Aufzeichnungsvorgangs zu sein.	**10**
Herstellen	Sämtliche zur Anfertigung unmittelbar erforderlichen Handlungen (→ § 130 Rn. 20)	**11**
Verfälschen	ist jede nachträgliche Veränderung des gedanklichen Inhalts einer vorhandenen technischen Aufzeichnung.	**12**
Gebrauchen	Verschaffen der Möglichkeit zur Kenntnisnahme (→ § 267 Rn. 14)	**13**

Vor § 269 Fälschung beweiserheblicher Daten

Aufbauschema **1**

I. Tatbestand

1. Objektiver Tatbestand
   a) Beweiserhebliche Daten → *Rn. 3 f.*
   b) Tathandlung
      aa) Var. 1: Speichern, so dass bei Wahrnehmung eine unechte oder verfälschte Urkunde vorliegen würde → *Rn. 5*
      bb) Var. 2: Verändern, so dass bei Wahrnehmung eine unechte oder verfälschte Urkunde vorliegen würde → *Rn. 6*

cc) Var. 3: Gebrauchen derart gespeicherter oder veränderter Daten → *Rn. 7*

2. Subjektiver Tatbestand
   a) Vorsatz
   b) Absicht zur Täuschung (bzw. der fälschlichen Beeinflussung einer Datenverarbeitung, § 270) im Rechtsverkehr

II. Rechtswidrigkeit

III. Schuld

IV. Strafzumessung

Besonders schwere Fälle, § 269 III i.V.m. § 267 III

Beachte: *Qualifikation, § 269 III i.V.m. § 267 IV*

§ 269 Fälschung beweiserheblicher Daten

1	Täuschung	Irrtumserregung (→ § 267 Rn. 1)
2	Rechtsverkehr	Summe rechtserheblichen Verhaltens (→ § 267 Rn. 2)
3	Daten	Codierte, auf einem Datenträger fixierte Informationen, die elektronisch, magnetisch oder sonst nicht unmittelbar wahrnehmbar gespeichert sind oder übermittelt werden (vgl. § 202a II)
4	Beweiserheblich	Bestimmt und geeignet, für ein Rechtsverhältnis Beweis zu erbringen
5	Speichern	Zum Zweck der Weiterverwendung erfassen, aufnehmen oder aufbewahren
6	Verändern	Manipulieren des Datenbestands, so dass bei visueller Darstellung ein abweichendes Ergebnis als das vom Anlagenbetreiber gewollte erreicht wird
7	Urkunde	ist jede verkörperte Gedankenerklärung, die zum Beweis im Rechtsverkehr geeignet und bestimmt ist und ihren Aussteller erkennen lässt (→ § 267 Rn. 3).
8	Unecht	ist die Urkunde, wenn die Erklärung nicht von demjenigen stammt, der aus ihr als Aussteller hervorgeht (→ § 267 Rn. 11).
9	Gebrauchen	Verschaffen der Möglichkeit zur Kenntnisnahme (→ § 267 Rn. 14)

Vor § 271 Mittelbare Falschbeurkundung

Aufbauschema 1

I. Tatbestand

1. Objektiver Tatbestand
   a) Tatobjekt: Öffentliche Urkunden, Bücher, Dateien, Register → *Rn. 5, 8*
   b) Taterfolg: Unrichtige Beurkundung oder Speicherung von Erklärungen, Verhandlungen oder Tatsachen mit Erheblichkeit für Rechte und Rechtsverhältnisse → *Rn. 10 f.*
   c) Tathandlungen
      aa) Abs. 1: Bewirken → *Rn. 1*
      bb) Abs. 2: Gebrauchen → *Rn. 12*
2. Subjektiver Tatbestand
   a) Vorsatz
   b) Bei Abs. 2 zusätzlich: Wille zur Täuschung (bzw. der fälschlichen Beeinflussung einer Datenverarbeitung, § 270) im Rechtsverkehr → *Rn. 13 f.*

II. Rechtswidrigkeit

III. Schuld

Beachte: *Qualifikation, § 271 III*

§ 271 Mittelbare Falschbeurkundung

Bewirken	ist jede Verursachung.	1
Erklärungen	Äußerungen, die von Urkundsbeamten entgegengenommen werden	2
Tatsachen	Sachverhalte, die Gegenstand sinnlicher Wahrnehmung sein können, sowie innere Sachverhalte, sobald sie zu den äußeren Erscheinungen in Bezug treten	3
Erheblichkeit für Rechte oder Rechtsverhältnisse	liegt vor, wenn die Erklärung allein oder in Verbindung mit anderen Tatsachen für die Entstehung, Erhaltung, Veränderung eines öffentlichen oder privaten Rechts oder Rechtsverhältnisses von unmittelbarer oder mittelbarer Bedeutung ist.	4
Öffentliche Urkunde	ist eine Urkunde, die von einer öffentlichen Behörde innerhalb der Grenzen ihrer Amtsbefugnisse oder von einer mit öffentlichem Glau-	5

		ben versehenen Person innerhalb des ihr zugewiesenen Geschäftskreises in der vorgeschriebenen Form aufgenommen ist (§ 415 I ZPO).
6	Behörde	Stelle, die Aufgaben der öffentlichen Verwaltung wahrnimmt – auch Gerichte (§ 11 I Nr. 7)
7	Mit öffentlichem Glauben versehene Personen	sind solche, denen für einen örtlich und sachlich begrenzten Kreis durch Gesetz oder durch Verwaltungsanordnung die Befugnis verliehen ist, Erklärungen oder Tatsachen mit voller Beweiskraft zu öffentlichem Glauben zu bezeugen.
8	Dateien	Sammlung von Daten
9	Öffentlich	Mit öffentlichem Glauben, d.h. mit Beweiskraft für und gegen jedermann, versehen
10	Beurkunden	Aufnehmen durch einen Amtsträger
11	Speichern	Zum Zweck der Weiterverwendung erfassen, aufnehmen oder aufbewahren (→ § 269 Rn. 5)
12	Gebrauchen	Verschaffen der Möglichkeit zur Kenntnisnahme (→ § 267 Rn. 14)
13	Täuschung	Irrtumserregung (→ § 267 Rn. 1)
14	Rechtsverkehr	Summe rechtserheblichen Verhaltens (→ § 267 Rn. 2)
15	Entgelt	Jede in einem Vermögensvorteil bestehende Geldleistung (§ 11 I Nr. 9)

§ 273 Verändern von amtlichen Ausweisen

1	Amtlicher Ausweis	Urkunde, die von einer Behörde oder einer Stelle, die Aufgaben der öffentlichen Verwaltung wahrnimmt, ausgestellt ist, um die Identität einer Person oder ihre persönlichen Verhältnisse nachzuweisen
2	Entfernen	liegt vor, wenn die Eintragung dem Ausweis nicht mehr körperlich anhaftet.
3	Unkenntlich machen	Die Möglichkeit beseitigen, vom gedanklichen Inhalt Kenntnis zu erlangen (→ § 134 Rn. 4)
4	Überdecken	Unkenntlich machen durch Auftrag von Fremdkörpern

Unterdrücken	Dem Zugriff des Berechtigten entziehen	5
Gebrauchen	Verschaffen der Möglichkeit zur Kenntnisnahme (→ § 267 Rn. 14)	6

Vor § 274 Urkundenunterdrückung

Aufbauschema 1

I. Tatbestand

1. Objektiver Tatbestand
   a) Nr. 1
      aa) Tatobjekt
         (1) Urkunde oder technische Aufzeichnung → *Rn. 1 f.*
         (2) Nicht ausschließliches Gehören → *Rn. 3*
      bb) Tathandlung
         Vernichten, Beschädigen oder Unterdrücken → *Rn. 4 ff.*
   b) Nr. 2
      aa) Tatobjekt
         (1) Daten → *Rn. 8*
         (2) Beweiserheblich → *Rn. 9*
         (3) Nicht ausschließliches Verfügendürfen
      bb) Tathandlung
         Löschen, Unterdrücken, Unbrauchbarmachen oder Verändern → *Rn. 10 ff.*
   c) Nr. 3
      aa) Tatobjekt
         Zur Bezeichnung einer Grenze oder eines Wasserstandes bestimmtes Merkmal → *Rn. 14*
      bb) Tathandlung
         Wegnehmen, Vernichten, Unkenntlichmachen, Verrücken oder fälschlich Setzen → *Rn. 15 ff.*
2. Subjektiver Tatbestand
   a) Vorsatz
   b) Nachteilszufügungsabsicht

II. Rechtswidrigkeit

III. Schuld

§ 274 Urkundenunterdrückung

Urkunde	ist jede verkörperte Gedankenerklärung, die zum Beweis im Rechtsverkehr geeignet und bestimmt ist und ihren Aussteller erkennen lässt (→ § 267 Rn. 3).	1

2	Technische Aufzeichnung	ist eine Darstellung von Daten, Mess- oder Rechenwerten, Zuständen oder Geschehensabläufen, die durch ein technisches Gerät ganz oder zum Teil selbsttätig bewirkt wird, den Gegenstand der Aufzeichnung allgemein oder für Eingeweihte erkennen lässt und zum Beweis einer rechtlich erheblichen Tatsache bestimmt ist, gleichviel ob ihr die Bestimmung schon bei der Herstellung oder erst später gegeben wird (§ 268 II).
3	Gehören	tut eine Urkunde demjenigen, dem das Beweisführungsrecht zusteht.
4	Vernichten	Völliges Aufheben der beweiserheblichen Substanz
5	Beschädigen	ist das Beeinträchtigen des Beweiswerts.
6	Unterdrücken	Handlung, durch die dem Beweisführungsberechtigten die Benutzung der Urkunde als Beweismittel auf Zeit oder dauerhaft unmöglich gemacht wird
7	Nachteil	Jede Beeinträchtigung fremder Interessen
8	Daten	Codierte, auf einem Datenträger fixierte Informationen, die elektronisch, magnetisch oder sonst nicht unmittelbar wahrnehmbar gespeichert sind oder übermittelt werden (vgl. § 202a II)
9	Beweiserheblich	Bestimmt und geeignet, für ein Rechtsverhältnis Beweis zu erbringen (→ § 269)
10	Löschen	Vollständiges und unwiederbringliches Unkenntlichmachen der Speicherung (→ § 303a Rn. 2)
11	Unbrauchbar machen	Ausschalten der Wirkungsweise (→ § 303a Rn. 4)
12	Verändern	Herbeiführen eines von dem bisherigen abweichenden Zustandes (→ § 303a Rn. 5)
13	Zur Bezeichnung einer Grenze bestimmtes Merkmal	Gegenstand, der geeignet und von befugter Stelle dazu bestimmt ist, zur Beurkundung der Grenze zu dienen
14	Zur Bezeichnung eines Wasserstandes bestimmtes Merkmal	ist ein solches, das dazu geeignet und dazu bestimmt ist, Nutzungsrechte am Wasser abzugrenzen.

Wegnehmen	Entfernen	**15**
Unkenntlich machen	Die Möglichkeit beseitigen, vom gedanklichen Inhalt Kenntnis zu erlangen (→ § 134 Rn. 4)	**16**
Verrücken	An eine andere Stelle setzen	**17**
Fälschlich setzen	Den Anschein erwecken, es handele sich um ein richtiges Grenzmerkmal	**18**

§ 277 Unbefugtes Ausstellen von Gesundheitszeugnissen

Arzt	Nach §§ 2, 2a BÄO approbierte oder zur Ausübung des ärztlichen Berufs befugte Person	**1**
Andere approbierte Medizinalperson	Angehöriger eines zulassungspflichtigen Heilberufs	**2**
Zeugnis über den Gesundheitszustand	Verkörperte Gedankenerklärung über jetzige, frühere oder voraussichtliche, künftige Krankheiten oder Körperzustände eines lebenden Menschen	**3**
Ausstellen	Herstellen als eigene Erklärung i.S. einer formellen geistigen Urheberschaft	**4**
Täuschung	Irrtumserregung (→ § 267 Rn. 1)	**5**

§ 278 Ausstellen unrichtiger Gesundheitszeugnisse

Andere approbierte Medizinalperson	Angehöriger eines zulassungspflichtigen Heilberufs (→ § 277 Rn. 1)	**1**
Zeugnis über den Gesundheitszustand	Verkörperte Gedankenerklärung über jetzige, frühere oder voraussichtliche, künftige Krankheiten oder Körperzustände eines lebenden Menschen (→ § 277 Rn. 2)	**2**
Ausstellen	Herstellen als eigene Erklärung i.S. einer formellen geistigen Urheberschaft (→ § 277 Rn. 3)	**3**

§ 279 Gebrauch unrichtiger Gesundheitszeugnisse

Andere approbierte Medizinalperson	Angehöriger eines zulassungspflichtigen Heilberufs (→ § 277 Rn. 1)	**1**

2	Zeugnis über den Gesundheitszustand	Verkörperte Gedankenerklärung über jetzige, frühere oder voraussichtliche, künftige Krankheiten oder Körperzustände eines lebenden Menschen (→ § 277 Rn. 2)
3	Gebrauch machen	Verschaffen der Möglichkeit zur Kenntnisnahme (→ § 267 Rn. 14)

§ 281 Missbrauch von Ausweispapieren

1	Ausweispapier	Urkunde, die von einer Behörde oder einer Stelle, die Aufgaben der öffentlichen Verwaltung wahrnimmt, ausgestellt ist, um die Identität einer Person oder ihre persönlichen Verhältnisse nachzuweisen
2	Ausstellen	Herstellen als eigene Erklärung i.S. einer formellen geistigen Urheberschaft (→ § 277 Rn. 3)
3	Täuschung	Irrtumserregung (→ § 267 Rn. 1)
4	Gebrauchen	Verschaffen der Möglichkeit zur Kenntnisnahme (→ § 267 Rn. 14)
5	Rechtsverkehr	Summe rechtserheblichen Verhaltens (→ § 267 Rn. 2)
6	Überlassen	Übertragen der tatsächlichen Sachherrschaft (→ § 152a Rn. 6)

Insolvenzstraftaten, §§ 283–283d

§ 283 Bankrott

1	Überschuldung	ist gegeben, wenn die Verbindlichkeiten des Täters seine Vermögenswerte nicht unerheblich übersteigen (vgl. § 19 II InsO).
2	Zahlungsunfähigkeit	ist gegeben, wenn der Schuldner nicht in der Lage ist, seinen fälligen Zahlungspflichten nachzukommen (vgl. § 17 II InsO).
3	Drohende Zahlungsunfähigkeit	ist gegeben, wenn der Schuldner voraussichtlich nicht in der Lage ist, die bestehenden Zahlungspflichten bei Fälligkeit zu erfüllen (vgl. § 18 II InsO).
4	Vermögensbestandteile	Verwertbare Gegenstände

Beiseiteschaffen	Den Zugriff unmöglich machen oder erschweren (→ § 265 Rn. 5)	5
Verheimlichen	ist ein Verhalten, durch das der Täter das Tatobjekt als solches oder dessen Zugehörigkeit zur Insolvenzmasse der Kenntnis der Gläubiger oder des Insolvenzverwalters entzieht.	6
Zerstören	Existenzvernichtung oder vollständiges Aufheben der bestimmungsgemäßen Brauchbarkeit (→ § 303 Rn. 4)	7
Beschädigen	Substanzverletzung oder mehr als nur unerhebliches Herabsetzen der bestimmungsgemäßen Brauchbarkeit (→ § 303 Rn. 3)	8
Unbrauchbar machen	Ausschalten der Wirkungsweise (→ § 303a Rn. 4)	9
Verlustgeschäfte	sind solche, die schon nach der Vorauskalkulation auf eine Vermögensminderung nach Saldierung angelegt sind und dazu auch führen.	10
Spekulationsgeschäfte	sind solche, bei denen ein besonders hohes Risiko in der Hoffnung eingegangen wird, einen die übliche Höhe übersteigenden Gewinn zu erzielen.	11
Unwirtschaftliche Ausgaben	sind privat oder betrieblich veranlasste vermögensmindernde Verfügungen, die das Maß des Notwendigen oder Üblichen übersteigen.	12
Übermäßig	sind Beiträge, wenn sie zum Einkommen und Vermögensstand des Täters in keinem angemessenen Verhältnis mehr stehen.	13
Verbrauch	ist die tatsächliche Ausgabe.	14
Schuldig werden	ist das Eingehen der Verbindlichkeit.	15
Beschaffen	In die tatsächliche Verfügungsgewalt bringen	16
Erheblich	Ins Auge springend	17
Veräußern	Eigentum übertragen	18
Abgeben	Überlassen des Besitzes ohne Eigentumsübertragung	19
Erdichtet	sind Rechte, wenn sie hinsichtlich ihres Inhalts oder Umfangs frei erfunden sind.	20
Vorgetäuscht	sind Rechte, wenn sich der Täter gegenüber einem anderen auf ein nicht bestehendes Recht beruft.	21

22	Handelsbücher	sind die fortlaufenden buchmäßigen Erfassungen der Handelsgeschäfte und der Vermögenslage.
23	Erschwert	ist die Übersicht über den Vermögensstand, wenn ein Sachverständiger ihn den Büchern allenfalls mühevoll oder mit erheblichem Zeitaufwand entnehmen kann.
24	Bilanz	ist der das Verhältnis von Vermögen und Schulden darstellende Abschluss.
25	Geschäftliche Verhältnisse	sind alle Gegebenheiten, die Grundlage für die Einschätzung der wirtschaftlichen Unternehmenssituation sind.
26	Verschleiern	Irreführend darstellen

§ 283c Gläubigerbegünstigung

1	Zahlungsunfähigkeit	ist gegeben, wenn der Schuldner nicht in der Lage ist, seinen fälligen Zahlungspflichten nachzukommen (vgl. § 17 II InsO).
2	Sicherheit	ist jede Position, durch die der Gläubiger die Möglichkeit erhält, schneller, leichter, besser oder mit größerer Gewissheit befriedigt zu werden.
3	Befriedigung	Schuldrechtliche Erfüllung einer Forderung

§ 283d Schuldnerbegünstigung

1	Drohende Zahlungsunfähigkeit	ist gegeben, wenn der Schuldner voraussichtlich nicht in der Lage ist, die bestehenden Zahlungspflichten bei Fälligkeit zu erfüllen (vgl. § 18 II InsO).
2	Vermögensbestandteile	Verwertbare Gegenstände (→ § 283 Rn. 4)
3	Beiseiteschaffen	Den Zugriff unmöglich machen oder erschweren (→ § 265 Rn. 5)
4	Verheimlichen	ist ein Verhalten, durch das der Täter das Tatobjekt als solches oder dessen Zugehörigkeit zur Insolvenzmasse der Kenntnis der Gläubiger oder des Insolvenzverwalters entzieht (→ § 283 Rn. 6).

Zerstören	Existenzvernichtung oder vollständiges Aufheben der bestimmungsgemäßen Brauchbarkeit (→ § 303 Rn. 4)	5
Beschädigen	Substanzverletzung oder mehr als nur unerhebliches Herabsetzen der bestimmungsgemäßen Brauchbarkeit (→ § 303 Rn. 3)	6
Unbrauchbar machen	Ausschalten der Wirkungsweise (→ § 303a Rn. 4)	7
Gewinnsucht	Übersteigertes Gewinnstreben	8
Wirtschaftliche Not	Mangellage infolge der Tat, aufgrund derer der notwendige Lebensunterhalt ohne Hilfe Dritter nicht mehr gewährleistet ist (→ § 263 Rn. 14)	9

Strafbarer Eigennutz, §§ 284–297

§ 284 Unerlaubte Veranstaltung eines Glücksspiels

Glücksspiel	Nach vorbestimmten Regeln verlaufendes Spielen um Gewinn oder Verlust mit einem vermögenswerten Einsatz, bei dem die Entscheidung über Gewinn und Verlust nach den Spielbedingungen nicht wesentlich von Fähigkeiten und Kenntnissen, vielmehr vom Zufall, also vom Wirken unberechenbarer, dem Einfluss der Beteiligten in ihrem Durchschnitt entzogener Ursachen, abhängt	1
Öffentlich	In einer Weise, dass ein größerer, individuell nicht feststehender oder jedenfalls durch persönliche Beziehungen nicht verbundener Personenkreis die Möglichkeit der Teilnahme hat (→ § 124 Rn. 3)	2
Veranstalten	Gelegenheit zur Beteiligung bieten	3
Halten	Leiten oder eigenverantwortliches Überwachen	4
Bereitstellen	Zugänglichmachen	5
Einrichtungen	Gegenstände, die ihrer Natur nach geeignet und bestimmt sind, zu Glücksspielen benutzt zu werden	6

7	Gewerbsmäßig	In der Absicht, sich eine fortlaufende Einnahmequelle von einiger Dauer und einigem Umfang zu verschaffen (→ § 243 Rn. 17)
8	Bande	Auf ausdrücklicher oder stillschweigender Vereinbarung beruhender Zusammenschluss von mindestens drei Personen (→ § 244 Rn. 5)
9	Fortgesetzte Begehung	Begehung mehrerer selbstständiger, im Einzelnen noch unbestimmter Taten (→ § 244 Rn. 6)
10	Werben	Jede an Einzelne gerichtete oder öffentliche Anpreisung

§ 285 Beteiligung am unerlaubten Glücksspiel

1	Glücksspiel	Nach vorbestimmten Regeln verlaufendes Spielen um Gewinn oder Verlust mit einem vermögenswerten Einsatz, bei dem die Entscheidung über Gewinn und Verlust nach den Spielbedingungen nicht wesentlich von Fähigkeiten und Kenntnissen, vielmehr vom Zufall, also vom Wirken unberechenbarer, dem Einfluss der Beteiligten in ihrem Durchschnitt entzogener Ursachen, abhängt (→ § 284 Rn. 1)
2	Öffentlich	In einer Weise, dass ein größerer, individuell nicht feststehender oder jedenfalls durch persönliche Beziehungen nicht verbundener Personenkreis die Möglichkeit der Teilnahme hat (→ § 124 Rn. 3)
3	Beteiligung	Teilnahme als Spieler

§ 287 Unerlaubte Veranstaltung einer Lotterie oder einer Ausspielung

1	Lotterie	Glücksspiel, bei der eine Mehrzahl von Personen vertragsgemäß die Möglichkeit hat, nach einem bestimmten Spielplan gegen bestimmten Einsatz ein vom Eintritt eines zufälligen Ereignisses abhängiges Recht auf einen bestimmten Geldgewinn zu erwerben

Ausspielung	Glücksspiel, bei der eine Mehrzahl von Personen vertragsgemäß die Möglichkeit hat, nach einem bestimmten Spielplan gegen bestimmten Einsatz ein vom Eintritt eines zufälligen Ereignisses abhängiges Recht auf einen sonstigen Gewinn zu erwerben	**2**
Öffentlich	In einer Weise, dass ein größerer, individuell nicht feststehender oder jedenfalls durch persönliche Beziehungen nicht verbundener Personenkreis die Möglichkeit der Teilnahme hat (→ § 124 Rn. 3)	**3**
Veranstalten	Gelegenheit zur Beteiligung bieten (→ § 284 Rn. 3)	**4**
Werben	Jede an Einzelne gerichtete oder öffentliche Anpreisung (→ § 284 Rn. 10)	**5**

§ 288 Vereiteln der Zwangsvollstreckung

Zwangsvollstreckung	Zwangsweise Durchsetzung eines Anspruchs durch das zuständige Vollstreckungsorgan, einschließlich der Zwangsverwaltung	**1**
Drohen	tut die Zwangsvollstreckung, wenn objektiv anzunehmen ist, dass der Gläubiger demnächst zur zwangsweisen Durchsetzung seines Anspruchs schreitet.	**2**
Vermögensbestandteile	Verwertbare Gegenstände (→ § 283 Rn. 2)	**3**
Veräußern	Jede Rechtshandlung, durch die ein dem Gläubiger haftender Vermögenswert aus dem Vermögen des Schuldners ausgeschieden wird, ohne dass der volle Gegenwert in das Schuldnervermögen gelangt	**4**
Beiseiteschaffen	Den Zugriff unmöglich machen oder erschweren (→ § 265 Rn. 5)	**5**

Vor § 289 Pfandkehr

1 **Aufbauschema**

I. Tatbestand

1. Objektiver Tatbestand
   a) Tatobjekt
      aa) Sache → *Rn. 1*
      bb) Eigene (Alt. 1) / Fremde (Alt. 2) → *Rn. 2 f.*
      cc) Beweglich → *Rn. 4*
   b) Tatsituation
      Bestehen eines Pfand-, Nutzungs- oder Zurückbehaltungsrechts
   c) Tathandlung
      Wegnehmen (zugunsten des Eigentümers) → *Rn. 5*
2. Subjektiver Tatbestand
   a) Vorsatz
   b) „In rechtswidriger Absicht" → *Rn. 6*

II. Rechtswidrigkeit

III. Schuld

IV. Strafverfolgungsvoraussetzung

Strafantrag, § 289 III

§ 289 Pfandkehr

1	Sache	Körperlicher Gegenstand (§ 90 BGB)
2	Eigene	Im Alleineigentum des Täters stehend
3	Fremde	Zumindest auch im Eigentum eines anderen stehend (→ § 242 Rn. 2)
4	Beweglich	ist eine Sache, sobald sie tatsächlich fortbewegt werden kann (→ § 242 Rn. 3).
5	Wegnehmen	Entfernen (→ § 274 Rn. 15)
6	In rechtswidriger Absicht	Im Wissen des Täters, mit seiner Handlung ein fremdes Sicherungsrecht zu verletzen

§ 290 Unbefugter Gebrauch von Pfandsachen

1	Öffentliche Pfandleiher	Betreiber eines allgemein zugänglichen Pfandleihgeschäfts
2	Gegenstand	Sache

In Pfand genommen	Mit einem Pfandrecht belegt	3
Ingebrauchnehmen	Jede mit der Beschaffenheit des Gegenstandes verträgliche Verwendung	4

§ 291 Wucher

Zwangslage	Situation schwerwiegender, nicht notwendig existenzbedrohender, wirtschaftlicher Bedrängnis	1
Unerfahrenheit	Mangel an Geschäftskenntnis und Lebenserfahrung im Allgemeinen oder auf bestimmten Gebieten, welche eine Einschränkung der Befähigung zur Wahrnehmung oder richtigen Beurteilung von Zuständen oder Geschehnissen zur Folge hat	2
Mangel an Urteilsvermögen	Intellektueller, nicht durch bloße Erfahrung ausgleichbarer Leistungsmangel, der es dem Betroffenen zumindest erheblich erschwert, bei einem Rechtsgeschäft Leistung und Gegenleistung richtig gegeneinander abzuwägen	3
Willensschwäche	Angeborene oder erworbene Verminderung der Widerstandsfähigkeit gegenüber Trieben oder Verlockungen	4
Ausbeuten, ausnutzen	Bewusstes Zunutzemachen der Schwächesituation des Opfers	5
Vermögensvorteil	Jede günstigere Gestaltung der Vermögenslage	6
Auffälliges Missverhältnis	liegt vor, wenn der unverhältnismäßige Wertunterschied zwischen den Leistungen unmittelbar ins Auge springt.	7
Sichversprechenlassen	Entgegennahme der Zusage, die Leistung zu erbringen	8
Sichgewährenlassen	Entgegennahme der erbrachten Leistung	9
Wirtschaftliche Not	Mangellage infolge der Tat, aufgrund derer der notwendige Lebensunterhalt ohne Hilfe Dritter nicht mehr gewährleistet ist (→ § 263 Rn. 14)	10

Vor § 292 Jagdwilderei

1 **Aufbauschema**

I. Tatbestand

1. Objektiver Tatbestand
   a) Unter Verletzung fremden Jagd- oder Jagdausübungsrechts → *Rn. 3*
   b) Nr. 1:
      aa) Tatobjekt: Wild → *Rn. 4*
      bb) Tathandlung: Nachstellen, Fangen, Erlegen, Zueignen → *Rn. 5 ff.*
   c) Nr. 2:
      aa) Tatobjekt: Dem Jagdrecht (→ *Rn. 1*) unterliegende Sache
      bb) Tathandlung: Zueignen, Beschädigen, Zerstören → *Rn. 7 ff.*
2. Subjektiver Tatbestand

II. Rechtswidrigkeit

III. Schuld

IV. Strafzumessung

Besonders schwere Fälle, § 292 II (Regelbeispiele)

V. Strafverfolgungsvoraussetzung

Strafantrag, § 294 (außer im Falle von Abs. 2)

§ 292 Jagdwilderei

Rn.	Begriff	Definition
1	Jagdrecht	ist die mit dem Eigentum an Grund und Boden verbundene Befugnis, auf einem bestimmten Gebiet die Jagd auszuüben und sich die dort lebenden dem Jagdrecht unterliegenden Tiere (§ 2 I BJagdG; landesrechtliche Vorschriften i.S.d. § 2 II BJagdG) anzueignen (→ § 1 I BJagdG).
2	Jagdausübungsrecht	Befugnis, das Jagdrecht tatsächlich auszuüben (→ § 3 III BJagdG)
3	Verletzung eines fremden Jagd- oder Jagdausübungsrechts	Unberechtigtes Ausüben eines Jagd- oder Jagdausübungsrechts durch einen Täter, dem dieses zu eigenem Recht oder kraft Erlaubnis nicht oder nicht in diesem Umfang zusteht

Wild	Auf einem bestimmten Gebiet wildlebende herrenlose Tiere, die dem Jagdrecht und dem ausschließlichen Aneignungsrecht bestimmter Personen unterliegen (§ 1 I BJagdG)	**4**
Nachstellen	Jede Handlung, mit welcher der Täter nach seiner Vorstellung zum Fangen, Erlegen oder Zueignen unmittelbar ansetzt	**5**
Fangen	Erlangen tatsächlicher Herrschaft über ein lebendes Tier	**6**
Zueignen	Manifestation des Zueignungswillens (→ § 246 Rn. 4)	**7**
Beschädigen	Substanzverletzung oder mehr als nur unerhebliches Herabsetzen der bestimmungsgemäßen Brauchbarkeit (→ § 303 Rn. 3)	**8**
Zerstören	Existenzvernichtung oder vollständiges Aufheben der bestimmungsgemäßen Brauchbarkeit (→ § 303 Rn. 4)	**9**
Gewerbsmäßig	In der Absicht, sich eine fortlaufende Einnahmequelle von einiger Dauer und einigem Umfang zu verschaffen (→ § 243 Rn. 17)	**10**
Gewohnheitsmäßig	In Ausübung eines durch wiederholte Begehung erzeugten, selbstständig fortwirkenden und Hemmungen beseitigenden Hanges	**11**
Nachtzeit	Zeit vom Ende der Abend- bis zum Beginn der Morgendämmerung	**12**
Nicht weidmännisch	sind solche unüblichen Jagdausübungen, die den Wildbestand unerforderlich schädigen oder besondere Qualen verursachen.	**13**
Schusswaffe	Waffe im technischen Sinne, bei der ein Projektil durch einen Lauf getrieben wird (→ § 121 Rn. 12)	**14**
Beteiligter	Täter oder Teilnehmer (§ 28 II)	**15**
Gemeinschaftlich	begangen ist die Tat, wenn mindestens zwei Personen bei ihrer Ausführung zusammenwirken (→ § 224 Rn. 9)	**16**

Vor § 293 Fischwilderei

1 **Aufbauschema**

I. Tatbestand

1. Objektiver Tatbestand
   a) Unter Verletzung fremden Fischerei- oder Fischereiausübungsrechts → *Rn. 1 ff.*
   b) Nr. 1: Fischen → *Rn. 4*
   c) Nr. 2: aa) Tatobjekt: Sache, die dem Fischereirecht unterliegt
      bb) Tathandlung: Zueignung, Beschädigen, Zerstören → *Rn. 5 ff.*
2. Subjektiver Tatbestand

II. Rechtswidrigkeit

III. Schuld

IV. Strafverfolgungsvoraussetzung

Strafantrag, § 294

§ 293 Fischwilderei

1	Fischereirecht	ist die Befugnis, in einem bestimmten Gebiet nach Landesrecht fischbare lebende herrenlose Tiere zu fischen und sie sich anzueignen.
2	Fischereiausübungsrecht	Befugnis, das Fischereirecht tatsächlich auszuüben
3	Verletzung eines fremden Fischerei- oder Fischereiausübungsrechts	Unberechtigtes Fischen durch einen Täter, dem das Fischereirecht zu eigenem Recht oder kraft Erlaubnis nicht oder nicht in diesem Umfang zusteht
4	Fischen	Jede auf Erlegung oder Fang eines Wassertieres gerichtete Tätigkeit
5	Zueignung	Manifestation des Zueignungswillens (→ § 246 Rn. 4)
6	Beschädigen	Substanzverletzung oder mehr als nur unerhebliches Herabsetzen der bestimmungsgemäßen Brauchbarkeit (siehe auch § 303 Rn. 3)
7	Zerstören	Existenzvernichtung oder vollständiges Aufheben der bestimmungsgemäßen Brauchbarkeit (→ § 303 Rn. 4)

Straftaten gegen den Wettbewerb, §§ 298–302

§ 298 Wettbewerbsbeschränkende Absprachen bei Ausschreibungen

Ausschreibung	Verfahren, in dem vom Veranstalter unterschiedliche Angebote von Anbietern eingeholt werden.	1
Waren	sind alle wirtschaftlichen Güter, die Gegenstand des Handels sein können.	2
Dienstleistungen	Im geschäftlichen Bereich erbrachte Tätigkeiten für einen anderen, bei denen der Erfolg dem anderen, nicht aber dem Tätigen zufällt.	3
Absprache	Verbindliche Vereinbarung zwischen mindestens zwei Anbietern darüber, dass ein oder mehrere bestimmte Angebote abgegeben werden sollen.	4
Rechtswidrig	ist die Absprache, wenn sie gegen § 1 GWB verstößt.	5
Angebot	Inhaltlich und den wesentlichen Förmlichkeiten der Ausschreibung entsprechende Erklärung gegenüber dem Veranstalter	6
Abgegeben	So einreichen, dass ein Zuschlag ohne Weiteres erfolgen könnte.	7
Veranstalter	ist, wer das Verfahren ausrichtet.	8

§ 299 Bestechlichkeit und Bestechung im geschäftlichen Verkehr

Unternehmen	ist jede auf Dauer angelegte, auf die Teilnahme am Wirtschaftsverkehr durch Austausch von Leistung und Gegenleistung gerichtete rechtlich-wirtschaftliche Einheit (→ § 14 Rn. 6).	1
Angestellter	ist, wer in einem Dienst-, Werks- oder Auftragsverhältnis zum Inhaber eines Unternehmens steht und dessen Weisungen unterworfen ist.	2
Beauftragter	ist, wer – ohne Angestellter oder Geschäftsherr zu sein – vermöge seiner Stellung im Unternehmen sonst berechtigt und verpflichtet ist, für das Unternehmen tätig zu werden.	3

4	Geschäftlicher Verkehr	Jede wirtschaftliche Zwecke verfolgende Tätigkeit, in der eine Teilnahme am Wettbewerb zum Ausdruck kommt.
5	Vorteil	Jede Leistung materieller oder immaterieller Art, auf die der Empfänger keinen Anspruch hat, die den Täter besser stellt
6	Fordern	Einseitiges Verlangen in offener oder versteckter Form
7	Sichversprechenlassen	Entgegennahme der Zusage, die Leistung zu erbringen (→ § 291 Rn. 8)
8	Annehmen	Tatsächliche Entgegennahme mit dem Willen, darüber eigennützig zu verfügen
9	Bezug	Alles, was mit dem Erhalt oder der Abwicklung einer Lieferung zusammenhängt.
10	Waren	sind alle wirtschaftlichen Güter, die Gegenstand des Handels sein können (→ § 298 Rn. 2).
11	Dienstleistungen	Im geschäftlichen Bereich erbrachte Tätigkeiten für einen anderen, bei denen der Erfolg dem anderen, nicht aber dem Tätigen zufällt (→ § 298 Rn. 3).
12	Wettbewerb	Wirtschaftliches Konkurrenzverhalten zwischen mehreren Bewerbern
13	Unlauter	Nicht auf sachgerechten Erwägungen beruhend
14	Bevorzugung	Jedes beabsichtigte Besserstellen, auf das kein Anspruch besteht.
15	Einwilligung	Vorherige Zustimmung
16	Handlung	Willensgesteuerte Körperbewegung
17	Vornehmen	Tun
18	Unterlassen	(Willensgesteuertes) Nicht Tun
19	Pflicht	(Rechts-)Normative Verhaltenserwartung
20	Anbieten	Eine auf den Abschluss einer Unrechtsvereinbarung gerichtete ausdrückliche oder stillschweigende Erklärung.
21	Versprechen	Angebot einer künftigen Leistung
22	Gewähren	Tatsächlich zuwenden

§ 300 Besonders schwere Fälle der Bestechlichkeit und Bestechung im geschäftlichen Verkehr und im Gesundheitswesen

Großes Ausmaß	Umfang, der aus dem Rahmen der durchschnittlichen Fälle deutlich herausragt (→ § 263 Rn. 12)	1
Gewerbsmäßig	In der Absicht, sich eine fortlaufende Einnahmequelle von einiger Dauer und einigem Umfang zu verschaffen (→ § 243 Rn. 17)	2
Bande	Auf ausdrücklicher oder stillschweigender Vereinbarung beruhender Zusammenschluss von mindestens drei Personen (→ § 244 Rn. 5)	3
Fortgesetzte Begehung	Begehung mehrerer selbstständiger, im Einzelnen noch unbestimmter Taten (→ § 244 Rn. 6)	4

Sachbeschädigung, §§ 303–305a

Vor § 303 Sachbeschädigung

Aufbauschema 1

I. Tatbestand
1. Objektiver Tatbestand
   a) Tatobjekt
      aa) Sache → *Rn. 1*
      bb) Fremd → *Rn. 2*
   b) Tathandlung
      aa) Abs. 1: Alt. 1: Beschädigen → *Rn. 3*
      Alt. 2: Zerstören → *Rn. 4*
      bb) Abs. 2: Verändern des Erscheinungsbildes → *Rn. 5*
         (1) Nicht nur unerheblich → *Rn.7*
         (2) Nicht nur vorübergehend → *Rn. 8*
         (3) Unbefugt → *Rn. 6*
2. Subjektiver Tatbestand

II. Rechtswidrigkeit

III. Schuld

IV. Strafverfolgungsvoraussetzung

Strafantrag, § 303c

Beachte: *Qualifikationen, §§ 305, 305a Nr. 1*

§ 303 Sachbeschädigung

1	Sache	Körperlicher Gegenstand (§ 90 BGB)
2	Fremd	Zumindest auch im Eigentum eines anderen stehend (→ § 242 Rn. 2)
3	Beschädigen	Substanzverletzung oder mehr als nur unerhebliches Herabsetzen der bestimmungsgemäßen Brauchbarkeit
4	Zerstören	Existenzvernichtung oder vollständiges Aufheben der bestimmungsgemäßen Brauchbarkeit
5	Verändern des Erscheinungsbildes	Versetzen der sinnlich wahrnehmbaren Oberfläche der Sache in einen vom ursprünglichen abweichenden Zustand
6	Unbefugt	Ohne Einverständnis
7	Nicht nur unerheblich	Nicht nur geringfügig
8	Nicht nur vorübergehend	Was nicht binnen kurzer Zeit von selbst wieder vergeht oder ohne Aufwand entfernt werden kann

Vor § 303a Datenveränderung

1 **Aufbauschema**

I. Tatbestand

1. Objektiver Tatbestand
   a) Tatobjekt
   Daten → *Rn. 1*
   b) Tathandlung
   Löschen, Unterdrücken, Unbrauchbarmachen, Verändern → *Rn. 2 ff.*
2. Subjektiver Tatbestand

II. Rechtswidrigkeit

III. Schuld

IV. Strafverfolgungsvoraussetzung

Strafantrag, § 303c

Beachte: *Qualifikation, § 303b*

§ 303a Datenveränderung

Daten	Codierte, auf einem Datenträger fixierte Informationen, die elektronisch, magnetisch oder sonst nicht unmittelbar wahrnehmbar gespeichert sind oder übermittelt werden (vgl. § 202a II)	**1**
Löschen	Vollständiges und unwiederbringliches Unkenntlichmachen der Speicherung	**2**
Unterdrücken	Dem Zugriff des Berechtigten entziehen (→ § 273 Rn. 5)	**3**
Unbrauchbar machen	Ausschalten der Wirkungsweise	**4**
Verändern	Herbeiführen eines von dem bisherigen abweichenden Zustandes	**5**

Vor § 303b Computersabotage

Aufbauschema **1**

I. Tatbestand

1. Objektiver Tatbestand
   a) Datenverarbeitung → *Rn. 1*
   b) Wesentliche Bedeutung → *Rn. 2*
   c) Erheblich stören → *Rn. 3 f.*
      aa) Nr. 1
      durch Tat i.S.d. § 303a I
      bb) Nr. 2
      durch Eingeben oder Übermitteln (→ *Rn. 7 f.*) von Daten (→ *Rn. 5*)
      cc) Nr. 3
      durch Zerstören, Beschädigen, Unbrauchbarmachen, Beseitigen, Verändern einer Datenverarbeitungsanlage oder eines Datenträgers → *Rn. 9 ff.*
2. Subjektiver Tatbestand
   a) Vorsatz
   b) Bei Nr. 2 zusätzlich: Nachteilszufügungsabsicht → *Rn. 6*

II. Rechtswidrigkeit

III. Schuld

IV. Strafverfolgungsvoraussetzung
Strafantrag, § 303c

Beachte: *Qualifikation, § 303b II (mit eigenen Strafzumessungsregelbeispielen für besonders schwere Fälle, § 303b IV)*

§ 303b Computersabotage

Rn.	Begriff	Definition
1	Datenverarbeitung	Gesamter Umgang mit Daten von der Erhebung bis zur Verwendung
2	Wesentliche Bedeutung	hat die Datenverarbeitung, wenn die Funktionsfähigkeit der gesamten Einrichtung nach ihrer Organisationsstruktur und Aufgabenstellung ganz oder überwiegend von ihr abhängt.
3	Erheblich	Nicht nur geringfügig
4	Stören	Beeinträchtigen des reibungslosen Ablaufs
5	Daten	Codierte, auf einem Datenträger fixierte Informationen, die elektronisch, magnetisch oder sonst nicht unmittelbar wahrnehmbar gespeichert sind oder übermittelt werden (vgl. § 202a II)
6	Nachteil	Jede Beeinträchtigung fremder Interessen (→ § 274 Rn. 7)
7	Eingeben	Bewirken der Aufnahme in den Datenverarbeitungsprozess
8	Übermitteln	Jede Weiterleitung (→ § 202a Rn. 6)
9	Datenverarbeitungsanlage	Funktionseinheit technischer Geräte, welche die Verarbeitung elektronisch, magnetisch oder sonst nicht unmittelbar wahrnehmbar gespeicherter Daten ermöglicht
10	Datenträger	Speichermedium zur Aufzeichnung von Daten
11	Zerstören	Existenzvernichtung oder vollständiges Aufheben der bestimmungsgemäßen Brauchbarkeit (→ § 303 Rn. 4)
12	Beschädigen	Substanzverletzung oder mehr als nur unerhebliches Herabsetzen der bestimmungsgemäßen Brauchbarkeit (→ § 303 Rn. 3)
13	Unbrauchbar machen	Ausschalten der Wirkungsweise (→ § 303a Rn. 4)
14	Beseitigen	Räumliches Entfernen (→ § 135)
15	Verändern	Herbeiführen eines von dem bisherigen abweichenden Zustandes (→ § 303a Rn. 5)
16	Betrieb	ist eine nicht nur vorübergehende räumlich-organisatorische Einheit von Personen und Sachmitteln zur Verfolgung arbeitstechnischer

	Zwecke unter einheitlicher Leitung (→ § 14 Rn. 7).	
Unternehmen	ist jede auf Dauer angelegte, auf die Teilnahme am Wirtschaftsverkehr durch Austausch von Leistung und Gegenleistung gerichtete rechtlich-wirtschaftliche Einheit (→ § 14 Rn. 6)	17
Behörde	Stelle, die Aufgaben der öffentlichen Verwaltung wahrnimmt – auch Gerichte (§ 11 I Nr. 7)	18
Großes Ausmaß	Umfang, der aus dem Rahmen der durchschnittlichen Fälle deutlich herausragt (→ § 263 Rn. 12)	19
Gewerbsmäßig	In der Absicht, sich eine fortlaufende Einnahmequelle von einiger Dauer und einigem Umfang zu verschaffen (→ § 243 Rn. 17)	20
Bande	Auf ausdrücklicher oder stillschweigender Vereinbarung beruhender Zusammenschluss von mindestens drei Personen (→ § 244 Rn. 5)	21
Fortgesetzte Begehung	Begehung mehrerer selbstständiger, im Einzelnen noch unbestimmter Taten (→ § 244 Rn. 6)	22
Versorgung der Bevölkerung mit lebenswichtigen Gütern oder Dienstleistungen	Bereitstellung von Gütern und Dienstleistungen, an denen jeder Teil haben kann und deren Stilllegung die Lebensinteressen der Allgemeinheit in Gefahr brächte	23
Beeinträchtigung der Sicherheit der Bundesrepublik Deutschland	Schwächung der Fähigkeit der Bundesrepublik Deutschland, sich gegen Angriffe und Störungen von innen oder außen zur Wehr zu setzen	24

Vor § 304 Gemeinschädliche Sachbeschädigung

Aufbauschema 1

I. Tatbestand

1. Objektiver Tatbestand
   a) Tatobjekt
      aa) Gegenstände der Verehrung einer im Staat bestehenden Religionsgemeinschaft → *Rn. 1 f.*
      bb) Dem Gottesdienst gewidmete Sache → *Rn. 3*
      cc) Grabmäler, öffentliche Denkmäler, Naturdenkmäler → *Rn. 5 ff.*

dd) Gegenstände der Kunst, der Wissenschaft oder des Gewerbes, welche in öffentlichen Sammlungen aufbewahrt werden oder öffentlich ausgestellt sind → *Rn. 9*
ee) Gegenstände, die dem öffentlichen Nutzen dienen → *Rn. 10*
ff) Gegenstände zur Verschönerung öffentlicher Wege, Plätze oder Anlagen
b) Tathandlung
aa) Abs. 1: Alt. 1: Beschädigen → *Rn. 12*
Alt. 2: Zerstören → *Rn. 13*
bb) Abs. 2: Verändern des Erscheinungsbildes → *Rn. 14*
(1) Nicht nur unerheblich → *Rn. 15*
(2) Nicht nur vorübergehend → *Rn. 16*
(3) Unbefugt
2. Subjektiver Tatbestand

II. Rechtswidrigkeit

III. Schuld

§ 304 Gemeinschädliche Sachbeschädigung

1	Gegenstand der Verehrung	Sache, die in ihrer konkreten Eigenart einen wesentlichen Inhalt des religiösen Bekenntnisses symbolisiert und in dieser Funktion von Mitgliedern der Religionsgemeinschaft in gegenständlicher Form als heilig, gottgeweiht oder transzendent angesehen wird
2	Religionsgesellschaft	Christliche, moslemische, jüdische Glaubensgemeinschaften, anglikanische, griechisch-orthodoxe und altkatholische Kirche, Baptisten, Mennoniten, Zeugen Jehovas, freireligiöse Gemeinschaften
3	Dem Gottesdienst gewidmet	sind Sachen, in, an oder mit denen gottesdienstliche Handlungen vorgenommen werden (→ § 243 Rn. 20).
4	Sache	Körperlicher Gegenstand (§ 90 BGB)
5	Grabmäler	sind die einen Teil des Grabes bildenden Zeichen zur Erinnerung an den Verstorbenen.
6	Denkmäler	Erinnerungszeichen, die dem Andenken an Personen, Ereignisse oder Zustände zu dienen bestimmt sind

Naturdenkmäler	sind besonders schutzwürdige Einzelschöpfungen der Natur (§ 28 BNatSchG).	**7**
Sammlung	Mehrheit von Gegenständen, die zusammengetragen wurde (→ § 243 Rn. 22)	**8**
Öffentlich ausgestellt	ist eine Sache, die sich zur Besichtigung an einem öffentlichen Ort oder in einer allgemein zugänglichen Ausstellung befindet (→ § 243 Rn. 24).	**9**
Gegenstände, die dem öffentlichen Nutzen dienen	sind Sachen, die im Rahmen ihrer Zweckbestimmung der Allgemeinheit unmittelbar zugute kommen.	**10**
Unmittelbar	dient ein Gegenstand dem öffentlichen Nutzen, wenn jedermann aus dem Publikum, sei es auch erst nach Erfüllung bestimmter Bedingungen, aus dem Gegenstand selbst oder dessen Erzeugnissen etc. Nutzen ziehen kann.	**11**
Beschädigen	Mehr als nur unerhebliches Herabsetzen der bestimmungsgemäßen Brauchbarkeit für den besonderen Zweck, dem die Sache dient	**12**
Zerstören	Existenzvernichtung oder vollständiges Aufheben der bestimmungsgemäßen Brauchbarkeit für den besonderen Zweck, dem die Sache dient	**13**
Verändern des Erscheinungsbildes	Versetzen der sinnlich wahrnehmbaren Oberfläche der Sache in einen vom ursprünglichen abweichenden Zustand (→ § 303 Rn. 5)	**14**
Nicht nur unerheblich	Jede nicht nur geringfügige Einwirkung auf die Sache (→ § 303 Rn. 7)	**15**
Nicht nur vorübergehend	Was nicht binnen kurzer Zeit von selbst wieder vergeht oder ohne Aufwand entfernt werden kann (→ § 303 Rn. 8)	**16**

Vor § 305 Zerstörung von Bauwerken

Aufbauschema **1**

I. Tatbestand

1. Objektiver Tatbestand
   a) Tatobjekt
      aa) Gebäude, Schiff, Brücke, Damm, gebaute Straße, Eisenbahn, anderes Bauwerk → *Rn. 1 ff.*

bb) Fremd → *Rn. 8*
b) Tathandlung
aa) Ganz zerstören → *Rn. 9* oder
bb) Teilweise zerstören → *Rn. 10*
2. Subjektiver Tatbestand

II. Rechtswidrigkeit

III. Schuld

§ 305 Zerstörung von Bauwerken

1	Gebäude	Durch Wände und Dach begrenztes, mit Grund und Boden fest verbundenes Bauwerk, das den Eintritt von Menschen ermöglicht (→ § 243 Rn. 2)
2	Schiff	Zur See- und Binnenschifffahrt bestimmtes Wasserfahrzeug (→ § 4 Rn. 1)
3	Brücke	Bauwerk von einiger Größe, innerer Festigkeit und Tragfähigkeit zur Überquerung von etwas
4	Damm	Erdaufschüttung oder Aufmauerung, die als Barriere zur Abwehr von Naturkräften dient
5	Gebaute Straße	Künstlich angelegter Weg zum Befahren mit Fahrzeugen
6	Eisenbahn	Bahnkörper mit Unterbau und Schienen
7	(Anderes) Bauwerk	Jede bauliche Anlagen von gewisser Größe und einiger Bedeutung
8	Fremd	Zumindest auch im Eigentum eines anderen stehend (→ § 242 Rn. 2)
9	(Ganz) Zerstören	Existenzvernichtung oder vollständiges Aufheben der bestimmungsgemäßen Brauchbarkeit (→ § 303 Rn. 4)
10	Teilweises Zerstören	ist gegeben, wenn durch die Substanzverletzung einzelne, funktionell selbstständige Teile der Sache, die für die zweckentsprechende Nutzung des Gesamtgegenstandes von Bedeutung sind, weggenommen, vernichtet oder unbrauchbar gemacht werden.

Vor § 305a Zerstörung wichtiger Arbeitsmittel

Aufbauschema 1

I. Tatbestand

1. Objektiver Tatbestand
   a) Tatobjekt
      aa) Nr. 1
         (1) Technisches Arbeitsmittel → *Rn. 2*
         (2) Bedeutender Wert → *Rn. 3*
         (3) Für die Errichtung einer Anlage oder eines Unternehmens (→ *Rn. 4 f.*) usw. von wesentlicher (→ *Rn. 8*) Bedeutung
         (4) Fremd → *Rn. 1*
      bb) Nr. 2
         Kraftfahrzeug (→ *Rn. 9*) der Polizei oder Bundeswehr
   b) Tathandlung
      aa) Ganz zerstören → *Rn. 10* oder
      bb) Teilweise zerstören → *Rn. 11*
2. Subjektiver Tatbestand

II. Rechtswidrigkeit

III. Schuld

§ 305a Zerstörung wichtiger Arbeitsmittel

Fremd	Zumindest auch im Eigentum eines anderen stehend (→ § 242 Rn. 2)	1
Technisches Arbeitsmittel	ist jeder verwendungsfertige Gegenstand, der dazu geeignet und bestimmt ist, Arbeitsvorgänge zu ermöglichen oder zu erleichtern.	2
Bedeutender Wert	750–1.000 Euro (→ § 315 Rn. 16)	3
Anlage	Als Funktionseinheit organisierte Sachgesamtheit von nicht ganz unerheblichen Ausmaßen zur Verwirklichung beliebiger Zwecke	4
Unternehmen	ist jede auf Dauer angelegte, auf die Teilnahme am Wirtschaftsverkehr durch Austausch von Leistung und Gegenleistung gerichtete rechtlich-wirtschaftliche Einheit (→ § 14 Rn. 6)	5
Betrieb	Ingangsetzen und -halten	6
Entsorgung	Endgültiges Sich-Entledigen	7

Rn.	Begriff	Definition
8	Wesentlich	ist die Bedeutung eines Arbeitsmittels, wenn sein Ausfall den störungsfreien Ablauf der vorgesehenen Baumaßnahmen im Ganzen beeinträchtigen würde.
9	Kraftfahrzeug	Fahrzeug, das durch Maschinenkraft bewegt wird, ein Landkraftfahrzeug nur insoweit, als es nicht an Bahngleise gebunden ist (§ 248b IV)
10	(Ganz) Zerstören	Existenzvernichtung oder vollständiges Aufheben der bestimmungsgemäßen Brauchbarkeit (→ § 303 Rn. 4)
11	Teilweises Zerstören	ist gegeben, wenn durch die Substanzverletzung einzelne, funktionell selbstständige Teile der Sache, die für die zweckentsprechende Nutzung des Gesamtgegenstandes von Bedeutung sind, weggenommen, vernichtet oder unbrauchbar gemacht werden (→ § 305 Rn. 10).

Gemeingefährliche Straftaten, §§ 306–323c

Vor § 306 Brandstiftung

1 **Aufbauschema**

I. Tatbestand

1. Objektiver Tatbestand
   a) Tatobjekt
      aa) Objekt aus dem Katalog Abs. 1 Nr. 1–6
      bb) Fremd → *Rn. 20*
   b) Tathandlung
      aa) Alt. 1: Inbrandsetzen → *Rn. 21*
      bb) Alt. 2: Durch Brandlegung ganz oder teilweise zerstören → *Rn. 22 ff.*
2. Subjektiver Tatbestand

II. Rechtswidrigkeit

III. Schuld

IV. Persönlicher Strafaufhebungsgrund

Tätige Reue, § 306e I, III

Beachte: *Erfolgsqualifikationen, § 306b I, § 306c*
Fahrlässigkeitsdelikt, § 306d I Var. 1

§ 306 Brandstiftung

Gebäude	Durch Wände und Dach begrenztes, mit Grund und Boden fest verbundenes Bauwerk, das den Eintritt von Menschen ermöglicht (→ § 243 Rn. 2)	**1**
Hütte	Unbewegliches Bauwerk, das mangels Größe, Festigkeit oder Dauerhaftigkeit nicht als Gebäude gelten kann	**2**
Betriebsstätte	Sachgesamtheit von baulichen Anlagen und Inventar, die einem gewerblichen Betrieb dient	**3**
Technische Einrichtungen	sind bewegliche und unbewegliche Sachen oder Sachgesamtheiten, die in ihrer Herstellung und Funktionsweise auf technischen und nicht natürlichen Abläufen beruhen.	**4**
Waren	sind bewegliche Sachen, die zum gewerblichen Umsatz bestimmt sind.	**5**
Warenvorräte	Gesamtheit der in einem Warenlager eingelagerten, zum Umsatz bestimmten Sachen	**6**
Warenlager	Umschlossener Raum zur Aufnahme von Warenvorräten	**7**
Kraftfahrzeuge	Fahrzeuge, die durch Maschinenkraft bewegt werden, Landkraftfahrzeuge nur insoweit, als sie nicht an Bahngleise gebunden sind (§ 248b IV)	**8**
Schienenfahrzeuge	An Schienen gebundene Fahrzeuge	**9**
Luftfahrzeuge	sind Flugzeuge, Drehflügler, Luftschiffe, Segelflugzeuge, Motorsegler, Frei- und Fesselballone, Rettungsfallschirme, Flugmodelle, Luftsportgeräte sowie unbemannte Fluggeräte einschließlich ihrer Kontrollstation, die nicht zu Zwecken des Sports oder der Freizeitgestaltung betrieben werden (unbemannte Luftfahrtsysteme) und sonstige für die Benutzung des Luftraums bestimmte Geräte, sofern sie in Höhen von mehr als dreißig Metern über Grund oder Wasser betrieben werden können; Raumfahrzeuge, Raketen und ähnliche Flugkörper dagegen nur, solange sie sich im Luftraum befinden (§ 1 LuftVG).	**10**

11	Wasserfahrzeuge	Fahrzeuge, mit denen Personen eine Bewegung auf dem Wasser ohne unmittelbaren körperlichen Wasserkontakt möglich ist
12	Wald	Erhebliche, zusammenhängende, ganz oder zum Teil mit Bäumen bewachsene Bodenfläche einschließlich des zwischen diesen stehenden Unterholzes und Bewuchses
13	Heide	Umfangreiche Grundfläche mit Pflanzengesellschaft von überwiegend niedriger Vegetation bei Dominanz von Heidekraut
14	Moor	Dauernd feuchtes, schwammiges, tierarmes Gelände mit charakteristischen Pflanzengesellschaften auf einer mindestens 30 cm dicken Torfdecke
15	Anlage	Als Funktionseinheit organisierte Sachgesamtheit von nicht ganz unerheblichen Ausmaßen zur Verwirklichung beliebiger Zwecke (→ § 305a Rn. 4)
16	Landwirtschaftliche Anlagen	Bestellte Felder und andere Produktionsstätten sowie Lagerstätten von zum Eigenverbrauch bestimmten Zwischenerzeugnissen (Heu, Stroh)
17	Ernährungswirtschaftliche Anlagen	sind insbesondere solche der Tierproduktion, also Koppeln, Weiden, Stallungen und solche, die der Weiterverarbeitung dienen.
18	Forstwirtschaftliche Anlagen	Schonungen, Aufforstungsflächen und Holzlagerstätten
19	Erzeugnisse	Sachen, deren unmittelbarer Produktionsprozess beendet ist, die aber noch nicht weiterverarbeitet sind
20	Fremd	Zumindest auch im Eigentum eines anderen stehend (→ § 242 Rn. 2)
21	Inbrandsetzen	ist gegeben, wenn wesentliche Teile der Sache nach Entfernung oder Erlöschen des Zündstoffs selbstständig weiter brennen.
22	Brandlegung	ist jede Handlung, die auf das Herbeiführen eines Brandes zielt und in der sich bereits die zerstörende oder gefährdende Wirkung des Brandmittels verwirklicht.

(Ganz) Zerstören	Existenzvernichtung oder vollständiges Aufheben der bestimmungsgemäßen Brauchbarkeit (→ § 303 Rn. 4)	**23**
Teilweises Zerstören	ist gegeben, wenn durch die Substanzverletzung einzelne, funktionell selbstständige Teile der Sache, die für die zweckentsprechende Nutzung des Gesamtgegenstandes von Bedeutung sind, weggenommen, vernichtet oder unbrauchbar gemacht werden (→ § 305 Rn. 10)	**24**

Vor § 306a Schwere Brandstiftung

Aufbauschema: § 306a I 1

I. Tatbestand

1. Objektiver Tatbestand
   a) Tatobjekt i.S. der Nr. 1–3
   b) Tathandlung
      aa) Alt. 1: Inbrandsetzen → *Rn. 8* oder
      bb) Alt. 2: Durch Brandlegung ganz oder teilweise zerstören → *Rn. 9 f.*
2. Subjektiver Tatbestand

II. Rechtswidrigkeit

III. Schuld

IV. Persönlicher Strafaufhebungsgrund

Tätige Reue, § 306e I, III

Beachte: *Qualifikationen, § 306b II*
Erfolgsqualifikationen, § 306b I, § 306c
Fahrlässigkeitsdelikt, § 306d I Var. 2

Aufbauschema: § 306a II 2

I. Tatbestand

1. Objektiver Tatbestand
   a) Tatobjekt
      Objekt aus dem Katalog des § 306 I Nr. 1–6
   b) Tathandlung
      aa) Alt. 1: Inbrandsetzen → *Rn. 8* oder
      bb) Alt. 2: Durch Brandlegung ganz oder teilweise zerstören → *Rn. 9 ff.*

c) und dadurch
d) (Konkrete) Gefahr einer Gesundheitsschädigung → *Rn. 12 ff.*
2. Subjektiver Tatbestand
Vorsatz bzgl. a)–d), inkl. Gefährdung

II. Rechtswidrigkeit

III. Schuld

IV. Persönlicher Strafaufhebungsgrund

Tätige Reue, § 306e I, III

Beachte: *Qualifikation, § 306b II*
Erfolgsqualifikationen, § 306b I, § 306c
Fahrlässigkeitsdelikt, § 306d II
Vorsatz-Fahrlässigkeitsdelikt, § 306d I Var. 3

§ 306a Schwere Brandstiftung

Rn.	Begriff	Definition
1	Gebäude	Durch Wände und Dach begrenztes, mit Grund und Boden fest verbundenes Bauwerk, das den Eintritt von Menschen ermöglicht (→ § 243 Rn. 2)
2	Schiff	Zur See- und Binnenschifffahrt bestimmtes Wasserfahrzeug (→ § 4 Rn. 1)
3	Hütte	Unbewegliches Bauwerk, das mangels Größe, Festigkeit oder Dauerhaftigkeit nicht als Gebäude gelten kann (→ § 306 Rn. 2)
4	Andere Räumlichkeiten	sind alle allseitig hinreichend abgeschlossenen beweglichen oder unbeweglichen Einheiten.
5	Der Wohnung von Menschen	dient eine Räumlichkeit, wenn sie zumindest vorübergehend tatsächlich zum räumlichen Lebensmittelpunkt gemacht wird.
6	Kirche	Mindestens ganz überwiegend dem Gottesdienst gewidmetes Gebäude (→ § 243 Rn. 18)
7	Anderes der Religionsausübung dienendes Gebäude	Räumlichkeit, die einer spezifisch religionsbezogenen Tätigkeit dient (→ § 243 Rn. 19)
8	Inbrandsetzen	ist gegeben, wenn wesentliche Teile der Sache nach Entfernung oder Erlöschen des Zündstoffs selbstständig weiter brennen (→ § 306 Rn. 21).

Brandlegung	ist jede Handlung, die auf das Herbeiführen eines Brandes zielt und in der sich bereits die zerstörende oder gefährdende Wirkung des Brandmittels verwirklicht (→ § 306 Rn. 22).	9
(Ganz) Zerstören	Existenzvernichtung oder vollständiges Aufheben der bestimmungsgemäßen Brauchbarkeit (→ § 303 Rn. 4)	10
Teilweises Zerstören	ist gegeben, wenn durch die Substanzverletzung einzelne, funktionell selbstständige Teile der Sache, die für die zweckentsprechende Nutzung des Gesamtgegenstandes von Bedeutung sind, weggenommen, vernichtet oder unbrauchbar gemacht werden (→ § 305 Rn. 10).	11
Gefahr	Wahrscheinlichkeit eines Schadenseintritts (→ § 34 Rn. 6)	12
Konkret	ist die Gefahr, wenn eine kritische Situation erreicht ist, in der das Ausbleiben der Verletzung nur noch vom Zufall abhängt (→ § 221 Rn. 7)	13
Gesundheitsschädigung	Hervorrufen, Steigern oder Aufrechterhalten eines krankhaften (pathologischen) Zustands (→ § 223 Rn. 2)	14

Vor § 306b Besonders Schwere Brandstiftung

Aufbauschema: § 306b I 1

Beachte: *Vor § 306b I sollte § 306 bzw. § 306a geprüft werden. Dann kann im Tatbestand 1. entweder ganz weggelassen oder insoweit in aller Kürze auf die vorangegangene Prüfung verwiesen werden.*

I. Tatbestand

1. Erfüllung des Grundtatbestandes, § 306 oder § 306a
2. Eintritt der schweren Folge
   a) Schwere Gesundheitsschädigung → *Rn. 1*
   b) Gesundheitsschädigung einer großen Zahl von Menschen → *Rn. 2*
3. Kausalität zwischen Grunddelikt und schwerer Folge
4. Vorsatz oder Fahrlässigkeit (§ 18) bzgl. der Folge, letzterenfalls generelle/objektive Sorgfaltspflichtverletzung bei objektiver Vorhersehbarkeit der schweren Folge
5. (Sonstige) Objektive Zurechnung

6. Zumindest bei Fahrlässigkeit zusätzlich: Unmittelbarkeitszusammenhang → *Rn. 3*

II. Rechtswidrigkeit

(Prüfungspunkt entfällt, wenn keine Abweichung zum Grunddelikt)

III. Schuld

1. Allgemeine Schuldmerkmale
2. Bei Fahrlässigkeit bzgl. der Folge: Individuelle/subjektive Sorgfaltspflichtverletzung bei subjektiver Vorhersehbarkeit der schweren Folge

IV. Persönlicher Strafaufhebungsgrund

Tätige Reue, § 306e I, III

Beachte: *Weitere Erfolgsqualifikation, § 306c*

2 **Aufbauschema: § 306b II**

Beachte: *Vor § 306b II sollte § 306a geprüft werden. Dann kann im Tatbestand 1a) und 2a) entweder ganz weggelassen oder insoweit in aller Kürze auf die vorangegangene Prüfung verwiesen werden.*

I. Tatbestand

1. Objektiver Tatbestand
   a) Erfüllung des Grundtatbestandes, § 306a
   b) Objektive Qualifikationsmerkmale, § 306b II Nr. 1 oder 3
      aa) Nr. 1: (Konkrete) Gefahr des Todes → *Rn. 4 ff.*
      bb) Nr. 3: Verhindern oder Erschweren des Löschens des Brandes → *Rn. 7 f.*
2. Subjektiver Tatbestand
   a) Vorsatz
      aa) bzgl. § 306a
      bb) bzgl. § 306b II Nr. 1 oder 3
   b) Subjektives Qualifikationsmerkmal, § 306b II Nr. 2
      aa) Ermöglichungsabsicht
      bb) Verdeckungsabsicht

II. Rechtswidrigkeit

(Prüfungspunkt entfällt, wenn keine Abweichung zum Grunddelikt)

III. Schuld

(Prüfungspunkt entfällt, wenn keine Abweichung zum Grunddelikt)

IV. Persönlicher Strafaufhebungsgrund

Tätige Reue, § 306e I, III

Beachte: *Erfolgsqualifikation, § 306c*

§ 306b Besonders Schwere Brandstiftung

Schwere Gesundheitsschädigung	Langwierige ernste Krankheit oder erhebliche Beeinträchtigung der Arbeitsfähigkeit für längere Zeit (→ § 221 Rn. 8)	1
Große Zahl von Menschen	Mindestens 15 Personen (→ § 263 Rn. 13)	2
Unmittelbarkeitszusammenhang	Über Kausalität und objektive Zurechnung hinausgehender tatbestandsspezifischer Zusammenhang, wonach sich gerade die dem Grundtatbestand anhaftende spezifische Gefahr in der schweren Folge niedergeschlagen haben muss (→ § 18 Rn. 3).	3
Gefahr	Wahrscheinlichkeit eines Schadenseintritts (→ § 34 Rn. 6)	4
Konkret	ist die Gefahr, wenn eine kritische Situation erreicht ist, in der das Ausbleiben der Verletzung nur noch vom Zufall abhängt (→ § 221 Rn. 7)	5
Tod	Ende der Hirntätigkeit (Hirntod) (→ § 212 Rn. 2)	6
Verhindert	ist das Löschen, wenn die Brandbekämpfung tatsächlich ausgeschlossen ist.	7
Erschwert	ist das Löschen des Brandes, wenn die Brandbekämpfung nur zeitlich verzögert oder weniger wirkungsvoll durchgeführt werden kann.	8

Vor § 306c Brandstiftung mit Todesfolge

Aufbauschema 1

Beachte: *Vor § 306c sollten § 222 sowie die §§ 306 ff. geprüft werden. Dann kann im Tatbestand 1. entweder ganz weggelassen oder insoweit in aller Kürze auf die vorangegangene Prüfung verwiesen werden.*

I. Tatbestand

1. Erfüllung des Grundtatbestandes, § 306 oder § 306a
2. Eintritt der Todesfolge → *Rn. 2*
3. Kausalität zwischen Grunddelikt und Todesfolge

4. Vorsatz oder Leichtfertigkeit (→ *Rn. 1*) bzgl. der Folge, letzterenfalls generelle/objektive grobe Sorgfaltspflichtverletzung bei objektiver Vorhersehbarkeit der Todesfolge
5. (Sonstige) Objektive Zurechnung
6. Zumindest bei Leichtfertigkeit zusätzlich: Unmittelbarkeitszusammenhang → *Rn. 3*

II. Rechtswidrigkeit

(Prüfungspunkt entfällt, wenn keine Abweichung zum Grunddelikt)

III. Schuld

1. Allgemeine Schuldmerkmale
2. Bei Leichtfertigkeit: Individuelle/subjektive grobe Sorgfaltspflichtverletzung bei subjektiver Vorhersehbarkeit der Todesfolge

§ 306c Brandstiftung mit Todesfolge

1	Leichtfertig	handelt, wer grob fahrlässig handelt und nicht beachtet, was sich jedermann aufdrängen muss (→ § 15 Rn. 8).
2	Tod	Ende der Hirntätigkeit (Hirntod) (→ § 212 Rn. 2)
3	Unmittelbarkeits-zusammenhang	Über Kausalität und objektive Zurechnung hinausgehender tatbestandsspezifischer Zusammenhang, wonach sich gerade die dem Grundtatbestand anhaftende spezifische Gefahr in der schweren Folge niedergeschlagen haben muss (→ § 18 Rn. 3).

Vor § 306d Fahrlässige Brandstiftung

1 **Aufbauschema: § 306d I Var. 1 (i.V.m. § 306 I)**

I. Tatbestand

1. Tatobjekt
   a) Objekt aus dem Katalog des § 306 I Nr. 1–6
   b) Fremd
2. Tathandlung/Erfolg
   a) Inbrandsetzen oder
   b) Durch Brandlegung ganz oder teilweise zerstören
3. Kausalität

4. Generelle/objektive Sorgfaltspflichtverletzung
   a) (Generelle) Vorhersehbarkeit
   b) (Generelle) Vermeidbarkeit
5. (Sonstige) Objektive Zurechnung des Erfolgseintritts

II. Rechtswidrigkeit

III. Schuld

1. Allgemeine Schuldmerkmale
2. Individuelle/subjektive Sorgfaltspflichtverletzung
   a) (Individuelle) Vorhersehbarkeit
   b) (Individuelle) Vermeidbarkeit

IV. Persönlicher Strafaufhebungsgrund

Tätige Reue, § 306e II, III

Aufbauschema: § 306d I Var. 2 (i.V.m. § 306a I) **2**

I. Tatbestand

1. Tatobjekt
   Objekt i.S.d. § 306a I Nr. 1–3
2. Tathandlung/Erfolg
   a) Inbrandsetzen oder
   b) durch Brandlegung ganz oder teilweise zerstören
3. Kausalität
4. Generelle/objektive Sorgfaltspflichtverletzung
   a) (Generelle) Vorhersehbarkeit
   b) (Generelle) Vermeidbarkeit
5. (Sonstige) Objektive Zurechnung des Erfolgseintritts

II. Rechtswidrigkeit

III. Schuld

1. Allgemeine Schuldmerkmale
2. Individuelle/subjektive Sorgfaltspflichtverletzung
   a) (Individuelle) Vorhersehbarkeit
   b) (Individuelle) Vermeidbarkeit

IV. Persönlicher Strafaufhebungsgrund

Tätige Reue, § 306e II, III

3 **Aufbauschema: § 306d I Var. 3 (i.V.m. § 306a II)**

I. Tatbestand

1. Objektiver Tatbestand
   a) Objekt aus dem Katalog des § 306 I Nr. 1–6
   b) Tathandlung
      aa) Inbrandsetzen oder
      bb) durch Brandlegung ganz oder teilweise zerstören
   c) und dadurch
   d) (Konkrete) Gefahr der Gesundheitsschädigung i.S.v. § 306a II
2. Subjektiver Tatbestand
   a) Vorsatz bzgl. a)–c)
   b) Fahrlässigkeit bzgl. der Gefahr

II. Rechtswidrigkeit

III. Schuld

Inkl. individueller/subjektiver Sorgfaltspflichtverletzung

IV. Persönlicher Strafaufhebungsgrund

Tätige Reue, § 306e II, III

4 **Aufbauschema: § 306d II (i.V.m. § 306a II)**

I. Tatbestand

1. Tatobjekt
   Objekt i.S.d. § 306 I Nr. 1–6
2. Tathandlung
   a) Alt. 1: Inbrandsetzen oder
   b) Alt. 2: durch Brandlegung ganz oder teilweise zerstören
3. dadurch
4. (Konkrete) Gefahr einer Gesundheitsschädigung
5. Generelle/objektive Sorgfaltspflichtverletzung
   a) (Generelle) Vorhersehbarkeit
   b) (Generelle) Vermeidbarkeit
6. (Sonstige) Objektive Zurechnung des Erfolgseintritts

II. Rechtswidrigkeit

III. Schuld

1. Allgemeine Schuldmerkmale
2. Individuelle/subjektive Sorgfaltspflichtverletzung
   a) (Individuelle) Vorhersehbarkeit
   b) (Individuelle) Vermeidbarkeit

IV. Persönlicher Strafaufhebungsgrund

Tätige Reue, § 306e II, III

§ 306e Tätige Reue

Freiwillig	Aus selbst gesetzten (autonomen) Motiven (→ § 24 Rn. 5)	1
Erheblicher Schaden	Ein nicht zu vernachlässigender Körper- oder Sachschaden	2
Ernsthaftes Bemühen	liegt vor, wenn der Täter alles tut, was aus seiner Sicht zur Erfolgsabwendung geeignet und nötig ist (→ § 24 Rn. 7).	3

Vor § 306f Herbeiführen einer Brandgefahr

Aufbauschema: § 306f I 1

I. Tatbestand

1. Objektiver Tatbestand

a) Tatobjekt:

aa) Objekt aus dem Katalog Nr. 1–4

bb) Fremd → *Rn. 4*

b) Tathandlung:

In Brandgefahr bringen (durch Rauchen, offenes Feuer, Licht, Wegwerfen brennender oder glimmender Gegenstände etc.)

2. Subjektiver Tatbestand

Vorsatz, inkl. Vorsatz bzgl. In-Gefahr-Bringen

II. Rechtswidrigkeit

III. Schuld

Beachte: *Fahrlässigkeitsdelikt, § 306f III Alt. 1*

Aufbauschema: § 306f II 2

I. Tatbestand

1. Objektiver Tatbestand

a) Tatobjekt aus dem Katalog des Abs. 1 Nr. 1–4

b) Tathandlung: In Brandgefahr bringen

c) (Konkrete) Gefahr (→ *Rn. 14 f.*) für

aa) Leib oder Leben eines anderen Menschen oder

bb) fremde Sachen von bedeutendem Wert → *Rn. 4, 12 f.*

2. Subjektiver Tatbestand

a) Vorsatz bzgl. Tatobjekt aus dem Katalog des Abs. 1 Nr. 1–4

b) Vorsatz bzgl. In-Gefahr-Bringen

c) Vorsatz oder Fahrlässigkeit (§ 306f III Alt. 2, → *Rn. 16*) bzgl. Gefahr, letzterenfalls generelle/objektive Sorgfaltspflichtverletzung bei Vorhersehbarkeit und Vermeidbarkeit der Gefährdung

II. Rechtswidrigkeit

III. Schuld

1. Allgemeine Schuldmerkmale
2. Bei Fahrlässigkeit: Individuelle/subjektive Sorgfaltspflichtverletzung bei subjektiver Vorhersehbarkeit und Vermeidbarkeit der Gefährdung

3 **Aufbauschema: § 306f III Alt. 1**

I. Tatbestand

1. Erfolg
   a) Tatobjekt
      aa) Objekt aus dem Katalog des § 306f I Nr. 1–4
      bb) Fremd → *Rn. 4*
   b) Brandgefahr
2. Tathandlung
   Rauchen, offenes Feuer oder Licht machen, Wegwerfen brennender oder glimmender Gegenstände etc.
3. Kausalität
4. Generelle/objektive Sorgfaltspflichtverletzung
   a) (Generelle) Vorhersehbarkeit
   b) (Generelle) Vermeidbarkeit
5. (Sonstige) Objektive Zurechnung des Erfolgseintritts

II. Rechtswidrigkeit

III. Schuld

1. Allgemeine Schuldmerkmale
2. Individuelle/subjektive Sorgfaltspflichtverletzung
   a) (Individuelle) Vorhersehbarkeit
   b) (Individuelle) Vermeidbarkeit

§ 306f Herbeiführen einer Brandgefahr

1	Betrieb	ist eine nicht nur vorübergehende räumlich-organisatorische Einheit von Personen und Sachmitteln zur Verfolgung arbeitstechnischer Zwecke unter einheitlicher Leitung (→ § 14 Rn. 7).
2	Anlage	Als Funktionseinheit organisierte Sachgesamtheit von nicht ganz unerheblichen Ausmaßen zur Verwirklichung beliebiger Zwecke (→ § 305a Rn. 4)

Feuergefährdet	sind Einrichtungen, die einer erhöhten Brandgefahr unterliegen, weil die vorhandenen Materialien oder Gegenstände sich leicht von selbst entzünden oder leicht Feuer fangen.	**3**
Fremd	Zumindest auch im Eigentum eines anderen stehend (→ § 242 Rn. 2)	**4**
Landwirtschaftliche Anlagen	Bestellte Felder und andere Produktionsstätten sowie Lagerstätten von zum Eigenverbrauch bestimmten Zwischenerzeugnissen (→ § 306 Rn. 16)	**5**
Ernährungswirtschaftliche Anlagen	sind insbesondere solche der Tierproduktion, also Koppel, Weiden, Stallungen und solche, die der Weiterverarbeitung dienen (→ § 306 Rn. 17).	**6**
Erzeugnisse	Sachen, deren unmittelbarer Produktionsprozess beendet ist, die aber nicht schon weiterverarbeitet sind (→ § 306 Rn. 19)	**7**
Wald	Erhebliche, zusammenhängende, ganz oder zum Teil mit Bäumen bewachsene Bodenfläche einschließlich des zwischen diesen stehenden Unterholzes und Bewuchses (→ § 306 Rn. 12)	**8**
Heide	Umfangreiche Grundfläche mit Pflanzengesellschaft von überwiegend niedriger Vegetation bei Dominanz von Heidekraut (→ § 306 Rn. 13)	**9**
Moor	Dauernd feuchtes, schwammiges, tierarmes Gelände mit charakteristischen Pflanzengesellschaften auf einer mindestens 30 cm dicken Torfdecke (→ § 306 Rn. 14)	**10**
Leicht entzündlich	sind solche Erzeugnisse die, einmal vom Feuer erfasst, wie Zunder brennen (Heu, Stroh, Getreide).	**11**
Sache	Körperlicher Gegenstand (§ 90 BGB)	**12**
Bedeutender Wert	750–1.000 Euro (→ § 315 Rn. 16)	**13**
Gefahr	Wahrscheinlichkeit eines Schadenseintritts (→ § 34 Rn. 6)	**14**

15	Konkret	ist die Gefahr, wenn eine kritische Situation erreicht ist, in der das Ausbleiben der Verletzung nur noch vom Zufall abhängt (→ § 221 Rn. 7)
16	Fahrlässigkeit	Generelle und individuelle Sorgfaltspflichtverletzung (→ § 15 Rn. 9)

§ 308 Herbeiführen einer Sprengstoffexplosion

1	Kernenergie	ist die in den Atomkernen gebundene Energie.
2	Sprengstoff	Stoff, der bei Entzündung zu einer plötzlichen Ausdehnung von Flüssigkeiten oder Gasen und dadurch zu einer Sprengwirkung führt (→ § 243 Rn. 29)
3	Explosion	Plötzliche Auslösung einer Druckwelle mit großer Beschleunigung
4	Herbeiführen	Verursachen
5	Sache	Körperlicher Gegenstand (§ 90 BGB)
6	Fremd	Zumindest auch im Eigentum eines anderen stehend (→ § 242 Rn. 2)
7	Bedeutender Wert	750–1.000 Euro (→ § 315 Rn. 16)
8	Gefahr	Wahrscheinlichkeit eines Schadenseintritts (→ § 34 Rn. 6)
9	Konkret	ist die Gefahr, wenn eine kritische Situation erreicht ist, in der das Ausbleiben der Verletzung nur noch vom Zufall abhängt (→ § 221 Rn. 7)
10	Schwere Gesundheitsschädigung	Langwierige ernste Krankheit oder erhebliche Beeinträchtigung der Arbeitsfähigkeit für längere Zeit (→ § 221 Rn. 8)
11	Große Zahl von Menschen	Mindestens 15 Personen (→ § 263 Rn. 13)
12	Leichtfertig	handelt, wer grob fahrlässig handelt und nicht beachtet, was sich jedermann aufdrängen muss (→ § 15 Rn. 8)
13	Fahrlässigkeit	Generelle und individuelle Sorgfaltspflichtverletzung (→ § 15 Rn. 9)

§ 314 Gemeingefährliche Vergiftung

Gefasst	Baulich eingehegt	1
Gegenstand	Sache (→ § 290 Rn. 2)	2
Zum öffentlichen Verkauf bestimmt	sind Gegenstände, die für den Erwerb durch eine nicht bestimmte Käuferzahl vorgesehen sind	3
Zum öffentlichen Verbrauch bestimmt	sind Gegenstände, die zur abschließenden Nutzung durch einen unbestimmten, (noch) nicht individuell feststehenden (End-) Verbraucherkreis vorgesehen sind	4
Gift	Jeder Stoff, der durch chemische oder chemisch-physikalische Wirkung nach Art und Menge im konkreten Fall geeignet ist, erhebliche Gesundheitsschäden zu verursachen (→ § 224 Rn. 1)	5
Gesundheitsschädliche Stoffe	sind solche, die durch mechanische, biologische oder thermische Wirkung nach ihrer Art und ihrer Anwendung im konkreten Fall geeignet sind, erhebliche Gesundheitsschäden zu verursachen (→ § 224 Rn. 2)	6
Beimischen	Zusetzen auf mechanischem, thermischem oder physikalischem Wege	7
Verkaufen	Entgeltlich veräußern (→ § 202c Rn. 8)	8
Feilhalten	Äußerlich erkennbares Bereithalten zum Zwecke des Verkaufs (→ § 146 Rn. 6)	9
Inverkehrbringen	Jede Handlung, die den Gegenstand aus der Verfügungsgewalt des Täters oder eines Dritten entlässt und einen anderen in die Lage versetzt, mit ihm nach Belieben umzugehen (→ § 146 Rn. 7)	10

§ 315 Gefährliche Eingriffe in den Bahn-, Schiffs- und Luftverkehr

Beeinträchtigung der Verkehrssicherheit	liegt vor, wenn infolge der Einwirkung andere Verkehrsteilnehmer nicht ohne Gefahr für Leib, Leben oder Eigentum am Verkehr teilnehmen können.	1

2	Schienenbahnverkehr	Beförderung von Menschen und Gütern mit einem Transportmittel, das sich auf einem festen Schienenstrang fortbewegt
3	Schwebebahnverkehr	Beförderung von Menschen und Gütern mit einem Transportmittel, das sich bewegt, ohne während der Fahrt die Erde zu berühren
4	Schiffsverkehr	Beförderung von Menschen oder Gütern mit Schiffen
5	Luftverkehr	Beförderung von Menschen oder Gütern mit Luftfahrzeugen
6	Anlagen	Alle dem Verkehr dienenden Einrichtungen
7	Beförderungsmittel	Zur Beförderung selbst dienende bewegliche Einrichtungen, vor allem Fahrzeuge
8	Beschädigen	Substanzverletzung oder mehr als nur unerhebliches Herabsetzen der bestimmungsgemäßen Brauchbarkeit (→ § 303 Rn. 3)
9	Zerstören	Existenzvernichtung oder vollständiges Aufheben der bestimmungsgemäßen Brauchbarkeit (→ § 303 Rn. 4)
10	Beseitigen	Räumliches Entfernen (→ § 134 Rn. 3)
11	Hindernisbereiten	Einwirkung, die geeignet ist, den reibungslosen Verkehrsablauf zu beeinträchtigen
12	Zeichen oder Signale	Typisierte optische oder akustische Hinweise
13	Falsch	ist ein Zeichen, das nicht der Sachlage entspricht.
14	Sache	Körperlicher Gegenstand (§ 90 BGB)
15	Fremd	Zumindest auch im Eigentum eines anderen stehend (→ § 242 Rn. 2)
16	Bedeutender Wert	750–1.000 Euro
17	Gefahr	Wahrscheinlichkeit eines Schadenseintritts (→ § 34 Rn. 6)
18	Konkret	ist die Gefahr, wenn eine kritische Situation erreicht ist, in der das Ausbleiben der Verletzung nur noch vom Zufall abhängt (→ § 221 Rn. 7)
19	Absicht	ist zielgerichtetes Wollen in dem Sinne, dass es dem Täter gerade darauf ankommt, den Erfolg herbeizuführen (→ § 15 Rn. 2)

Unglücksfall	Plötzlich eintretendes, unerwartetes Ereignis mit erheblicher Schadensneigung (→ § 323c Rn. 1)	**20**
Schwere Gesundheitsschädigung	Langwierige ernste Krankheit oder erhebliche Beeinträchtigung der Arbeitsfähigkeit für längere Zeit (→ § 221 Rn. 8)	**21**
Große Zahl von Menschen	Mindestens 15 Personen (→ § 263 Rn. 13)	**22**

§ 315a Gefährdung des Bahn-, Schiffs- und Luftverkehrs

Schienenbahnfahrzeug	ist ein Transportmittel, das sich auf einem festen Schienenstrang fortbewegt.	**1**
Schwebebahnfahrzeug	Transportmittel, das sich bewegt, ohne während der Fahrt die Erde zu berühren	**2**
Schiff	Zur See- und Binnenschifffahrt bestimmtes Wasserfahrzeug (→ § 4 Rn. 1)	**3**
Luftfahrzeug	sind Flugzeuge, Drehflügler, Luftschiffe, Segelflugzeuge, Motorsegler, Frei- und Fesselballone, Rettungsfallschirme, Flugmodelle, Luftsportgeräte sowie unbemannte Fluggeräte einschließlich ihrer Kontrollstation, die nicht zu Zwecken des Sports oder der Freizeitgestaltung betrieben werden (unbemannte Luftfahrtsysteme) und sonstige für die Benutzung des Luftraums bestimmte Geräte, sofern sie in Höhen von mehr als dreißig Metern über Grund oder Wasser betrieben werden können; Raumfahrzeuge, Raketen und ähnliche Flugkörper dagegen nur, solange sie sich im Luftraum befinden (§ 1 LuftVG).	**4**
Führen	Fahrzeug in Bewegung setzen und/oder unter Handhabung seiner technischen Vorrichtungen in Bewegung halten	**5**
Genuss	Konsum	**6**
Alkoholische Getränke	Alle alkoholhaltigen Stoffe	**7**
Berauschende Mittel	Stoffe, die das Hemmungsvermögen sowie die intellektuellen und motorischen Fähigkeiten beeinträchtigen	**8**

9	Körperliche Mängel	Gelegentliche (Anfallsleiden), dauernde (Amputation, Schwerhörigkeit, Fehlsichtigkeit usw.) oder vorübergehende (Fieber, Heuschnupfen, Übermüdung) physische Beeinträchtigungen, wenn sie nicht ausgeglichen werden (Hörgerät, Brille etc.)
10	Geistige Mängel	Psychische Beeinträchtigungen (z.B. altersbedingte Leistungsdefizite)
11	Fahruntüchtigkeit	ist gegeben, wenn die Gesamtleistungsfähigkeit des Fahrzeugführers derart herabgesetzt ist, dass er nicht fähig ist, das Fahrzeug über eine längere Strecke, auch beim Auftreten schwieriger Verkehrslagen, sicher zu steuern.
12	Absolute Fahruntüchtigkeit	ist bei einer bestimmten von der Fahrzeugart abhängigen Blutalkoholkonzentration gegeben, ab der unwiderleglich vermutet wird, dass jedermann, unabhängig von individuellen Verschiedenheiten, stets unfähig ist, das Fahrzeug sicher zu führen.
13	Relative Fahruntüchtigkeit	ist bei einer bestimmten von der Fahrzeugart abhängigen Blutalkoholkonzentration gegeben, ab der bei Vorliegen zusätzlicher Beweiszeichen (Ausfallerscheinungen) davon auszugehen ist, dass jemand unfähig ist, das Fahrzeug sicher zu führen.
14	Grob pflichtwidrig	bedeutet den auferlegten Pflichten in besonders großem Maße zuwiderlaufend oder gegen eine besonders gewichtige Pflicht verstoßend.
15	Verhalten	Tun und Unterlassen
16	Rechtsvorschriften	Formelle Gesetze oder Rechtsverordnungen
17	Sache	Körperlicher Gegenstand (§ 90 BGB)
18	Fremd	Zumindest auch im Eigentum eines anderen stehend (→ § 242 Rn. 2)
19	Bedeutender Wert	750–1.000 Euro (→ § 315 Rn. 16)
20	Gefahr	Wahrscheinlichkeit eines Schadenseintritts (→ § 34 Rn. 6)

Konkret	ist die Gefahr, wenn eine kritische Situation erreicht ist, in der das Ausbleiben der Verletzung nur noch vom Zufall abhängt (→ § 221 Rn. 7)	21

Vor § 315b Gefährliche Eingriffe in den Straßenverkehr

Aufbauschema: § 315b I 1

I. Tatbestand

1. Objektiver Tatbestand
   a) Straßenverkehr → *Rn. 1*
   b) Eingriff
      aa) Nr. 1:
         (1) Tatobjekt
            (a) Anlage → *Rn. 3*
            (b) Fahrzeug → *Rn. 4*
         (2) Tathandlung
            (a) Zerstören → *Rn. 5*
            (b) Beschädigen → *Rn. 6*
            (c) Beseitigen → *Rn. 7*
      bb) Nr. 2: Hindernisbereiten → *Rn. 8*
      cc) Nr. 3: Ähnlicher, ebenso gefährlicher Eingriff
   c) Beeinträchtigung der Verkehrssicherheit → *Rn. 2*
   d) und dadurch
   e) (Konkrete) Gefahr (→ *Rn. 12 f.*) für
      aa) Leib oder Leben eines anderen Menschen oder
      bb) fremde Sachen von bedeutendem Wert → *Rn. 9 ff.*
2. Subjektiver Tatbestand
   a) Vorsatz bzgl. 1a)–c)
   b) Vorsatz oder Fahrlässigkeit (§ 315b IV, → *Rn. 14*) bzgl. der Gefahr, letzterenfalls generelle/objektive Sorgfaltspflichtverletzung bei Vorhersehbarkeit und Vermeidbarkeit der Gefährdung

II. Rechtswidrigkeit

III. Schuld

1. Allgemeine Schuldmerkmale
2. Bei Fahrlässigkeit: Individuelle/subjektive Sorgfaltspflichtverletzung bei subjektiver Vorhersehbarkeit und Vermeidbarkeit der Gefährdung

IV. Persönlicher Strafaufhebungsgrund

Tätige Reue, § 320 II Nr. 2

Beachte: *Qualifikation, § 315b III i.V.m. § 315 III Nr. 1 (Absicht einen Unglücksfall herbeizuführen; Ermöglichungs- oder Verdeckungsabsicht)*
Erfolgsqualifikation, § 315b III i.V.m. § 315 III Nr. 2
Fahrlässigkeitsdelikt, § 315b V

2 **Aufbauschema: § 315b V**

I. Tatbestand
1. Erfolg: (Konkrete) Gefahr für Leib oder Leben eines anderen Menschen oder fremder Sachen von bedeutendem Wert → *Rn. 9 ff.*
2. Beeinträchtigung der Verkehrssicherheit → *Rn. 2*
3. Tathandlung: Eingriff aus dem Katalog des § 315b I Nr. 1–3
4. Kausalität
5. Generelle/objektive Sorgfaltspflichtverletzung
   a) (Generelle) Vorhersehbarkeit
   b) (Generelle) Vermeidbarkeit
6. (Sonstige) Objektive Zurechnung des Erfolgseintritts

II. Rechtswidrigkeit

III. Schuld
1. Allgemeine Schuldmerkmale
2. Individuelle/subjektive Sorgfaltspflichtverletzung
   a) (Individuelle) Vorhersehbarkeit
   b) (Individuelle) Vermeidbarkeit

§ 315b Gefährliche Eingriffe in den Straßenverkehr

1	Straßenverkehr	Allgemein zugänglicher und für jede Art der Fortbewegung zur Verfügung stehender Verkehrsraum für Fahrzeuge und Fußgänger (→ § 142 Rn. 2)
2	Beeinträchtigung der Verkehrssicherheit	liegt vor, wenn infolge der Einwirkung andere Verkehrsteilnehmer nicht ohne Gefahr für Leib, Leben oder Eigentum am Verkehr teilnehmen können (→ § 315 Rn. 1).
3	Anlagen	Alle dem Verkehr dienenden Einrichtungen (→ § 315 Rn. 6)
4	Fahrzeug	Jedes Beförderungsmittel ohne Rücksicht auf die Antriebsart
5	Zerstören	Existenzvernichtung oder vollständiges Aufheben der bestimmungsgemäßen Brauchbarkeit (→ § 303 Rn. 4)
6	Beschädigen	Substanzverletzung oder mehr als nur unerhebliches Herabsetzen der bestimmungsgemäßen Brauchbarkeit (→ § 303 Rn. 3)
7	Beseitigen	Räumliches Entfernen (→ § 134 Rn. 3)

Hindernisbereiten	Einwirkung, die geeignet ist, den reibungslosen Verkehrsablauf zu beeinträchtigen (→ § 315 Rn. 11)	**8**
Sache	Körperlicher Gegenstand (§ 90 BGB)	**9**
Fremd	Zumindest auch im Eigentum eines anderen stehend (→ § 242 Rn. 2)	**10**
Bedeutender Wert	750–1.000 Euro (→ § 315 Rn. 16)	**11**
Gefahr	Wahrscheinlichkeit eines Schadenseintritts (→ § 34 Rn. 6)	**12**
Konkret	ist die Gefahr, wenn eine kritische Situation erreicht ist, in der das Ausbleiben der Verletzung nur noch vom Zufall abhängt (→ § 221 Rn. 7)	**13**
Fahrlässigkeit	Generelle und individuelle Sorgfaltspflichtverletzung (→ § 15 Rn. 9)	**14**

Vor § 315c Gefährdung des Straßenverkehrs

Aufbauschema: § 315c I **1**

I. Tatbestand

1. Objektiver Tatbestand
   - a) Tatsituation: Straßenverkehr → *Rn. 1*
   - b) Tathandlung
     - aa) Nr. 1
       - (1) Fahrzeug → *Rn. 2*
       - (2) Führen → *Rn. 3*
       - (3) Fahruntüchtigkeit → *Rn. 9*
         - (a) Nr. 1a
           - (aa) Genuss → *Rn. 4*
           - (bb) Alt. 1: alkoholischer Getränke (→ *Rn. 5*) oder
           - (cc) Alt. 2: berauschender Mittel → *Rn. 6*
         - (b) Nr. 1b
           - (aa) Alt. 1: Geistige Mängel (→ *Rn. 8*) oder
           - (bb) Alt. 2: Körperliche Mängel → *Rn. 7*
     - bb) Nr. 2
       - (1) Verkehrsverstoß aus dem Katalog der „Todsünden“ des § 315c I Nr. 2 a)–g)
       - (2) Grob verkehrswidrig → *Rn. 10*
   - c) und dadurch
   - d) (Konkrete) Gefahr (→ *Rn. 21 f.*) für
     - aa) Leib oder Leben eines anderen Menschen oder

bb) fremde Sachen von bedeutendem Wert → *Rn. 18 ff.*
2. Subjektiver Tatbestand
a) Vorsatz bzgl. 1a)–b)
b) Vorsatz oder Fahrlässigkeit (§ 315c III Nr. 1, → *Rn. 23*) bzgl. der Gefahr, letzterenfalls generelle/objektive Sorgfaltspflichtverletzung bei Vorhersehbarkeit und Vermeidbarkeit der Gefährdung

II. Rechtswidrigkeit

III. Schuld
1. Allgemeine Schuldmerkmale
2. Bei Fahrlässigkeit: Individuelle/subjektive Sorgfaltspflichtverletzung bei subjektiver Vorhersehbarkeit und Vermeidbarkeit der Gefährdung
3. Bei § 315c I Nr. 2 zusätzlich: Rücksichtslosigkeit

Beachte: *Fahrlässigkeitsdelikt, § 315c III Nr. 2*

2 **Aufbauschema: § 315c III Nr. 2**

I. Tatbestand
1. Tatsituation: Straßenverkehr → *Rn. 1*
2. Taterfolg: (Konkrete) Gefahr (→ *Rn. 21 f.*) für
a) Leib oder Leben eines anderen Menschen oder
b) Fremde Sachen von bedeutendem Wert → *Rn. 18 f.*
3. Tathandlung
a) Nr. 1
aa) Fahrzeug → *Rn. 2*
bb) Führen → *Rn. 3*
cc) Fahruntüchtigkeit → *Rn. 9*
(1) Nr. 1a
(a) Genuss → *Rn. 4*
(b) Alt. 1: Alkoholischer Getränke (→ *Rn. 5*) oder
(c) Alt. 2: Berauschender Mittel → *Rn. 6*
(2) Nr. 1b
(a) Alt. 1: Geistige Mängel (→ *Rn. 8*) oder
(b) Alt. 2: Körperliche Mängel → *Rn. 7*
b) Nr. 2
aa) Verkehrsverstoß aus dem Katalog der „Todsünden" des § 315c I Nr. 2a)–g)
bb) Grob verkehrswidrig → *Rn. 10*
4. Kausalität
5. Generelle/objektive Sorgfaltspflichtverletzung
a) (Generelle) Vorhersehbarkeit
b) (Generelle) Vermeidbarkeit
6. (Sonstige) Objektive Zurechnung des Erfolgseintritts

II. Rechtswidrigkeit

III. Schuld

1. Allgemeine Schuldmerkmale
2. Individuelle/subjektive Sorgfaltspflichtverletzung
   a) (Individuelle) Vorhersehbarkeit
   b) (Individuelle) Vermeidbarkeit

§ 315c Gefährdung des Straßenverkehrs

Straßenverkehr	Allgemein zugänglicher und für jede Art der Fortbewegung zur Verfügung stehender Verkehrsraum für Fahrzeuge und Fußgänger (→ § 142 Rn. 2)	**1**
Fahrzeug	Jedes Beförderungsmittel ohne Rücksicht auf die Antriebsart (→ § 315b Rn. 4)	**2**
Führen	Fahrzeug in Bewegung setzen und/oder unter Handhabung seiner technischen Vorrichtungen in Bewegung halten (→ § 315a Rn. 5)	**3**
Genuss	Konsum (→ § 315a Rn. 6)	**4**
Alkoholische Getränke	Alle alkoholhaltigen Stoffe (→ § 315a Rn. 7)	**5**
Berauschende Mittel	Stoffe, die das Hemmungsvermögen sowie die intellektuellen und motorischen Fähigkeiten beeinträchtigen (→ § 315a Rn. 8)	**6**
Körperliche Mängel	Gelegentliche (Anfallsleiden), dauernde (Amputation, Schwerhörigkeit, Fehlsichtigkeit usw.) oder vorübergehende (Fieber, Heuschnupfen, Übermüdung) physische Beeinträchtigungen, wenn sie nicht ausgeglichen werden (→ § 315a Rn. 9)	**7**
Geistige Mängel	Psychische Beeinträchtigungen (→ § 315a Rn. 10)	**8**
Fahruntüchtigkeit	ist gegeben, wenn die Gesamtleistungsfähigkeit des Fahrzeugführers derart herabgesetzt ist, dass er nicht fähig ist, das Fahrzeug über eine längere Strecke, auch beim Auftreten schwieriger Verkehrslagen, sicher zu steuern (→ § 315a Rn. 11).	**9**

10	Grob verkehrswidrig	bedeutet den Verkehrsvorschriften in besonders großem Maße zuwiderlaufend oder gegen eine besonders gewichtige Verkehrsvorschrift verstoßend.
11	Rücksichtslos	handelt, wer sich aus eigensüchtigen Motiven über seine Pflichten gegenüber anderen Verkehrsteilnehmern hinwegsetzt oder aus Gleichgültigkeit von vornherein keine Bedenken gegen sein Verhalten aufkommen lässt.
12	Überholen	Vorbeifahren an einem fahrenden oder nur im Verkehrsvorgang kurz haltenden Fahrzeug
13	Unübersichtlich	ist eine Stelle, die infolge der Örtlichkeit, wegen Dunkelheit, Wetter, Bewuchses, parkender Fahrzeuge oder ähnlichem nicht gut einsichtig ist.
14	Zu schnelles Fahren	ist eines, das die Geschwindigkeitsgrenzen verletzt oder nicht der konkreten Verkehrssituation angepasst ist.
15	Nichteinhalten der rechten Fahrbahnseite	Inanspruchnahme mindestens eines Teils der linken Fahrbahn
16	Autobahn	ist die gesamte Bundesautobahn einschließlich des Bereichs von Zu- und Abfahrten.
17	Rückwärtsfahren	Fahren nach hinten im Rückwärtsgang
18	Sache	Körperlicher Gegenstand (§ 90 BGB)
19	Fremd	Zumindest auch im Eigentum eines anderen stehend (→ § 242 Rn. 2)
20	Bedeutender Wert	750–1.000 Euro (→ § 315 Rn. 16)
21	Gefahr	Wahrscheinlichkeit eines Schadenseintritts (→ § 34 Rn. 6)
22	Konkret	ist die Gefahr, wenn eine kritische Situation erreicht ist, in der das Ausbleiben der Verletzung nur noch vom Zufall abhängt (→ § 221 Rn. 7)
23	Fahrlässigkeit	Generelle und individuelle Sorgfaltspflichtverletzung (→ § 15 Rn. 9)

§ 315d Verbotene Kraftfahrzeugrennen

Straßenverkehr	Allgemein zugänglicher und für jede Art der Fortbewegung zur Verfügung stehender Verkehrsraum für Fahrzeuge und Fußgänger (→ § 142 Rn. 2)	1
Kraftfahrzeug	Fahrzeug, das durch Maschinenkraft bewegt wird, ein Landkraftfahrzeug nur insoweit, als es nicht an Bahngleise gebunden ist (§ 248b IV)	2
Rennen	Wettbewerb zur Erzielung von Höchstgeschwindigkeiten oder höchsten Durchschnittsgeschwindigkeiten	3
Ausrichten	Ausrichter ist, wer als geistiger und praktischer Urheber, Planer und Veranlasser eine Veranstaltung in ihrem äußeren Rahmen vorbereitet, organisiert und eigenverantwortlich ins Werk setzt	4
Durchführen	Das eigenverantwortliche Umsetzen des Ausrichterplans vor Ort	5
Führer	ist, wer das Fahrzeug in Bewegung setzt und/oder unter Handhabung seiner technischen Vorrichtungen in Bewegung hält (→ § 316a Rn. 4).	6
Teilnehmen	Mitwirken am Wettbewerb als Wettbewerber	7
Grob verkehrswidrig	bedeutet den Verkehrsvorschriften in besonders großem Maße zuwiderlaufend oder gegen eine besonders gewichtige Verkehrsvorschrift verstoßend (→ § 315c Rn. 10).	8
Rücksichtslos	handelt, wer sich aus eigensüchtigen Motiven über seine Pflichten gegenüber anderen Verkehrsteilnehmern hinwegsetzt oder aus Gleichgültigkeit von vornherein keine Bedenken gegen sein Verhalten aufkommen lässt (→ § 315c Rn. 11).	9
Sache	Körperlicher Gegenstand (§ 90 BGB)	10
Fremd	Zumindest auch im Eigentum eines anderen stehend (→ § 242 Rn. 2)	11
Bedeutender Wert	750–1.000 Euro (→ § 315 Rn. 16)	12

13	Gefahr	Wahrscheinlichkeit eines Schadenseintritts (→ § 34 Rn. 6)
14	Konkret	ist die Gefahr, wenn eine kritische Situation erreicht ist, in der das Ausbleiben der Verletzung nur noch vom Zufall abhängt (→ § 221 Rn. 7)
15	Fahrlässigkeit	Generelle und individuelle Sorgfaltspflichtverletzung (→ § 15 Rn. 9)
16	Tod	Ende der Hirntätigkeit (Hirntod) (→ § 212 Rn. 2)
17	Schwere Gesundheitsschädigung	Langwierige ernste Krankheit oder erhebliche Beeinträchtigung der Arbeitsfähigkeit für längere Zeit (→ § 221 Rn. 8)
18	Gesundheitsschädigung	Hervorrufen, Steigern oder Aufrechterhalten eines krankhaften (pathologischen) Zustands (→ § 223 Rn. 2)
19	Große Zahl von Menschen	Mindestens 15 Personen (→ § 263 Rn. 13)

Vor § 316 Trunkenheit im Verkehr

1 **Aufbauschema: § 316 I**

I. Tatbestand

1. Objektiver Tatbestand
   a) Tatsituation: Im Verkehr → *Rn. 1*
   b) Tathandlung:
      aa) Fahrzeug → *Rn. 2*
      bb) Führen → *Rn.3*
      cc) Fahruntüchtigkeit → *Rn. 7*
         (1) Genuss → *Rn. 4*
         (2) Alt. 1: Alkoholischer Getränke (→ *Rn. 5*) oder
             Alt. 2: Berauschender Mittel → *Rn. 6*
2. Subjektiver Tatbestand

II. Rechtswidrigkeit

III. Schuld

Aufbauschema: § 316 II 2

I. Tatbestand

1. Tatsituation: Im Verkehr → *Rn. 1*
2. Tathandlung:
   a) Fahrzeug → *Rn. 2*
   b) Führen → *Rn. 3*
   c) Fahruntüchtigkeit → *Rn. 7*
      aa) Genuss → *Rn. 4*
      bb) Alt. 1: Alkoholischer Getränke (→ *Rn. 5*) oder
          Alt. 2: Berauschender Mittel → *Rn. 6*
3. Generelle/objektive Sorgfaltspflichtverletzung
   a) (Generelle) Vorhersehbarkeit
   b) (Generelle) Vermeidbarkeit

II. Rechtswidrigkeit

III. Schuld

1. Allgemeine Schuldmerkmale
2. Individuelle/subjektive Sorgfaltspflichtverletzung
   a) (Individuelle) Vorhersehbarkeit
   b) (Individuelle) Vermeidbarkeit

§ 316 Trunkenheit im Verkehr

Verkehr	Öffentlicher Straßen-, Bahn-, Schiffs- und Luftverkehr	1
Fahrzeug	Jedes Beförderungsmittel ohne Rücksicht auf die Antriebsart (→ § 315b Rn. 4)	2
Führen	Fahrzeug in Bewegung setzen und/oder unter Handhabung seiner technischen Vorrichtungen in Bewegung halten (→ § 315a Rn. 5)	3
Genuss	Konsum (→ § 315a Rn. 6)	4
Alkoholische Getränke	Alle alkoholhaltigen Stoffe (→ § 315a Rn. 7)	5
Berauschende Mittel	Stoffe, die das Hemmungsvermögen sowie die intellektuellen und motorischen Fähigkeiten beeinträchtigen (→ § 315a Rn. 8)	6
Fahruntüchtigkeit	ist gegeben, wenn die Gesamtleistungsfähigkeit des Fahrzeugführers derart herabgesetzt ist, dass er nicht fähig ist, das Fahrzeug über eine längere Strecke, auch beim Auftreten schwieriger Verkehrslagen, sicher zu steuern (→ § 315a Rn. 11).	7

Vor § 316a Räuberischer Angriff auf Kraftfahrer

1 **Aufbauschema: § 316a I**

I. Tatbestand
1. Objektiver Tatbestand
   a) Tatobjekt
      aa) Führer eines Kraftfahrzeugs (→ *Rn. 4 f.*) oder
      bb) Mitfahrer → *Rn. 6*
   b) Tathandlung
      aa) Angriff auf Leib, Leben oder Entschlussfreiheit → *Rn. 1 f.*
      bb) Verüben → *Rn. 3*
      cc) Ausnutzen der besonderen Verhältnisse des Straßenverkehrs → *Rn. 7*
2. Subjektiver Tatbestand
   a) Vorsatz
   b) Absicht zur Begehung von § 249, § 250, § 252 oder § 255

II. Rechtswidrigkeit

III. Schuld

Beachte: *Erfolgsqualifikation, § 316a III*

2 **Aufbauschema: § 316a III**

Beachte: *Vor § 316a III sollten § 316 I sowie § 222 geprüft werden. Dann kann im Tatbestand 1. entweder ganz weggelassen oder insoweit in aller Kürze auf die vorangegangene Prüfung verwiesen werden.*

I. Tatbestand
1. Erfüllung des Grundtatbestandes, § 316a I
2. Eintritt der Todesfolge → *Rn. 9*
3. Kausalität zwischen Grunddelikt und Todesfolge
4. Vorsatz oder Leichtfertigkeit (→ *Rn. 8*) bzgl. der Folge, letzterenfalls generelle/objektive grobe Sorgfaltspflichtverletzung bei objektiver Vorhersehbarkeit der Todesfolge
5. (Sonstige) Objektive Zurechnung
6. Zumindest bei Leichtfertigkeit zusätzlich: Unmittelbarkeitszusammenhang → *Rn. 10*

II. Rechtswidrigkeit
(Prüfungspunkt entfällt, wenn keine Abweichung zum Grunddelikt)

III. Schuld
1. Allgemeine Schuldmerkmale
2. Bei Leichtfertigkeit: Individuelle/subjektive grobe Sorgfaltspflichtverletzung bei individueller/subjektiver Vorhersehbarkeit der Todesfolge

§ 316a Räuberischer Angriff auf Kraftfahrer

Entschlussfreiheit	Freiheit der Willensentschließung und -betätigung	1
Angriff	Jede auf die Verletzung eines Rechtsgutes gerichtete Handlung (→ § 130 Rn. 10)	2
Verüben	ist die tatsächliche Ausführung.	3
Führer	ist, wer das Fahrzeug in Bewegung setzt und/oder unter Handhabung seiner technischen Vorrichtungen in Bewegung hält.	4
Kraftfahrzeug	Fahrzeug, das durch Maschinenkraft bewegt wird, ein Landkraftfahrzeug nur insoweit, als es nicht an Bahngleise gebunden ist (§ 248b IV)	5
Mitfahrer	sind Insassen während der Fahrt.	6
Ausnutzen der besonderen Verhältnisse des Straßenverkehrs	liegt vor, wenn der Täter die typischen Situationen und Gefahrenlagen des fließenden Verkehrs in den Dienst seines Vorhabens stellt.	7
Leichtfertig	handelt, wer grob fahrlässig handelt und nicht beachtet, was sich jedermann aufdrängen muss (→ § 15 Rn. 8).	8
Tod	Ende der Hirntätigkeit (Hirntod) (→ § 212 Rn. 2)	9
Unmittelbarkeitszusammenhang	Über Kausalität und objektive Zurechnung hinausgehender tatbestandsspezifischer Zusammenhang, wonach sich gerade die dem Grundtatbestand anhaftende spezifische Gefahr in der schweren Folge niedergeschlagen haben muss (→ § 18 Rn. 3).	10

§ 316b Störung öffentlicher Betriebe

Betrieb	Ingangsetzen und -halten (→ § 305a Rn. 6)	1
Unternehmen	ist jede auf Dauer angelegte, auf die Teilnahme am Wirtschaftsverkehr durch Austausch von Leistung und Gegenleistung gerichtete rechtlich-wirtschaftliche Einheit (→ § 14 Rn. 6)	2
Anlage	Als Funktionseinheit organisierte Sachgesamtheit von nicht ganz unerheblichen Ausmaßen zur Verwirklichung beliebiger Zwecke (→ § 305a Rn. 4)	3

4	Öffentliche Versorgung	Bereitstellung von Gütern und Dienstleistungen, an denen jeder Teil haben kann
5	Dienen	Beizutragen bestimmt sein
6	Postdienstleistungen	Namentlich Versendung, Transport und Zustellung von Brief- und Paketsendungen
7	Öffentlicher Verkehr	Der Allgemeinheit offener Straßen-, Bahn-, Schiffs- und Luftverkehr
8	Für die Versorgung der Bevölkerung lebenswichtig	Wenn die Stilllegung die Lebensinteressen der Allgemeinheit in Gefahr brächte
9	Einrichtung	Gesamtheit von Personen und/oder Sachen, die einem bestimmten Zweck dienen
10	Öffentliche Ordnung	Gesamtheit der ungeschriebenen Regeln für das Verhalten des Einzelnen in der Öffentlichkeit, soweit die Beachtung dieser Regeln nach den herrschenden Auffassungen als unerlässliche Voraussetzung eines geordneten Gemeinschaftslebens betrachtet wird
11	Öffentliche Sicherheit	umfasst den Schutz zentraler Rechtsgüter wie Leben, Gesundheit, Freiheit, Ehre, Eigentum und Vermögen des Einzelnen sowie die Unversehrtheit der Rechtsordnung und der staatlichen Einrichtungen (→ § 125 Rn. 4).
12	Verhindern	Mindestens das Unterbrechen des gesamten Betriebes
13	Stören	Nicht unerhebliches Beeinträchtigen des reibungslosen Ablaufs
14	Zerstören	Existenzvernichtung oder vollständiges Aufheben der bestimmungsgemäßen Brauchbarkeit (→ § 303 Rn. 4)
15	Beschädigen	Substanzverletzung oder mehr als nur unerhebliches Herabsetzen der bestimmungsgemäßen Brauchbarkeit (→ § 303 Rn. 3)
16	Beseitigen	Räumliches Entfernen (→ § 134 Rn. 3)
17	Verändern	Herbeiführen eines von dem bisherigen abweichenden Zustandes (→ § 303a Rn. 5)
18	Unbrauchbar machen	Ausschalten der Wirkungsweise (→ § 303a Rn. 4)
19	Elektrische Kraft	Strom
20	Entziehen	Bewirken des Verlustes

§ 316c Angriffe auf den Luft- und Schienenverkehr

Gewalt	Körperlich wirkender Zwang (→ § 240 Rn. 2)	**1**
Angriff	Jede auf die Verletzung eines Rechtsgutes gerichtete Handlung (→ § 130 Rn. 10)	**2**
Entschlussfreiheit	Freiheit der Willensentschließung und -betätigung (→ § 316a Rn. 1)	**3**
Machenschaften	Methodisch berechnetes Gesamtverhalten	**4**
Luftfahrzeuge	sind Flugzeuge, Drehflügler, Luftschiffe, Segelflugzeuge, Motorsegler, Frei- und Fesselballone, Rettungsfallschirme, Flugmodelle, Luftsportgeräte sowie unbemannte Fluggeräte einschließlich ihrer Kontrollstation, die nicht zu Zwecken des Sports oder der Freizeitgestaltung betrieben werden (unbemannte Luftfahrtsysteme) und sonstige für die Benutzung des Luftraums bestimmte Geräte, sofern sie in Höhen von mehr als dreißig Metern über Grund oder Wasser betrieben werden können; Raumfahrzeuge, Raketen und ähnliche Flugkörper dagegen nur, solange sie sich im Luftraum befinden (§ 1 LuftVG).	**5**
Schiff	Zur See- und Binnenschifffahrt bestimmtes Wasserfahrzeug (→ § 4 Rn. 1)	**6**
Herrschaft	Eigene Führung oder Befehlsgewalt über Besatzung und Passagiere	**7**
Einwirken auf die Führung	Treffen maßgeblicher Entscheidung über die Bewegung des Fahrzeugs	**8**
Zerstören	Existenzvernichtung oder vollständiges Aufheben der bestimmungsgemäßen Brauchbarkeit (→ § 303 Rn. 4)	**9**
Beschädigen	Substanzverletzung oder mehr als nur unerhebliches Herabsetzen der bestimmungsgemäßen Brauchbarkeit (→ § 303 Rn. 3)	**10**
Schusswaffe	Waffe im technischen Sinne, bei der ein Projektil durch einen Lauf getrieben wird (→ § 121 Rn. 12)	**11**
Gebrauchen	Verwenden	**12**

13	Brand	liegt vor, wenn wesentliche Teile einer Sache nach Entfernung oder Erlöschen des Zündstoffs selbstständig weiter brennen.
14	Explosion	Plötzliche Auslösung einer Druckwelle mit großer Beschleunigung (→ § 308 Rn. 3)
15	Unternehmen	einer Tat ist deren Versuch und Vollendung (§ 11 I Nr. 6).
16	Herbeiführen	Verursachen (→ § 308 Rn. 4)
17	Leichtfertig	handelt, wer grob fahrlässig handelt und nicht beachtet, was sich jedermann aufdrängen muss (→ § 15 Rn. 8).
18	Sprengstoff	Stoff, der bei Entzündung zu einer plötzlichen Ausdehnung von Flüssigkeiten oder Gasen und dadurch zu einer Sprengwirkung führt (→ § 243 Rn. 29)
19	Herstellen	Sämtliche zur Anfertigung unmittelbar erforderlichen Handlungen (→ § 130 Rn. 20)
20	Sichverschaffen	Erlangen der Verfügungsgewalt (→ § 146 Rn. 5)
21	Einem anderen verschaffen	Weiterleiten der Verfügungsgewalt unmittelbar auf den Dritten (→ § 202b Rn. 6)
22	Verwahren	Für sich oder einen Dritten zur Verfügung halten(→ § 261 Rn. 14)
23	Überlassen	Übertragen der tatsächlichen Sachherrschaft (→ § 152a Rn. 6)

§ 317 Störung von Telekommunikationsanlagen

1	Betrieb	Ingangsetzen und -halten (→ § 305a Rn. 6)
2	Öffentlichen Zwecken dienend	Zur Benutzung durch die Allgemeinheit errichtet (→ § 265a Rn. 7)
3	Telekommunikations-anlagen	Technische Einrichtungen oder Systeme, die als Nachrichten identifizierbare elektromagnetische oder optische Signale senden, übertragen, vermitteln, empfangen, steuern oder kontrollieren können (§ 3 Nr. 23 TKG)
4	Verhindern	Mindestens das Unterbrechen des gesamten Betriebes (→ § 316b Rn. 12)
5	Zerstören	Existenzvernichtung oder vollständiges Aufheben der bestimmungsgemäßen Brauchbarkeit (→ § 303 Rn. 4)

Beschädigen	Substanzverletzung oder mehr als nur unerhebliches Herabsetzen der bestimmungsgemäßen Brauchbarkeit (→ § 303 Rn. 3)	**6**
Beseitigen	Räumliches Entfernen (→ § 134 Rn. 3)	**7**
Verändern	Herbeiführen eines von dem bisherigen abweichenden Zustandes (→ § 303a Rn. 5)	**8**
Unbrauchbar machen	Ausschalten der Wirkungsweise (→ § 303a Rn. 4)	**9**
Elektrische Kraft	Strom (→ § 316b Rn. 19)	**10**
Entziehen	Bewirken des Verlustes (→ § 316b Rn. 20)	**11**
Fahrlässigkeit	Generelle und individuelle Sorgfaltspflichtverletzung (→ § 15 Rn. 9)	**12**

§ 318 Beschädigung wichtiger Anlagen

Damm	Erdaufschüttung oder Aufmauerung, die als Barriere zur Abwehr von Naturkräften dient (→ § 305 Rn. 4)	**1**
Brücke	Bauwerk von einiger Größe, innerer Festigkeit und Tragfähigkeit zur Überquerung von etwas (→ § 305 Rn. 3)	**2**
Wasserbauten	Bauwerke, die der Regulierung, Speicherung, Leitung oder Abdämmung von Wasser dienen	**3**
Zerstören	Existenzvernichtung oder vollständiges Aufheben der bestimmungsgemäßen Brauchbarkeit (→ § 303 Rn. 4)	**4**
Beschädigen	Substanzverletzung oder mehr als nur unerhebliches Herabsetzen der bestimmungsgemäßen Brauchbarkeit (→ § 303 Rn. 3)	**5**
Gefahr	Wahrscheinlichkeit eines Schadenseintritts (→ § 34 Rn. 6)	**6**
Konkret	ist die Gefahr, wenn eine kritische Situation erreicht ist, in der das Ausbleiben der Verletzung nur noch vom Zufall abhängt (→ § 221 Rn. 7)	**7**
Schwere Gesundheitsschädigung	Langwierige ernste Krankheit oder erhebliche Beeinträchtigung der Arbeitsfähigkeit für längere Zeit (→ § 221 Rn. 8)	**8**

9	Große Zahl von Menschen	Mindestens 15 Personen (→ § 263 Rn. 13)
10	Fahrlässigkeit	Generelle und individuelle Sorgfaltspflichtverletzung (→ § 15 Rn. 9)

§ 319 Baugefährdung

1	Planung	Vorbereitende Handlungen wie die Erstellung von Bauplänen und statischen Berechnungen, ausgenommen solche Arbeiten, für die ihrer Einfachheit wegen besondere Regeln der Technik nicht bestehen
2	Leitung	hat, wer nach der tatsächlichen Lage die maßgeblichen Anordnungen über die Gesamtausführung trifft oder zu treffen hat.
3	Ausführung	Mitwirkung bei der Herstellung
4	Bau	Errichtung, Ausbesserung oder Veränderung
5	Bauwerk	Jede bauliche Anlage von gewisser Größe und einiger Bedeutung (→ § 305 Rn. 7)
6	Allgemein anerkannte Regeln der Technik	sind die tatsächlich von der Praxis angewandten Regeln in der Überzeugung, dass sie für die Sicherheit des Bauens notwendig sind.
7	Technische Einrichtungen	sind bewegliche und unbewegliche Sachen oder Sachgesamtheiten, die in ihrer Herstellung und Funktionsweise auf technischen und nicht natürlichen Abläufen beruhen (→ § 306 Rn. 4).
8	Beruf	Auf Dauer angelegte Arbeitskraft und -zeit überwiegend in Anspruch nehmende Tätigkeit, die im Allgemeinen zur Erzielung des Lebensunterhalts dient
9	Gewerbe	Auf Gewinnerzielung gerichtete und gewisse Dauer angelegte, selbstständige Tätigkeit
10	Gefahr	Wahrscheinlichkeit eines Schadenseintritts (→ § 34 Rn. 6)
11	Konkret	ist die Gefahr, wenn eine kritische Situation erreicht ist, in der das Ausbleiben der Verletzung nur noch vom Zufall abhängt (→ § 221 Rn. 7)
12	Fahrlässigkeit	Generelle und individuelle Sorgfaltspflichtverletzung (→ § 15 Rn. 9)

Vor § 323a Vollrausch

Aufbauschema: § 323a Alt. 1 (Vorsätzlicher Vollrausch) 1

I. Tatbestand
1. Objektiver Tatbestand
   a) Taterfolg: Rausch → *Rn. 5*
   b) Tatmittel:
      aa) Alkoholische Getränke → *Rn. 3*
      bb) Berauschende Mittel → *Rn. 4*
   c) Tathandlung: Sichversetzen
2. Subjektiver Tatbestand: Vorsatz → *Rn. 1*
3. Objektive Bedingung der Strafbarkeit
   a) Rechtswidrige Tat (sog. Rauschtat) → *Rn. 6*
   b) (nicht ausschließbar) schuldunfähig → *Rn. 7*

II. Rechtswidrigkeit

III. Schuld

IV. Strafverfolgungsvoraussetzung
Strafantrag, § 323a III

Aufbauschema: § 323a Alt. 2 (Fahrlässiger Vollrausch) 2

I. Tatbestand
1. Erfolg: Rausch → *Rn. 5*
2. Tatmittel
   a) Alkoholische Getränke → *Rn. 3*
   b) Berauschende Mittel → *Rn. 4*
3. Tathandlung: Sichversetzen
4. Kausalität zwischen Sichversetzen und Rausch
5. Generelle/objektive Sorgfaltspflichtverletzung
   a) (Generelle) Vorhersehbarkeit des Rausches
   b) (Generelle) Vermeidbarkeit des Rausches
6. (Sonstige) Objektive Zurechnung des Rausches
7. Objektive Bedingung der Strafbarkeit
   a) Rechtswidrige Tat (sog. Rauschtat) (→ *Rn. 6*), begangen in
   b) (nicht ausschließbarer) Schuldunfähigkeit → *Rn. 7*

II. Rechtswidrigkeit

III. Schuld
1. Allgemeine Schuldmerkmale
2. Individuelle/subjektive Sorgfaltspflichtverletzung
   a) (Individuelle) Vorhersehbarkeit
   b) (Individuelle) Vermeidbarkeit

IV. Strafverfolgungsvoraussetzung
Strafantrag, § 323a III

§ 323a Vollrausch

1	Vorsatz	Wissen und Wollen der Tatbestandsverwirklichung (→ § 15 Rn. 1)
2	Fahrlässigkeit	Generelle und individuelle Sorgfaltspflichtverletzung (→ § 15 Rn. 9)
3	Alkoholische Getränke	Alle alkoholhaltigen Stoffe (→ § 315a Rn. 7)
4	Berauschende Mittel	Stoffe, die das Hemmungsvermögen sowie die intellektuellen und motorischen Fähigkeiten beeinträchtigen (→ § 315a Rn. 8)
5	Rausch	Abnormer psychischer Intoxikationszustand
6	Rechtswidrige Tat	Handlung, die den Tatbestand eines Strafgesetzes verwirklicht (§ 11 I Nr. 5)
7	Schuldunfähig	ist, wer sich im Zustand des § 20 befindet (ab ca. 3,0 ‰ BAK).

§ 323b Gefährdung einer Entziehungskur

1	Wissentlichkeit	Sicheres Wissen (→ § 15 Rn. 3)
2	Behörde	Stelle, die Aufgaben der öffentlichen Verwaltung wahrnimmt – auch Gerichte (§ 11 I Nr. 7)
3	Alkoholische Getränke	Alle alkoholhaltigen Stoffe (→ § 315a Rn. 7)
4	Berauschende Mittel	Stoffe, die das Hemmungsvermögen sowie die intellektuellen und motorischen Fähigkeiten beeinträchtigen (→ § 315a Rn. 8)
5	Verschaffen	Zugänglichmachen in der Weise, dass man die Verfügungsgewalt erlangt
6	Überlassen	Übertragen der tatsächlichen Sachherrschaft (→ § 152a Rn. 6)
7	Verleiten	Bestimmendes Einwirken auf den Willen des anderen mit beliebigen Mitteln (→ § 120 Rn. 3)

Vor § 323c Unterlassene Hilfeleistung; Behinderung von hilfeleistenden Personen

Aufbauschema 1

I. Tatbestand

1. Objektiver Tatbestand
   a) Tatsituation
      aa) Unglücksfall → *Rn. 1*
      bb) Gemeine Gefahr → *Rn. 2*
      cc) Gemeine Not → *Rn. 3*
   b) Tathandlung
      Abs. 1: aa) Nichtleisten
              bb) Hilfe → *Rn. 4*
                  (1) Erforderlich → *Rn. 5*
                  (2) Möglich
                  (3) Zumutbar
      Abs. 2: aa) Behindern → *Rn. 6*
              bb) Personen, die Hilfe leisten oder leisten wollen
2. Subjektiver Tatbestand

II. Rechtswidrigkeit

III. Schuld

§ 323c Unterlassene Hilfeleistung; Behinderung von hilfeleistenden Personen

Unglücksfall	Plötzlich eintretendes, unerwartetes Ereignis mit erheblicher Schadensneigung	1
Gemeine Gefahr	Gefährdung einer unüberschaubaren Zahl von Menschen oder bedeutender Sachwerte (→ § 243 Rn. 27)	2
Gemeine Not	Die Allgemeinheit betreffende Notlage	3
Hilfe	Tätigkeit, die der Intention nach auf Abwehr weiterer Schäden gerichtet ist	4
Erforderlich	ist eine Hilfeleistung dann, wenn ohne sie die Gefahr besteht, dass die Unglückssituation sich in einer nicht unerheblichen Schädigung von Personen oder Sachen von bedeutendem Wert auswirkt.	5
Behindern	Spürbare, nicht unerhebliche Störung der Rettungstätigkeit (→ § 115 Rn. 8)	6

Straftaten gegen die Umwelt, §§ 324–330d

Vor § 324 Gewässerverunreinigung

1 **Aufbauschema**

I. Tatbestand
1. Objektiver Tatbestand
   a) Tatobjekt: Gewässer → *Rn. 1*
   b) Tathandlung/Erfolg
      aa) Alt. 1: Verunreinigen → *Rn. 2*
      bb) Alt. 2: Nachteilige Veränderung → *Rn. 3*
2. Subjektiver Tatbestand

II. Rechtswidrigkeit („unbefugt")

III. Schuld

IV. Strafzumessung
Besonders schwere Fälle, § 330 I (Regelbeispiele)

Beachte: *Qualifikation, § 330 II Nr. 1*
Erfolgsqualifikation, § 330 II Nr. 2
Fahrlässigkeitsdelikt, § 324 III

§ 324 Gewässerverunreinigung

1	Gewässer	ist ein oberirdisches Gewässer, das Grundwasser und das Meer (§ 330d Nr. 1).
2	Verunreinigen	Sichtbare Verschlechterung des äußeren Erscheinungsbildes
3	Nachteilige Veränderung	Nicht sichtbare Verschlechterung der physikalischen, chemischen oder biologischen Beschaffenheit

§ 324a Bodenverunreinigung

1	Verwaltungsrechtliche flicht	Pflicht, die sich aus einer Rechtsvorschrift, einer gerichtlichen Entscheidung, einem vollziehbaren Verwaltungsakt, einer vollziehbaren Auflage oder einem öffentlich-rechtlichen Vertrag ergibt und dem Schutz vor Gefahren oder schädlichen Einwirkungen auf die Umwelt dient (§ 330d Nr. 4)

Stoff	Jede feste, flüssige oder gasförmige Substanz, die negative Auswirkungen haben kann	**2**
Boden	ist die obere Schicht der Erdkruste, einschließlich der flüssigen Bestandteile (Bodenlösung) und der gasförmigen Bestandteile (Bodenluft), ohne Grundwasser und Gewässerbetten (§ 2 I BBodSchG).	**3**
Einbringen	Finaler Eintrag	**4**
Eindringenlassen	Pflichtwidriges Nichtverhindern des Eindringens	**5**
Freisetzen	Schaffen einer Lage unkontrollierter Ausbreitung	**6**
Gesundheits-schädigung	Hervorrufen, Steigern oder Aufrechterhalten eines krankhaften (pathologischen) Zustands (→ § 223 Rn. 2)	**7**
Schädigung von Pflanzen oder Tieren	ist gegeben, wenn Lebewesen verkümmern oder eingehen.	**8**
Bedeutender Wert	ist gegeben, wenn ein gewichtiges wirtschaftliches, ökologisches oder historisches Allgemein- oder Individualinteresse an der Erhaltung besteht.	**9**
Gewässer	ist ein oberirdisches Gewässer, das Grundwasser und das Meer (§ 330d Nr. 1)	**10**
Verunreinigen	Sichtbare Verschlechterung des äußeren Erscheinungsbildes (→ § 324 Rn. 2)	**11**
Nachteilige Veränderung	Nicht sichtbare Verschlechterung der physikalischen, chemischen oder biologischen Beschaffenheit (→ § 324 Rn. 3)	**12**

§ 325 Luftverunreinigung

Anlage	Als Funktionseinheit organisierte Sachgesamtheit von nicht ganz unerheblichen Ausmaßen zur Verwirklichung beliebiger Zwecke (→ § 305a Rn. 4)	**1**
Betrieb	Ingangsetzen und -halten (→ § 305a Rn. 6)	**2**
Betriebsstätte	Sachgesamtheit von baulichen Anlagen und Inventar, die einem gewerblichen Betrieb dient (→ § 306 Rn. 3)	**3**
Maschine	Ortsveränderliche technische Einrichtung	**4**

5	Verwaltungsrechtliche Pflicht	Pflicht, die sich aus einer Rechtsvorschrift, einer gerichtlichen Entscheidung, einem vollziehbaren Verwaltungsakt, einer vollziehbaren Auflage oder einem öffentlich-rechtlichen Vertrag ergibt und dem Schutz vor Gefahren oder schädlichen Einwirkungen auf die Umwelt dient (§ 330d Nr. 4)
6	Gesundheits-schädigung	Hervorrufen, Steigern oder Aufrechterhalten eines krankhaften (pathologischen) Zustands (→ § 223 Rn. 2)
7	Schädigung von Pflanzen oder Tieren	ist gegeben, wenn Lebewesen verkümmern oder eingehen (→ § 324a Rn. 8).
8	Grobe Verletzung	liegt vor, wenn eine Pflicht in besonders schwerem Maße oder eine besonders gewichtige Pflicht missachtet wird.
9	Luft	Atmosphäre
10	Freisetzen	Schaffen einer Lage unkontrollierter Ausbreitung (→ § 324a Rn. 6)
11	Fahrlässigkeit	Generelle und individuelle Sorgfaltspflichtverletzung (→ § 15 Rn. 9)
12	Bedeutender Wert	ist gegeben, wenn ein gewichtiges wirtschaftliches, ökologisches oder historisches Allgemein- oder Individualinteresse an der Erhaltung besteht (→ § 324a Rn. 9).
13	Verunreinigen	Sichtbare Verschlechterung des äußeren Erscheinungsbildes (→ § 324 Rn. 2)
14	Nachteilige Veränderung	Nicht sichtbare Verschlechterung der physikalischen, chemischen oder biologischen Beschaffenheit (→ § 324 Rn. 3)
15	Kraftfahrzeuge	Fahrzeuge, die durch Maschinenkraft bewegt werden, Landkraftfahrzeuge nur insoweit, als sie nicht an Bahngleise gebunden sind (§ 248b IV)
16	Schienenfahrzeuge	An Schienen gebundene Fahrzeuge (→ § 306 Rn. 9)
17	Luftfahrzeuge	sind Flugzeuge, Drehflügler, Luftschiffe, Segelflugzeuge, Motorsegler, Frei- und Fesselballone, Rettungsfallschirme, Flugmodelle, Luftsportgeräte sowie unbemannte Fluggeräte einschließlich ihrer Kontrollstation, die nicht

	zu Zwecken des Sports oder der Freizeitgestaltung betrieben werden (unbemannte Luftfahrtsysteme) und sonstige für die Benutzung des Luftraums bestimmte Geräte, sofern sie in Höhen von mehr als dreißig Metern über Grund oder Wasser betrieben werden können; Raumfahrzeuge, Raketen und ähnliche Flugkörper dagegen nur, solange sie sich im Luftraum befinden (§ 1 LuftVG).	
Wasserfahrzeuge	Fahrzeuge, mit denen Personen eine Bewegung auf dem Wasser ohne unmittelbaren körperlichen Wasserkontakt möglich ist (→ § 306 Rn. 11)	**18**

§ 325a Verursachen von Lärm, Erschütterungen und nichtionisierenden Strahlen

Anlage	Als Funktionseinheit organisierte Sachgesamtheit von nicht ganz unerheblichen Ausmaßen zur Verwirklichung beliebiger Zwecke (→ § 305a Rn. 4)	**1**
Betrieb	Ingangsetzen und -halten (→ § 305a Rn. 6)	**2**
Betriebsstätte	Sachgesamtheit von baulichen Anlagen und Inventar, die einem gewerblichen Betrieb dient (→ § 306 Rn. 3)	**3**
Maschine	Ortsveränderliche technische Einrichtung (→ § 325 Rn. 4)	**4**
Verwaltungsrechtliche Pflicht	Pflicht, die sich aus einer Rechtsvorschrift, einer gerichtlichen Entscheidung, einem vollziehbaren Verwaltungsakt, einer vollziehbaren Auflage oder einem öffentlich-rechtlichen Vertrag ergibt und dem Schutz vor Gefahren oder schädlichen Einwirkungen auf die Umwelt dient (§ 330d Nr. 4)	**5**
Lärm	Hörbare, durch Schallwellen verbreitete Einwirkung, die nach Art, Ausmaß oder Dauer als störend empfunden wird	**6**
Eignung	Wenn aus der Sicht eines objektiven Beobachters aufgrund tatsächlicher Anhaltspunkte die begründete Besorgnis besteht (→ § 130 Rn. 3).	**7**

8	Gesundheitsschädigung	Hervorrufen, Steigern oder Aufrechterhalten eines krankhaften (pathologischen) Zustands (→ § 223 Rn. 2)
9	Erschütterungen	Stoßhaltige periodische oder regellose Schwingungen
10	Nichtionisierende Strahlen	Elektromagnetische, Radar- oder Laserstrahlen
11	Sache	Körperlicher Gegenstand (§ 90 BGB)
12	Fremd	Zumindest auch im Eigentum eines anderen stehend (→ § 242 Rn. 2)
13	Bedeutender Wert	750–1.000 Euro (→ § 315 Rn. 19)
14	Gefahr	Wahrscheinlichkeit eines Schadenseintritts (→ § 34 Rn. 6)
15	Konkret	ist die Gefahr, wenn eine kritische Situation erreicht ist, in der das Ausbleiben der Verletzung nur noch vom Zufall abhängt (→ § 221 Rn. 7)
16	Fahrlässigkeit	Generelle und individuelle Sorgfaltspflichtverletzung (→ § 15 Rn. 9)
17	Kraftfahrzeuge	Fahrzeuge, die durch Maschinenkraft bewegt werden, Landkraftfahrzeuge nur insoweit, als sie nicht an Bahngleise gebunden sind (§ 248b IV)
18	Schienenfahrzeuge	An Schienen gebundene Fahrzeuge (→ § 306 Rn. 9)
19	Luftfahrzeuge	sind Flugzeuge, Drehflügler, Luftschiffe, Segelflugzeuge, Motorsegler, Frei- und Fesselballone, Rettungsfallschirme, Flugmodelle, Luftsportgeräte sowie unbemannte Fluggeräte einschließlich ihrer Kontrollstation, die nicht zu Zwecken des Sports oder der Freizeitgestaltung betrieben werden (unbemannte Luftfahrtsysteme) und sonstige für die Benutzung des Luftraums bestimmte Geräte, sofern sie in Höhen von mehr als dreißig Metern über Grund oder Wasser betrieben werden können; Raumfahrzeuge, Raketen und ähnliche Flugkörper dagegen nur, solange sie sich im Luftraum befinden (§ 1 LuftVG).

Wasserfahrzeuge	Fahrzeuge, mit denen Personen eine Bewegung auf dem Wasser ohne unmittelbaren körperlichen Wasserkontakt möglich ist (→ § 306 Rn. 11)	**20**

§ 326 Unerlaubter Umgang mit gefährlichen Abfällen

Abfälle	Bewegliche Sachen, deren sich der Besitzer endgültig entledigen will oder deren geordnete Beseitigung zur Wahrung des Allgemeinwohls geboten ist	**1**
Gift	Jeder Stoff, der durch chemische oder chemisch-physikalische Wirkung nach Art und Menge im konkreten Fall geeignet ist, erhebliche Gesundheitsschäden zu verursachen (→ § 224 Rn. 1).	**2**
Übertragbar	Durch Menschen, Tiere, Pflanzen oder unbelebte Stoffe vermittelbar	**3**
Gemeingefährlich	ist eine Krankheit, wenn zu der erheblichen Gesundheitsgefahr eine Gefährdung weiterer Bevölkerungskreise hinzukommt.	**4**
Selbstentzündlich	ist ein Stoff, der sich seiner Natur nach ohne besondere Zündung erhitzen und schließlich entzünden kann.	**5**
Radioaktiv	Kernbrennstoffhaltig oder sonst spontan ionisierende Strahlen aussendend	**6**
Gewässer	ist ein oberirdisches Gewässer, das Grundwasser und das Meer (§ 330d Nr. 1)	**7**
Boden	ist die obere Schicht der Erdkruste, einschließlich der flüssigen Bestandteile (Bodenlösung) und der gasförmigen Bestandteile (Bodenluft), ohne Grundwasser und Gewässerbetten (§ 2 I BBodenSchG).	**8**
Luft	Atmosphäre (→ § 325)	**9**
Verunreinigen	Sichtbare Verschlechterung des äußeren Erscheinungsbildes (→ § 324 Rn. 2)	**10**
Nachteilige Veränderung	Nicht sichtbare Verschlechterung der physikalischen, chemischen oder biologischen Beschaffenheit (→ § 324 Rn. 3)	**11**

12	Nachhaltig	In erheblichem Umfang und für längere Dauer
13	Bestand von Tieren und Pflanzen	Tier- und Pflanzenpopulation in einem bestimmten Gebiet
14	Anlage	Als Funktionseinheit organisierte Sachgesamtheit von nicht ganz unerheblichen Ausmaßen zur Verwirklichung beliebiger Zwecke (→ § 305a Rn. 4)
15	Ablassen	Jedes Ausfließenlassen, ohne Rücksicht auf seine Ursache
16	Behandeln	Zerkleinern, kompostieren, verbrennen und dergleichen
17	Beseitigen	Jedes Verhalten, das darauf ausgerichtet ist, die betreffende Sache der Natur zu überlassen und sich ihrer endgültig zu entledigen
18	Lagern	Vorübergehende Aufbewahrung mit dem Ziel anderweitiger Beseitigung
19	Ablagern	Endgültige Beseitigung
20	Verbringen	Fortschaffen (→ § 235 Rn. 10)
21	Verwaltungsrechtliche Pflicht	Pflicht, die sich aus einer Rechtsvorschrift, einer gerichtlichen Entscheidung, einem vollziehbaren Verwaltungsakt, einer vollziehbaren Auflage oder einem öffentlich-rechtlichen Vertrag ergibt und dem Schutz vor Gefahren oder schädlichen Einwirkungen auf die Umwelt dient (§ 330d Nr. 4)
22	Offensichtlich	ist, was sich dem verständigen Betrachter unmittelbar aufdrängt (→ § 60 Rn. 2).

§ 327 Unerlaubtes Betreiben von Anlagen

1	Kerntechnische Anlage	Anlage zur Erzeugung oder zur Bearbeitung oder Verarbeitung oder zur Spaltung von Kernbrennstoffen oder zur Aufarbeitung bestrahlter Kernbrennstoffe (§ 330d Nr. 2)
2	Betreiben	Bestimmungsgemäß nutzen
3	Innehaben	Besitz i.S.d. tatsächlichen Sachherrschaft
4	Abbauen	Jeder Eingriff in die Sachsubstanz mit dem Ziel der Stilllegung

Wesentlich	ist eine Änderung, die die von der Anlage ausgehende Gefahr betrifft	5
Betriebsstätte	Sachgesamtheit von baulichen Anlagen und Inventar, die einem gewerblichen Betrieb dient (→ § 306 Rn. 3)	6
Kernbrennstoff	Stoff, der zur Energieerzeugung durch Kernspaltung oder -vereinigung dient	7
Betrieb	Ingangsetzen und -halten (→ § 305a Rn. 6)	8
(Sonstige) Anlage	Als Funktionseinheit organisierte Sachgesamtheit von nicht ganz unerheblichen Ausmaßen zur Verwirklichung beliebiger Zwecke (→ § 305a Rn. 4)	9
Wassergefährdende Stoffe	sind feste, flüssige oder gasförmige Stoffe, die geeignet sind, dauernd oder in einem nicht nur unerheblichen Ausmaß die physikalische, chemische oders biologische Wasserbeschaffenheit nachhaltig zu verändern (vgl. § 62 III WHG), nicht jedoch Abwasser und radioaktive Stoffe (vgl. § 62 VI WHG).	10

§ 329 Gefährdung schutzbedürftiger Gebiete

Schädliche Umwelteinwirkung	sind Immissionen, die nach Art, Ausmaß oder Dauer geeignet sind, Gefahren, erhebliche Nachteile oder erhebliche Belästigungen für die Allgemeinheit oder die Nachbarschaft herbeizuführen (§ 3 I BImSchG).	1
Luftverunreinigung	sind Veränderungen der natürlichen Zusammensetzung der Luft, insb. durch Rauch, Ruß, Staub, Gase, Aerosole, Dämpfe oder Geruchsstoffe (§ 3 IV BImSchG).	2
Geräusche	Schallimmissionen	3
Austauscharme Wetterlagen	Situationen wetterbedingt geringer natürlicher Durchmischung der Luftschichten	4
Anlage	Als Funktionseinheit organisierte Sachgesamtheit von nicht ganz unerheblichen Ausmaßen zur Verwirklichung beliebiger Zwecke (→ § 305a Rn. 4)	5
Betreiben	Bestimmungsgemäß nutzen (→ § 327 Rn. 2)	6

Rn.	Begriff	Definition
7	Kraftfahrzeuge	Fahrzeuge, die durch Maschinenkraft bewegt werden, Landkraftfahrzeuge nur insoweit, als sie nicht an Bahngleise gebunden sind (§ 248b IV)
8	Schienenfahrzeuge	An Schienen gebundene Fahrzeuge (→ § 306 Rn. 9)
9	Wasserfahrzeuge	Fahrzeuge, mit denen Personen eine Bewegung auf dem Wasser ohne unmittelbaren körperlichen Wasserkontakt möglich ist (→ § 306 Rn. 11)
10	Luftfahrzeuge	sind Flugzeuge, Drehflügler, Luftschiffe, Segelflugzeuge, Motorsegler, Frei- und Fesselballone, Rettungsfallschirme, Flugmodelle, Luftsportgeräte sowie unbemannte Fluggeräte einschließlich ihrer Kontrollstation, die nicht zu Zwecken des Sports oder der Freizeitgestaltung betrieben werden (unbemannte Luftfahrtsysteme) und sonstige für die Benutzung des Luftraums bestimmte Geräte, sofern sie in Höhen von mehr als dreißig Metern über Grund oder Wasser betrieben werden können; Raumfahrzeuge, Raketen und ähnliche Flugkörper dagegen nur, solange sie sich im Luftraum befinden (§ 1 LuftVG).
11	Betriebliche Anlagen	sind solche, die nicht lediglich dem Privatgebrauch, sondern einem Betrieb dienen.
12	Wassergefährdende Stoffe	sind feste, flüssige oder gasförmige Stoffe, die geeignet sind, dauernd oder in einem nicht nur unerheblichen Ausmaß die physikalische, chemische oder biologische Wasserbeschaffenheit nachhaltig zu verändern (vgl. § 62 III WHG), nicht jedoch Abwasser und radioaktive Stoffe (vgl. § 62 VI WHG).
13	Befördern	Verbringen von einem Ort zum anderen
14	Gewerbe	Auf Gewinnerzielung gerichtete und gewisse Dauer angelegte, selbstständige Tätigkeit (→ § 319 Rn. 9)
15	Betrieb	ist eine nicht nur vorübergehende räumlich-organisatorische Einheit von Personen und Sachmitteln zur Verfolgung arbeitstechnischer Zwecke unter einheitlicher Leitung (→ § 14 Rn. 7).

Abbau	Maßnahme, um aus einer festen unbeweglichen Sache feste bewegliche Sachen zu gewinnen	**16**
Abgrabung	Vertiefung des Bodenniveaus	**17**
Aufschüttung	Erhöhung des Bodenniveaus	**18**
Gewässer	ist ein oberirdisches Gewässer, das Grundwasser und das Meer (§ 330d Nr. 1).	**19**
Schaffen	Entstehenlassen	**20**
Verändern	Herbeiführen eines von dem bisherigen abweichenden Zustandes (→ § 303a Rn. 5)	**21**
Beseitigen	eines Gewässers ist die Aufhebung seines äußeren Zustandes	**22**
Moor	Dauernd feuchtes, schwammiges, tierarmes Gelände mit charakteristischen Pflanzengesellschaften auf einer mindestens 30 cm dicken Torfdecke (→ § 306 Rn. 14)	**23**
Entwässern	Jedes Ableiten vorhandenen Wassers	**24**
Wald	Erhebliche, zusammenhängende, ganz oder zum Teil mit Bäumen bewachsene Bodenfläche einschließlich des zwischen diesen stehenden Unterholzes und Bewuchses (→ § 306 Rn. 12)	**25**
Roden	Räumung der Bestockung mit Entfernung des Wurzelwerkes	**26**
Fangen	Erlangen der tatsächlichen Herrschaft über ein lebendes Tier (→ § 292 Rn. 6)	**27**
Nachstellen	Jede Handlung, mit der der Täter nach seiner Vorstellung zum Fangen, Erlegen, oder Sich-Zueignen unmittelbar ansetzt (→ § 292 Rn. 5)	**28**
Gelege	Gesamtheit von Eiern und Ablagestelle	**29**
(Ganz) Zerstören	Existenzvernichtung oder vollständiges Aufheben der bestimmungsgemäßen Brauchbarkeit (→ § 303 Rn. 4)	**30**
Teilweises Zerstören	ist gegeben, wenn durch die Substanzverletzung einzelne, funktionell selbstständige Teile der Sache, die für die zweckentsprechende Nutzung des Gesamtgegenstandes von Bedeutung sind, weggenommen, vernichtet oder unbrauchbar gemacht werden (→ § 305 Rn. 10).	**31**

32	Beschädigen	ist jede nicht unerhebliche Einwirkung, welche die Pflanze in ihrer Substanz verletzt oder in ihrer Lebensfunktion beeinträchtigt.
33	Entfernen	Verbringen aus dem geschützten Bereich
34	Gebäude	Durch Wände und Dach begrenztes, mit Grund und Boden fest verbundenes Bauwerk, das den Eintritt von Menschen ermöglicht (→ § 243 Rn. 2)
35	Errichten	Alle Erstellungshandlungen, inkl. des Aushebens der Fundamente
36	Beeinträchtigung des Schutzzwecks	Störung, die das Eintreten konkreter Gefahren für die geschützten Güter wahrscheinlich macht
37	Nicht unerheblich	Nicht nur vorübergehend oder geringfügig

§ 330 Besonders schwerer Fall einer Umweltstraftat

1	Gewässer	ist ein oberirdisches Gewässer, das Grundwasser und das Meer (§ 330d Nr. 1).
2	Boden	ist die obere Schicht der Erdkruste, einschließlich der flüssigen Bestandteile (Bodenlösung) und der gasförmigen Bestandteile (Bodenluft), ohne Grundwasser und Gewässerbetten (§ 2 I BBodenSchG).
3	Beeinträchtigen	Nachteilig verändern
4	Außergewöhnlicher Aufwand	Ungewöhnlich intensiver Einsatz von Mensch und Material
5	Öffentliche Wasserversorgung	Versorgung der Allgemeinheit mit Trink- und Brauchwasser in einem bestimmten Versorgungsgebiet
6	Bestand von Tieren oder Pflanzen	Tier- und Pflanzenpopulation in einem bestimmten Gebiet (→ § 326 Rn. 13)
7	Nachhaltig	In erheblichem Umfang und für längere Dauer (→ § 326 Rn. 12)
8	Gewinnsucht	Übersteigertes Gewinnstreben (→ § 283d Rn. 8)
9	Gefahr	Wahrscheinlichkeit eines Schadenseintritts (→ § 34 Rn. 6)

Konkret	ist die Gefahr, wenn eine kritische Situation erreicht ist, in der das Ausbleiben der Verletzung nur noch vom Zufall abhängt (→ § 221 Rn. 7)	**10**
Schwere Gesundheitsschädigung	Langwierige ernste Krankheit oder erhebliche Beeinträchtigung der Arbeitsfähigkeit für längere Zeit (→ § 221 Rn. 8)	**11**
Große Zahl von Menschen	Mindestens 15 Personen (→ § 263 Rn. 13)	**12**

§ 330d Begriffsbestimmungen

Oberirdisches Gewässer	sind die ständig oder zeitweilig in Betten fließenden oder stehenden oder aus Quellen wild abfließenden Wasser (§ 2 I Nr. 1 WHG).	**1**
Grundwasser	ist das gesamte unterirdische Wasser.	**2**
Meer	Alle Küstengewässer und die Hohe See	**3**
Anlage	Als Funktionseinheit organisierte Sachgesamtheit von nicht ganz unerheblichen Ausmaßen zur Verwirklichung beliebiger Zwecke (→ § 305a Rn. 4)	**4**
Kernbrennstoff	Stoff, der zur Energieerzeugung durch Kernspaltung oder -vereinigung dient (→ § 327 Rn. 7)	**5**
Rechtsvorschrift	Formelle inländische Gesetze oder Rechtsverordnungen (→ § 315a Rn. 16)	**6**
Verwaltungsakt	ist jede Verfügung, Entscheidung oder andere hoheitliche Maßnahme, die eine Behörde zur Regelung eines Einzelfalls auf dem Gebiet des öffentlichen Rechts trifft und die auf unmittelbare Rechtswirkung nach außen gerichtet ist (§ 35 S. 1 VwVfG).	**7**
Vollziehbar	Verbindlich gegenüber dem Betroffenen	**8**
Auflage	Nebenbestimmung eines Verwaltungsaktes, die ein Tun, Dulden oder Unterlassen vorschreibt (vgl. § 36 II Nr. 4 VwVfG)	**9**
Schädliche Einwirkungen auf die Umwelt	Immissionen, die nach Art, Ausmaß oder Dauer geeignet sind, Gefahren, erhebliche	**10**

Rn.		
		Nachteile oder erhebliche Belästigungen für die Allgemeinheit oder die Nachbarschaft herbeizuführen (§ 3 I BImSchG)
11	Luft	Atmosphäre (→ § 325 Rn. 9)
12	Boden	ist die obere Schicht der Erdkruste, einschließlich der flüssigen Bestandteile (Bodenlösung) und der gasförmigen Bestandteile (Bodenluft), ohne Grundwasser und Gewässerbetten (§ 2 I BBodenSchG).
13	Kollusion	Bewusst pflichtwidriges, auf gemeinsamen Rechtsbruch gerichtetes Zusammenwirken
14	Drohung	Inaussichtstellung eines zukünftigen Übels, auf das der Drohende Einfluss zu haben vorgibt (→ § 240 Rn. 3)

Straftaten im Amt, §§ 331–358

Vor § 331 Vorteilsannahme

1 **Aufbauschema: § 331 I**

I. Tatbestand

1. Objektiver Tatbestand
   a) Tatsubjekt
      aa) Amtsträger → *Rn. 1*
      bb) Für den öffentlichen Dienst besonders Verpflichteter → *Rn. 2*
   b) Tatobjekt: Vorteil für den Täter oder Dritten → *Rn. 4*
   c) Tathandlung
      aa) Fordern → *Rn. 5*
      bb) Sichversprechenlassen → *Rn. 6*
      cc) Annehmen → *Rn. 7*
   d) Für die Dienstausübung (oder -unterlassung, § 336) → *Rn. 3* (sog. Unrechtsvereinbarung)
2. Subjektiver Tatbestand

II. Rechtswidrigkeit

Rechtfertigung durch vorherige Genehmigung, § 331 III Alt. 1, bzw. unverzügliche (→ *Rn. 11*) Anzeige und nachträgliche Genehmigung, § 331 III Alt. 2

III. Schuld

Beachte: *Qualifikation, § 332 I*

Aufbauschema: § 331 II 2

I. Tatbestand

1. Objektiver Tatbestand
   a) Tatsubjekt
      aa) Richter → *Rn. 8*
      bb) Schiedsrichter → *Rn. 9*
   b) Tatobjekt: Vorteil für den Täter oder Dritten → *Rn. 4*
   c) Tathandlung
      aa) Fordern → *Rn. 5*
      bb) Sichversprechenlassen → *Rn. 6*
      cc) Annehmen → *Rn. 7*
   d) Als Gegenleistung (sog. Unrechtsvereinbarung)
   e) Für vergangene oder zukünftige richterliche Handlungen → *Rn. 10*
2. Subjektiver Tatbestand

II. Rechtswidrigkeit

III. Schuld

Beachte: *Qualifikation, § 332 II*

§ 331 Vorteilsannahme

Amtsträger	Wer nach deutschem Recht Beamter oder Richter ist, in einem sonstigen öffentlich-rechtlichen Amtsverhältnis steht oder sonst zur Wahrnehmung öffentlicher Aufgaben bestellt ist (§ 11 I Nr. 2)	1
Für den öffentlichen Dienst besonders Verpflichteter	Wer, ohne Amtsträger zu sein, bei einer Behörde oder bei einer sonstigen Stelle, die Aufgaben der öffentlichen Verwaltung wahrnimmt, oder bei einem Verband oder sonstigen Zusammenschluss, Betrieb oder Unternehmen, die für eine Behörde oder für eine sonstige Stelle Aufgaben der öffentlichen Verwaltung ausführen, beschäftigt oder für sie tätig und auf die gewissenhafte Erfüllung seiner Obliegenheiten auf Grund eines Gesetzes förmlich verpflichtet ist (§ 11 I Nr. 4)	2
Dienstausübung	Jede Tätigkeit, die ein Amtsträger oder für den öffentlichen Dienst besonders Verpflichteter zur Wahrnehmung der ihm übertragenen Aufgaben entfaltet	3

4	Vorteil	Jede Leistung materieller oder immaterieller Art, auf die der Empfänger keinen Anspruch hat, die den Täter besser stellt (→ § 299 Rn. 5)
5	Fordern	Einseitiges Verlangen in offener oder versteckter Form (→ § 299 Rn. 6)
6	Sichversprechenlassen	Entgegennahme der Zusage, die Leistung zu erbringen (→ § 291 Rn. 8)
7	Annehmen	Tatsächliche Entgegennahme mit dem Willen, darüber eigennützig zu verfügen (→ § 299 Rn. 8)
8	Richter	Wer nach deutschem Recht Berufsrichter oder ehrenamtlicher Richter ist (§ 11 I Nr. 3)
9	Schiedsrichter	ist der für ein Schiedsgericht in bürgerlichen Rechtsstreitigkeiten bestellte Richter (→ § 5 Rn. 13).
10	Richterliche Handlungen	sind solche, deren Vornahme in den Bereich derjenigen Pflichten fällt, die durch die richterliche Unabhängigkeit geschützt sind.
11	Unverzüglich	Ohne schuldhaftes Zögern (§ 121 I BGB)

Vor § 332 Bestechlichkeit

1 **Aufbauschema**

Beachte: *Vor § 332 sollte § 331 geprüft werden. Dann kann im Tatbestand 1 a)–c) entweder ganz weggelassen oder insoweit in aller Kürze auf die vorangegangene Prüfung verwiesen werden.*

I. Tatbestand

1. Objektiver Tatbestand
   a) Tatsubjekt
      aa) Amtsträger → *Rn. 1*
      bb) Für den öffentlichen Dienst besonders Verpflichteter → *Rn. 2*
   b) Tatobjekt: Vorteil für den Täter oder Dritten → *Rn. 3*
   c) Tathandlung
      aa) Fordern → *Rn. 4*
      bb) Sichversprechenlassen → *Rn. 5*
      cc) Annehmen → *Rn. 6*
   d) Als Gegenleistung (sog. Unrechtsvereinbarung)
   e) Für vergangene oder zukünftige Diensthandlung (oder -unterlassung, § 336) → *Rn. 7*
   f) Verletzung von Dienstpflichten (Beachte: § 332 III) → *Rn. 8*
2. Subjektiver Tatbestand

II. Rechtswidrigkeit

III. Schuld

IV. Strafzumessung

Besonders schwere Fälle, § 335 II i.V.m. I Nr. 1a (Regelbeispiele)

§ 332 Bestechlichkeit

Amtsträger	Wer nach deutschem Recht Beamter oder Richter ist, in einem sonstigen öffentlich-rechtlichen Amtsverhältnis steht oder sonst zur Wahrnehmung öffentlicher Aufgaben bestellt ist (§ 11 I Nr. 2)	**1**
Für den öffentlichen Dienst besonders Verpflichteter	Wer, ohne Amtsträger zu sein, bei einer Behörde oder bei einer sonstigen Stelle, die Aufgaben der öffentlichen Verwaltung wahrnimmt, oder bei einem Verband oder sonstigen Zusammenschluss, Betrieb oder Unternehmen, die für eine Behörde oder für eine sonstige Stelle Aufgaben der öffentlichen Verwaltung ausführen, beschäftigt oder für sie tätig und auf die gewissenhafte Erfüllung seiner Obliegenheiten auf Grund eines Gesetzes förmlich verpflichtet ist (§ 11 I Nr. 4)	**2**
Vorteil	Jede Leistung materieller oder immaterieller Art, auf die der Empfänger keinen Anspruch hat, die den Täter besser stellt (→ § 299 Rn. 5)	**3**
Fordern	Einseitiges Verlangen in offener oder versteckter Form (→ § 299 Rn. 6)	**4**
Sichversprechenlassen	Entgegennahme der Zusage, die Leistung zu erbringen (→ § 291 Rn. 8)	**5**
Annehmen	Tatsächliche Entgegennahme mit dem Willen, darüber eigennützig zu verfügen (→ § 299 Rn. 8)	**6**
Diensthandlung	ist eine Handlung, die zu den dienstlichen Obliegenheiten der Amtsperson gehört und von ihr in dienstlicher Eigenschaft vorgenommen wird.	**7**
Verletzung von Dienstpflichten	liegt vor, wenn die Diensthandlung gegen Gesetz, Dienstvorschrift oder Einzelanordnung verstößt.	**8**

9	Richter	Wer nach deutschem Recht Berufsrichter oder ehrenamtlicher Richter ist (§ 11 I Nr. 3)
10	Schiedsrichter	ist der für ein Schiedsgericht in bürgerlichen Rechtsstreitigkeiten bestellte Richter (→ § 5 Rn. 13).
11	Richterliche Handlungen	sind solche, deren Vornahme in den Bereich derjenigen Pflichten fällt, die durch die richterliche Unabhängigkeit geschützt sind (→ § 331 Rn. 10).
12	Verletzung von richterlichen Pflichten	ist gegeben, wenn eine ungültige Norm zur Anwendung gebracht, eine gültige Norm nicht oder nicht richtig zur Anwendung gebracht wird oder eine Ermessensüberschreitung oder ein Ermessensmissbrauch vorliegt.
13	Ermessen	Spielraum bei der pflichtgemäßen Wahl zwischen verschiedenen sachlichen Möglichkeiten

Vor § 333 Vorteilsgewährung

1 **Aufbauschema: § 333 I**

I. Tatbestand

1. Objektiver Tatbestand
   a) Adressat
      aa) Amtsträger → *Rn. 1*
      bb) Für den öffentlichen Dienst besonders Verpflichteter → *Rn. 2*
      cc) Soldat der Bundeswehr → *Rn. 3*
   b) Tatobjekt: Vorteil für Adressat oder Dritten → *Rn. 5*
   c) Tathandlung
      aa) Anbieten → *Rn. 6*
      bb) Versprechen → *Rn. 7*
      cc) Gewähren → *Rn. 8*
   d) Für die Dienstausübung (oder -unterlassung, § 336) → *Rn. 4*
2. Subjektiver Tatbestand

II. Rechtswidrigkeit

Rechtfertigung durch vorherige Genehmigung, § 333 III Alt. 1, bzw. unverzügliche Anzeige und nachträgliche Genehmigung, § 333 III Alt. 2

III. Schuld

Beachte: *Qualifikation, § 334 I*

Aufbauschema: § 333 II 2

I. Tatbestand

1. Objektiver Tatbestand
   a) Adressat
      aa) Richter → *Rn. 9*
      bb) Schiedsrichter → *Rn. 10*
   b) Tatobjekt: Vorteil für Adressat oder Dritten → *Rn. 5*
   c) Tathandlung
      aa) Anbieten → *Rn. 6*
      bb) Versprechen → *Rn. 7*
      cc) Gewähren → *Rn. 8*
   d) Als Gegenleistung (sog. Unrechtsvereinbarung)
   e) Für vergangene oder zukünftige richterliche Handlung → *Rn. 11*
2. Subjektiver Tatbestand

II. Rechtswidrigkeit

III. Schuld

Beachte: *Qualifikation, § 334 II*

§ 333 Vorteilsgewährung

Amtsträger	Wer nach deutschem Recht Beamter oder Richter ist, in einem sonstigen öffentlich-rechtlichen Amtsverhältnis steht oder sonst zur Wahrnehmung öffentlicher Aufgaben bestellt ist (§ 11 I Nr. 2)	1
Für den öffentlichen Dienst besonders Verpflichteter	Wer, ohne Amtsträger zu sein, bei einer Behörde oder bei einer sonstigen Stelle, die Aufgaben der öffentlichen Verwaltung wahrnimmt, oder bei einem Verband oder sonstigen Zusammenschluss, Betrieb oder Unternehmen, die für eine Behörde oder für eine sonstige Stelle Aufgaben der öffentlichen Verwaltung ausführen, beschäftigt oder für sie tätig und auf die gewissenhafte Erfüllung seiner Obliegenheiten auf Grund eines Gesetzes förmlich verpflichtet ist (§ 11 I Nr. 4)	2
Soldat der Bundeswehr	Wer in einem Wehrdienstverhältnis steht (§ 1 I SoldG)	3
Dienstausübung	Jede Tätigkeit, die ein Amtsträger oder für den öffentlichen Dienst besonders Verpflich-	4

		teter zur Wahrnehmung der ihm übertragenen Aufgaben entfaltet (→ § 331 Rn. 3)
5	Vorteil	Jede Leistung materieller oder immaterieller Art, auf die der Empfänger keinen Anspruch hat, die den Täter besser stellt (→ § 299 Rn. 5)
6	Anbieten	Eine auf den Abschluss einer Unrechtsvereinbarung gerichtete ausdrückliche oder stillschweigende Erklärung (→ § 299 Rn. 15)
7	Versprechen	Angebot einer künftigen Leistung (→ § 299 Rn. 16)
8	Gewähren	Tatsächlich zuwenden (→ § 299 Rn. 17)
9	Richter	Wer nach deutschem Recht Berufsrichter oder ehrenamtlicher Richter ist (§ 11 I Nr. 3)
10	Schiedsrichter	ist der für ein Schiedsgericht in bürgerlichen Rechtsstreitigkeiten bestellte Richter (→ § 5 Rn. 13).
11	Richterliche Handlungen	Sind solche, deren Vornahme in den Bereich derjenigen Pflichten fällt, die durch die richterliche Unabhängigkeit geschützt sind (→ § 331 Rn. 10).

Vor § 334 Bestechung

1 **Aufbauschema**

Beachte: *Vor § 334 sollte § 333 geprüft werden. Dann kann im Tatbestand 1 a)–c) entweder ganz weggelassen oder insoweit in aller Kürze auf die vorangegangene Prüfung verwiesen werden.*

I. Tatbestand

1. Objektiver Tatbestand
   a) Adressat
      aa) Amtsträger → *Rn. 1*
      bb) Für den öffentlichen Dienst besonders Verpflichteter → *Rn. 2*
      cc) Soldat der Bundeswehr → *Rn. 3*
   b) Tatobjekt: Vorteil für Adressat oder Dritten → *Rn. 4*
   c) Tathandlung:
      aa) Anbieten → *Rn. 5*
      bb) Versprechen → *Rn. 6*
      cc) Gewähren → *Rn. 7*

d) Als Gegenleistung (sog. Unrechtsvereinbarung)
e) Für vergangene oder zukünftige Diensthandlung (oder -unterlassung, § 336) → *Rn. 8*
f) Verletzung von Dienstpflichten (Beachte: § 334 III) → *Rn. 9*
2. Subjektiver Tatbestand

II. Rechtswidrigkeit

III. Schuld

IV. Strafzumessung

Besonders schwere Fälle, § 335 II i.V.m. I Nr. 1b (Regelbeispiele)

§ 334 Bestechung

Amtsträger	Wer nach deutschem Recht Beamter oder Richter ist, in einem sonstigen öffentlich-rechtlichen Amtsverhältnis steht oder sonst zur Wahrnehmung öffentlicher Aufgaben bestellt ist (§ 11 I Nr. 2)	**1**
Für den öffentlichen Dienst besonders Verpflichteter	Wer, ohne Amtsträger zu sein, bei einer Behörde oder bei einer sonstigen Stelle, die Aufgaben der öffentlichen Verwaltung wahrnimmt, oder bei einem Verband oder sonstigen Zusammenschluss, Betrieb oder Unternehmen, die für eine Behörde oder für eine sonstige Stelle Aufgaben der öffentlichen Verwaltung ausführen, beschäftigt oder für sie tätig und auf die gewissenhafte Erfüllung seiner Obliegenheiten auf Grund eines Gesetzes förmlich verpflichtet ist (§ 11 I Nr. 4)	**2**
Soldat der Bundeswehr	Wer in einem Wehrdienstverhältnis steht (§ 1 I SoldG)	**3**
Vorteil	Jede Leistung materieller oder immaterieller Art, auf die der Empfänger keinen Anspruch hat, die den Täter besser stellt (→ § 299 Rn. 5)	**4**
Anbieten	Eine auf den Abschluss einer Unrechtsvereinbarung gerichtete ausdrückliche oder stillschweigende Erklärung (→ § 299 Rn. 15)	**5**
Versprechen	Angebot einer künftigen Leistung (→ § 299 Rn. 16)	**6**

7	Gewähren	Tatsächlich zuwenden (→ § 299 Rn. 17)
8	Diensthandlung	ist eine Handlung, die zu den dienstlichen Obliegenheiten der Amtsperson gehört und von ihr in dienstlicher Eigenschaft vorgenommen wird (→ § 332 Rn. 7).
9	Verletzung von Dienstpflichten	liegt vor, wenn die Diensthandlung gegen Gesetz, Dienstvorschrift oder Einzelanordnung verstößt (→ § 332 Rn. 8).
10	Richter	Wer nach deutschem Recht Berufsrichter oder ehrenamtlicher Richter ist (§ 11 I Nr. 3)
11	Schiedsrichter	ist der für ein Schiedsgericht in bürgerlichen Rechtsstreitigkeiten bestellte Richter (→ § 5 Rn. 13).
12	Richterliche Handlungen	sind solche, deren Vornahme in den Bereich derjenigen Pflichten fällt, die durch die richterliche Unabhängigkeit geschützt sind (→ § 331 Rn. 10).
13	Verletzung von richterlichen Pflichten	ist gegeben, wenn eine ungültige Norm zur Anwendung gebracht, eine gültige Norm nicht oder nicht richtig zur Anwendung gebracht wird oder eine Ermessensüberschreitung oder ein Ermessensmissbrauch vorliegt (→ § 332 Rn. 12).
14	Bestimmen	Hervorrufen des Tatentschlusses (→ § 26 Rn. 4)

§ 335 Besonders schwere Fälle der Bestechlichkeit und Bestechung

1	Vorteil	Jede Leistung materieller oder immaterieller Art, auf die der Empfänger keinen Anspruch hat, die den Täter besser stellt (→ § 299 Rn. 5)
2	Großes Ausmaß	Umfang, der aus dem Rahmen der durchschnittlichen Fälle deutlich herausragt (→ § 263 Rn. 12)
3	Fortgesetzt	Zum wiederholten Male

Annehmen	Tatsächliche Entgegennahme mit dem Willen, darüber eigennützig zu verfügen (→ § 331 Rn. 7)	**4**
Diensthandlung	ist eine Handlung, die zu den dienstlichen Obliegenheiten der Amtsperson gehört und von ihr in dienstlicher Eigenschaft vorgenommen wird (→ § 332 Rn. 7).	**5**
Gewerbsmäßig	In der Absicht, sich eine fortlaufende Einnahmequelle von einiger Dauer und einigem Umfang zu verschaffen (→ § 243 Rn. 17)	**6**
Bande	Auf ausdrücklicher oder stillschweigender Vereinbarung beruhender Zusammenschluss von mindestens drei Personen (→ § 244 Rn. 5)	**7**
Fortgesetzte Begehung	Begehung mehrerer selbstständiger, im Einzelnen noch unbestimmter Taten (→ § 244 Rn. 6)	**8**

§ 336 Unterlassen der Diensthandlung

Diensthandlung	ist eine Handlung, die zu den dienstlichen Obliegenheiten der Amtsperson gehört und von ihr in dienstlicher Eigenschaft vorgenommen wird (→ § 332 Rn. 7).	**1**
Richterliche Handlung	sind solche, deren Vornahme in den Bereich derjenigen Pflichten fällt, die durch die richterliche Unabhängigkeit geschützt sind (→ § 331 Rn. 10).	**2**
Unterlassen	Nichtvornahme einer faktisch möglichen Handlung mit sinnvoller Erfolgsabwendungstendenz (→ § 13 Rn. 1)	**3**

§ 339 Rechtsbeugung

Richter	Wer nach deutschem Recht Berufsrichter oder ehrenamtlicher Richter ist (§ 11 I Nr. 3)	**1**
Amtsträger	Wer nach deutschem Recht Beamter oder Richter ist, in einem sonstigen öffentlich-rechtlichen Amtsverhältnis steht oder sonst zur Wahrnehmung öffentlicher Aufgaben bestellt ist (§ 11 I Nr. 2)	**2**

3	Schiedsrichter	ist der für ein Schiedsgericht in bürgerlichen Rechtsstreitigkeiten bestellte Richter (→ § 5 Rn. 13).
4	Leitung	Inbegriff aller Maßnahmen, die auf Erledigung zielen
5	Entscheidung	Anordnung einer Rechtsfolge
6	Rechtssache	alle Angelegenheiten, bei denen mehrere Beteiligte vorkommen können, die widerstreitende Interessen verfolgen, über die nach Rechtssätzen entschieden wird.
7	Zum Nachteil	ist jede Verschlechterung.
8	Partei	ist jeder Beteiligte.
9	Beugung	Verbiegen, Verdrehen, ohne es notwendig zu brechen

§ 340 Körperverletzung im Amt

1	Körperverletzung	Körperliche Misshandlung oder Gesundheitsbeschädigung
2	Amtsträger	Wer nach deutschem Recht Beamter oder Richter ist, in einem sonstigen öffentlichrechtlichen Amtsverhältnis steht oder sonst zur Wahrnehmung öffentlicher Aufgaben bestellt ist (§ 11 I Nr. 2)
3	Während der Dienstausübung	In einer Zeit, in der der Täter befugt als Amtsträger tätig ist
4	In Beziehung auf den Dienst	Im inneren, nicht notwendig örtlichen oder zeitlichen Zusammenhang mit der Dienstausübung

§ 343 Aussageerpressung

1	Amtsträger	Wer nach deutschem Recht Beamter oder Richter ist, in einem sonstigen öffentlichrechtlichen Amtsverhältnis steht oder sonst zur Wahrnehmung öffentlicher Aufgaben bestellt ist (§ 11 I Nr. 2)

Körperliche Misshandlung	Jede üble, unangemessene Behandlung, die das körperliche Wohlbefinden mehr als nur unerheblich beeinträchtigt (→ § 223 Rn. 1)	**2**
Gewalt	Körperlich wirkender Zwang (→ § 240 Rn. 2)	**3**
Drohung	Inaussichtstellung eines zukünftigen Übels, auf das der Drohende Einfluss zu haben vorgibt (→ § 240 Rn. 3)	**4**
Seelisch quälen	Zufügen unnötiger, länger andauernder oder sich wiederholender seelischer Leiden, die über das mit dem Verfahren notwendig verbundene Maß hinausgehen	**5**
Aussagen oder Erklären	Jedes Bekunden	**6**
Nötigen	Aufzwingen eines bestimmten Verhaltens gegen den Willen des Opfers (→ § 240 Rn. 1)	**7**

§ 344 Verfolgung Unschuldiger

Amtsträger	Wer nach deutschem Recht Beamter oder Richter ist, in einem sonstigen öffentlich-rechtlichen Amtsverhältnis steht oder sonst zur Wahrnehmung öffentlicher Aufgaben bestellt ist (§ 11 I Nr. 2)	**1**
Unschuldig	ist, wer die dem Verfahren zugrunde liegende Tat nicht begangen hat oder wegen der Tat nicht strafbar ist.	**2**
Verfolgung	ist jedes dienstliche Tätigwerden zur Förderung des Verfahrens.	**3**
Absicht	Zielgerichtetes Wollen in dem Sinne, dass es dem Täter gerade darauf ankommt, den Erfolg herbeizuführen (→ § 15 Rn. 2)	**4**
Wissentlichkeit	Sicheres Wissen (→ § 15 Rn. 3)	**5**

§ 345 Vollstreckung gegen Unschuldige

Amtsträger	Wer nach deutschem Recht Beamter oder Richter ist, in einem sonstigen öffentlich-rechtlichen Amtsverhältnis steht oder sonst zur Wahrnehmung öffentlicher Aufgaben bestellt ist (§ 11 I Nr. 2)	**1**

2	Vollstreckung	Jede hoheitliche Tätigkeit zur Vollziehung
3	Gesetzlich unzulässig	ist sie, wenn die Rechtsfolge überhaupt nicht verhängt wurde oder nicht oder nicht mehr vollstreckt werden darf.
4	Leichtfertig	handelt, wer grob fahrlässig handelt und nicht beachtet, was sich jedermann aufdrängen muss (→ § 15 Rn. 8).

§ 348 Falschbeurkundung im Amt

1	Amtsträger	Wer nach deutschem Recht Beamter oder Richter ist, in einem sonstigen öffentlich-rechtlichen Amtsverhältnis steht oder sonst zur Wahrnehmung öffentlicher Aufgaben bestellt ist (§ 11 I Nr. 2)
2	Öffentliche Urkunde	Urkunde, die von einer öffentlichen Behörde innerhalb der Grenzen ihrer Amtsbefugnisse oder von einer mit öffentlichem Glauben versehenen Person innerhalb des ihr zugewiesenen Geschäftskreises in der vorgeschriebenen Form aufgenommen ist (→ § 271 Rn. 5)
3	Aufnahme einer Urkunde	bedeutet, dass jemand Erklärungen beurkundet, die ein anderer vor ihm abgibt, oder Wahrnehmungen, die er selbst gemacht hat.
4	Rechtlich erheblich	ist eine Tatsache die für die Entstehung, Erhaltung, Veränderung eines öffentlichen oder privaten Rechts oder Rechtsverhältnisses von Bedeutung ist.
5	Tatsache	Ereignisse, Vorgänge oder Zustände der Außen- oder Innenwelt, sofern sie der Gegenwart oder Vergangenheit angehören und dem Beweis zugänglich sind (→ § 186 Rn. 1)
6	Falsch	ist, was nicht der Wahrheit entspricht.
7	Beurkunden, eintragen oder eingeben	ist Aufnehmen mit Beweiskraft für und gegen jedermann.

§ 352 Gebührenüberhebung

Begriff	Definition	Rn.
Amtsträger	Wer nach deutschem Recht Beamter oder Richter ist, in einem sonstigen öffentlich-rechtlichen Amtsverhältnis steht oder sonst zur Wahrnehmung öffentlicher Aufgaben bestellt ist (§ 11 I Nr. 2)	**1**
Anwalt	Vertreter eines Anwaltsberufs	**2**
Rechtsbeistand	Personen, die im Rahmen einer rechtlich anerkannten Rolle als unabhängige Sachwalter fremde Rechtsangelegenheiten vertreten	**3**
Vergütung	Entgelt, das dem Grunde oder dem Betrage nach gesetzlich oder durch Verordnung festgelegt ist	**4**
Gebühr	Vergütung nach Kostenrecht	**5**
Amtliche Verrichtung	Alle Handlungen, die der Täter kraft seiner Amts- oder Berufsstellung vornimmt	**6**
Zu seinem Vorteil	Nicht lediglich zugunsten eines Dritten	**7**
Erheben	Fordern und Empfangen in irgendeiner Form	**8**
Schulden	Kostenrechtlich zustehen	**9**

§ 353b Verletzung des Dienstgeheimnisses und einer besonderen Geheimhaltungspflicht

Begriff	Definition	Rn.
Amtsträger	Wer nach deutschem Recht Beamter oder Richter ist, in einem sonstigen öffentlich-rechtlichen Amtsverhältnis steht oder sonst zur Wahrnehmung öffentlicher Aufgaben bestellt ist (§ 11 I Nr. 2)	**1**
Für den öffentlichen Dienst besonders Verpflichteter	Wer, ohne Amtsträger zu sein, bei einer Behörde oder bei einer sonstigen Stelle, die Aufgaben der öffentlichen Verwaltung wahrnimmt, oder bei einem Verband oder sonstigen Zusammenschluss, Betrieb oder Unternehmen, die für eine Behörde oder für eine sonstige Stelle Aufgaben der öffentlichen Verwaltung ausführen, beschäftigt oder für sie tätig und auf die gewissenhafte Erfüllung seiner Obliegenheiten auf Grund eines Gesetzes förmlich verpflichtet ist (§ 11 I Nr. 4)	**2**

3	Europäischer Amtsträger	Wer Mitglied der Europäischen Kommission, der Europäischen Zentralbank, des Rechnungshofes oder eines Gerichts der europäischen Union ist, Beamter deoder sonstiger Bediensteter der Europäischen Union oder einer auf der Grundlage des Rechts der Europäischen Union geschaffenen Einrichtung ist oder mit der Wahrnehmung von Aufgaben der Europäischen Union oder von Aufgaben einer auf der Grundlage des Rechts der Europäischen Union geschaffenen Einrichtung beauftragt ist (§ 11 I Nr. 2a)
4	Dienstgeheimnis	Dienstliche Tatsachen, Gegenstände oder Erkenntnisse, die nur einem begrenzten Personenkreis zugänglich und bekannt sind und die aufgrund von Rechtsvorschriften, Anordnungen oder ihrer Natur nach der Geheimhaltung bedürfen
5	Anvertraut	Im Vertrauen auf die Verschwiegenheitspflicht mitgeteilt (→ § 203 Rn. 3)
6	Offenbaren	Mitteilen an einen Dritten, der die Tatsache (noch) nicht (sicher) kennt (→ § 203 Rn. 5)
7	Öffentliche Interessen	Belange der Allgemeinheit
8	Wichtig	Von einigem Belang
9	Fahrlässigkeit	Generelle und individuelle Sorgfaltspflichtverletzung (→ § 15 Rn. 9)
10	Gegenstand	Sache (→ § 290 Rn. 2)
11	Nachricht	Angaben, Mitteilung
12	Gelangenlassen	Verschaffen von Gewahrsam bzw. zur Kenntnis bringen
13	Bekanntmachen	Bewusste allgemeine Kundgabe

§ 353d Verbotene Mitteilungen über Gerichtsverhandlungen

1	Mitteilungmachen	Informieren
2	Öffentlich	In einer Weise, dass ein größerer, individuell nicht feststehender oder jedenfalls durch persönliche Beziehungen nicht verbundener

	Personenkreis die Möglichkeit der Wahrnehmung hat (→ § 111 Rn. 4)	
Inhalt	Mindestens ein Teil des sachlichen Gehalts	**3**
Amtlich	Von offizieller Stelle stammend	**4**
Dokument	Schriftträger wie Papiere oder andere Sachen, auf denen schriftlich, gedruckt oder geschrieben Gedanken ausgedrückt sind (→ § 133 Rn. 1)	**5**
Tatsache	Ereignisse, Vorgänge oder Zustände der Außen- oder Innenwelt, sofern sie der Gegenwart oder Vergangenheit angehören und dem Beweis zugänglich sind (→ § 186 Rn. 1)	**6**
Offenbaren	Mitteilen an einen Dritten, der die Tatsache (noch) nicht (sicher) kennt (→ § 203 Rn. 5)	**7**
Wesentlich	sind Teile, die für die Sache oder einen Beteiligten wichtige Umstände wiedergeben	**8**
Im Wortlaut	Wortgetreu, nicht nur inhaltlich	**9**
Erörtert	ist etwas schon dann, wenn der wesentliche Inhalt sinngemäß mitgeteilt wird.	**10**
Abgeschlossen	Rechtskräftig beendet	**11**

Vor § 356 Parteiverrat

Aufbauschema **1**

I. Tatbestand

1. Objektiver Tatbestand
   - a) Tatsubjekt
     - aa) Anwalt → *Rn. 1*
     - bb) Anderer Rechtsbeistand → *Rn. 2*
   - b) Bei in dieser Eigenschaft anvertrauten Angelegenheiten → *Rn. 3*
   - c) Dieselbe Rechtssache → *Rn. 5 f.*
   - d) Tathandlung
     Beiden Parteien (→ *Rn. 4*) durch Rat (→ *Rn. 7*) oder Beistand (→ *Rn. 8*) dienen (→ *Rn. 10*)
   - e) Pflichtwidrig → *Rn. 9*
2. Subjektiver Tatbestand

II. Rechtswidrigkeit

III. Schuld

Beachte: *Qualifikation, § 356 II*

§ 356 Parteiverrat

1	Anwalt	Vertreter eines Anwaltsberufs (→ § 352 Rn. 2)
2	Rechtsbeistand	Personen, die im Rahmen einer rechtlich anerkannten Rolle als unabhängige Sachwalter fremde Rechtsangelegenheiten vertreten (→ § 352 Rn. 3)
3	Anvertrauen	Übertragung der Interessenwahrnehmung auf die entsprechende Person in ihrer beruflichen Eigenschaft als unabhängiger Sachwalter
4	Partei	ist jeder Beteiligte (→ § 339 Rn. 8).
5	Rechtssache	ist jede Angelegenheit, bei denen mehrere Beteiligte vorkommen können, die widerstreitende Interessen verfolgen, über die nach Rechtssätzen entschieden wird (→ § 339 Rn. 6).
6	Dieselbe Rechtssache	liegt vor, wenn es sich um denselben Streitstoff handelt, auch wenn er in verschiedenen Verfahren verhandelt wird.
7	Rat	Jede Tätigkeit im Innenverhältnis
8	Beistand	Jede Wahrnehmung der Interessen nach außen
9	Pflichtwidrig	Wenn eine andere Partei in derselben Rechtssache bereits in entgegengesetztem Interesse beraten oder vertreten wurde (vgl. § 43a IV BRAO)
10	Dienen durch Rat oder Beistand	ist die gesamte berufliche Tätigkeit rechtlicher oder tatsächlicher Art, durch die das Interesse einer Partei gefördert werden soll.

§ 357 Verleitung eines Untergebenen

1	Vorgesetzter	Dienstlich übergeordneter Amtsträger
2	Untergebener	Die einem Vorgesetzen dienstlich untergeordnete Person
3	Rechtswidrige Tat	Handlung, die den Tatbestand eines Strafgesetzes verwirklicht (§ 11 I Nr. 5)
4	Im Amt	In Ausübung des Amtes
5	Verleiten	Bestimmendes Einwirken auf den Willen des anderen mit beliebigen Mitteln (→ § 120 Rn. 3)

Unternehmen	einer Tat ist deren Versuch und deren Vollendung (§ 11 I Nr. 6)	**6**
Geschehenlassen	Tätiges Fördern oder Beihilfe durch Unterlassen	**7**